L'économique, une pseudo-science hostile à l'économie durable

Pour un XXIe siècle durable
soutenu par une citoyenneté rebelle

Les Impliqués Éditeur

Structure éditoriale récente fondée par L'Harmattan, Les Impliqués Éditeur a pour ambition de proposer au public des ouvrages de tous horizons, essentiellement dans les domaines des sciences humaines et de la création littéraire.

Déjà parus

Kaplan (Liliana), *La fin de l'inertie, Réflexions – aphorismes,* 2018.

Gobert (Frédéric), *Gallaecia* (roman), 2018.

Pressicaud (Nicolas), *25 inconnus dans ma Saxo, Premières incursions en Covoiturie,* 2018.

Carrasco (Carlos Antonio), *La dernière confession d'un libertin*, 2018.

Sibony (Nessim), *Propos sur le double et la mort du frère. Du double dans la Bible. La trahison des prêtres. La terre d'Abraham, la terre d'Isaac et la terre de Jacob*, 2018.

Akouango (Parisse), *La poubelle et l'ordure. Le destin de Bomoto*, 2018.

Nana (Alexandre), *Libération de la vie religieuse canonique. Retour à l'Évangile*, 2018.

Warnery (Michel), *L'auréole des Justes*, 2018.

Holleville (Catherine), *Le frondeur rouge, Roman,* 2018.

Totin (Gisèle Ayaba, dir.), *Dix femmes écrivaines du Bénin. Histoires de famille*, 2018.

Ces dix derniers titres de ce secteur sont classés par ordre chronologique en commençant par le plus récent.
La liste complète des parutions, avec une courte présentation du contenu des ouvrages, peut être consultée sur le site :
www.lesimpliques.fr

Jean CORNELIS

L'économique, une pseudo-science hostile à l'économie durable

Pour un XXIe siècle durable soutenu par une citoyenneté rebelle

Préfaces de Jean-Marc Nollet, Olivier De Schutter et Pierre Santacatterina

L'Harmattan

Du même auteur

Choisir sa carrière et réussir ses études supérieures, Manuel pratique pour s'épanouir dans sa future vie professionnelle. Éditions Publibook. Paris. 2014.

5-7, rue de l'Ecole-Polytechnique, 75005 Paris

http://www.editions-harmattan.fr

ISBN : 978-2-343-15142-7
EAN : 9782343151427

À Diane et à mes petits-enfants, Léa, Eva, Anthony et Lucas
… un livre dédicacé à leur bonheur durable…

AVERTISSEMENT

Ce livre s'adresse à un large public puisqu'il s'adresse à tout citoyen. Un dossier « Documents de travail et références bibliographiques » est disponible en mode électronique (librement pour les lecteurs du livre). Celle-ci fournit l'ensemble des plus de 1 200 références bibliographiques et des plus de 750 documents étudiés, à l'intention des spécialistes des sciences sociales, voulant vérifier les sources de façon détaillée.

REMERCIEMENTS

M. Christian Courtois, docteur en médecine et professionnel du management en multinationales, a bien voulu relire l'introduction générale et inspirer de la rigueur logique dans la structure du livre. Qu'il soit remercié pour son amitié bienveillante qui n'empêcha pas un regard critique jeté sur le texte pour en améliorer la lisibilité et « cristalliser » les idées principales.

M. Henri Houben, économiste lié au mouvement ATTAC, m'a également honoré d'une relecture ayant inspiré une série de corrections au contenu du texte. Ses pertinentes remarques portant sur « l'accessibilité » du texte m'ont permis de préciser le groupe cible. Je m'adresse dans ce livre à tout public en sa qualité de citoyen, en faisant appel à un raisonnement rigoureux pour stimuler une attitude rebelle à la mentalité économique dominante. Et je préfère donc sacrifier un peu d'accessibilité du texte, que de prendre un style polémique et superficiel. Mais cela signifierait également qu'une version grand-public du livre, au style vulgarisateur, n'a pas encore été écrite. Mes remerciements vont aussi aux personnes qui ont soutenu l'objectif de ce livre. Ainsi, Mme Anne Morelli, historienne à la Faculté de philosophie et sciences sociales de l'Université libre de Bruxelles et M. Arnaud Parienty, économiste auprès d'Alternatives Économiques. M. Daniel Hausman, professeur au Département de Philosophie du Wisconsin considéra le livre comme « une contribution significative », M. Alain Tihon, économiste, souligna qu'il est le « fruit de recherches approfondies », M. Christian Laval, professeur de sociologie à l'Université Paris-Nanterre, que le livre aborde des questions parmi les plus importantes aujourd'hui et M. Jean de Munck, professeur de sociologie à l'Université catholique de Louvain, souligna son caractère « très utile et convaincant ». M. André Orléan, chercheur et professeur de la Paris School of economics, trouva que la passion manifestée par le livre est « tout à fait en proportion de la situation ».

Et M. Jacques B. Gélinas, sociologue de l'Université Laval, considéra qu'une « critique en profondeur de l'idéologie, de la pseudoscience et de l'économie néolibérales s'avère en effet plus nécessaire que jamais ». Les remarques de Mme Isabelle Stengers, professeur de philosophie des sciences de l'ULB, m'ont stimulé à souligner davantage dans mon introduction, qu'une économie scientifiquement valide, ne peut pas seule « réveiller les consciences et obtenir un état enfin démocratique ». Parce qu'il ne faut pas « sous-estimer les rapports de force qui jouent un rôle premier dans la définition de l'économie, de ce qu'elle prend en compte et de ce qu'elle néglige ». J'ai de même entendu les remarques de M. Tom Bauler, professeur de la Chaire « Environnement & Économie » de l'ULB, qui souligna que le caractère scientifique ou pas des sciences économiques ne semble pas être « en lien avec la montée et le succès du modèle standard ».

Un remerciement spécial va à l'éditeur, parce qu'un livre n'est pas seulement un texte, c'est aussi un produit de fabrication compliquée !

Je remercie tout spécialement mes compétents préfaciers, qui désormais, en ont fait également « leur » livre : M. Olivier De Schutter, professeur à l'Université catholique de Louvain, membre du Comité des droits économiques, sociaux et culturels de l'ONU, M. Jean-Marc Nollet, député Ecolo, ancien ministre wallon du Développement durable et M. Pierre Santacatterina, directeur général d'Oxfam/Magasins du monde.

Enfin, je tiens également à remercier le très serviable personnel des bibliothèques de l'Université catholique de Louvain dans lesquelles j'ai passé de nombreux mois studieux.

Liste des abréviations utilisées

ENL : économique néolibérale
NE : Nouvelle économique

PRÉFACES

Les dérives d'une science économique qui nous impose son rapport à la nature et aux autres

Le livre de Jean Cornelis montre, avec minutie, comment la science économique dominante – ce qu'il appelle l'économique néolibérale – s'est constituée en science dogmatique, plus proche à présent de la théologie que des sciences naturelles auxquelles elle a toujours eu l'ambition de ressembler ; et il illustre les conséquences considérables qui résultent de cet aveuglement.

Il y a différentes manières de dater cette dérive. Certains auteurs la situent chez Adam Smith, souvent présenté comme le père de la science économique moderne. Mais, outre que le titre est un peu usurpé – Smith, après tout, avait été précédé des physiocrates français, les premiers en réalité à avoir tenté de modéliser la vie économique et de l'ériger en « système » –, c'est oublier que Smith était parfaitement conscient des limites de son approche, qui devait être confinée à la seule sphère des rapports marchands. Il était d'ailleurs le premier à regretter l'appauvrissement qui résultait, déjà à son époque, de l'approfondissement de la division du travail, et de la spécialisation des tâches qui en était la conséquence. Et il avait une conception anthropologique complexe, loin de l'homoncule (le fameux Homo Economicus) des traités contemporains d'économie politique : derrière l'auteur des *Recherches sur la nature et les causes de la richesse des nations*, s'est toujours trouvé le moraliste, auteur vingt ans avant les *Recherches*, de la *Théorie des sentiments moraux*.

D'autres auteurs situent la dérive dans l'émergence de l'école marginaliste, à la fin du XIXe siècle : c'est en effet en raison de la prétention de la science économique à s'ériger en science exacte, capable de mathématisation, qu'il a fallu inventer (car c'est bien d'invention qu'il s'agit) l'idée que chaque individu est mû par la recherche de son intérêt – égoïste, de court terme, centré sur l'acquisition de biens matériels. Carl Menger serait alors à la base de cette perversion de la science économique, qui aurait construit une fiction.

L'Homo Economicus justement, afin de se donner pour unique vérité. Encore faut-il éviter d'accabler Menger seul. Car l'impérialisme de la science économique, sa prétention à dire le vrai non seulement dans la sphère des rapports marchands mais aussi dans les domaines de la vie familiale ou affective, dans la sphère du droit pénal, ou dans les rapports sociaux en général, est d'émergence plus récente : elle naît avec la fameuse définition que donne Lionel Robbins de la science économique en 1932 (la science économique comme science des choix rationnels face à des besoins illimités à satisfaire par des moyens rares), et elle s'étend avec des auteurs comme Gary

Becker ou Robert Epstein, respectivement sociologue et juriste, qui importent le raisonnement économique dans des champs disciplinaires que la science économique peut dès lors annexer. C'est cet impérialisme d'ailleurs que contesteront Michel Foucault et Pierre Bourdieu, chacun à leur façon, et avec vingt ans d'écart entre les deux, respectivement dans la *Naissance de la biopolitique* et dans les *Structures sociales de l'économie*.

Mais on peut aussi opérer la démarche inverse, et s'interroger, non pas sur l'héritage d'Adam Smith et comment son intention initiale a été trahie et son propos caricaturé, mais au contraire sur la cosmologie qui rendait Smith possible et lui a permis de conquérir une audience aussi considérable ; remonter le cours, donc, plutôt que suivre le flux.

L'anthropologie de l'Homo Economicus, il faudrait alors plutôt la rechercher chez les auteurs du XVIIe siècle qui sont à la base de notre conception de la modernité. Car, que la société libérale cautionne, et encourage même, des rapports sociaux où l'appropriation par chacun de la plus grande quantité de biens possible devient la norme, au point que le souci d'accumulation sans limite en vient à définir la nature même du rapport à autrui, cela peut se déduire déjà des travaux de Hobbes et de Locke. La philosophie politique a cru bon, dans son goût de la mise en scène, d'opposer ces auteurs l'un à l'autre : à l'auteur du *Léviathan* la paternité d'un État fort, totalitaire même, sous prétexte de préserver les hommes des conséquences destructrices de l'État de nature. À celui du *Second Traité du Gouvernement civil*, la thèse d'un droit de propriété conçu comme droit naturel, antérieur même à l'institution de la « société civile » qui n'est constituée qu'afin de mieux le garantir, et qui sert aux individus de rempart contre l'immixtion de l'État. Or, à y regarder de plus près, cette opposition est factice. Elle masque l'anthropologie commune aux deux œuvres. Progressivement, avec la sortie du féodalisme et d'une société holiste fondée sur l'honneur et le rang, s'impose l'idée d'une société fondée sur l'individu qui désire, et dont le désir en vient même à constituer le fondement même de l'ordre social. En deçà de l'État, dans la sphère du marché où règne l'échange, s'impose la violence : celle de désirs qui s'affrontent car, avec la dissolution des régulations sociales qui autrefois les limitaient, ces désirs sont devenus sans fin.

Anthropologie ? C'est de l'individu, en effet, que part Hobbes : la première partie du Léviathan porte le titre : "Of Man". Il choisit de partir du constat que les hommes sont attirés par certaines choses, et veulent en éviter d'autres – ils ont, dans le vocabulaire de Hobbes, des « appétits » et des « aversions ». Les actions qu'ils entreprennent sont le résultat d'une opération intellectuelle – une « délibération » qui met en balance les avantages et les inconvénients de chaque action qu'ils peuvent poser, et à travers laquelle ils recherchent ce que Hobbes appelle la félicité, c'est-à-dire la capacité d'obtenir l'objet de leurs désirs. Ce qui semble constituer une tautologie chez Hobbes vient en réalité inaugurer la science politique moderne. Car, dans cette quête interminable de ce qu'il désire, l'obstacle que rencontre chaque homme, ce sont les autres, qui peuvent s'y opposer. Comment se résout cette tension ? Hobbes se rêve en physicien du monde social. Il pense en termes de résultante des forces : chaque individu dispose d'un certain pouvoir, plus ou moins étendu, et il ne parviendra à ses fins que si ce pouvoir est plus important que les pouvoirs de ceux qui imposent un frein à cette quête. Afin de satisfaire nos désirs, nous cherchons à augmenter nos pouvoirs par rapport à ceux d'autrui : nous tentons de les asservir à nos fins, afin de ne pas devoir servir les leurs. Cette compétition généralisée des uns et des autres déboucherait sur des conflits insolubles, si nous ne disposions d'aucun étalon de mesure permettant à ces oppositions d'être réglées par des voies pacifiques. Or, nous dit Hobbes, un tel étalon existe. Mais ce n'est pas celui d'une société de type féodal, qui range les individus selon leur naissance, ou selon leur communauté d'origine. C'est un critère résolument moderne et démocratique : chaque homme vaut, non pas le prix auquel il s'estime (car chacun aime à s'attribuer une valeur plus élevée que sa valeur réelle), mais le prix que fixe l'opinion, anonyme et donc incontestable dans le jugement qu'elle porte, mais aussi variable selon le gré des circonstances. Ainsi le chef militaire, en temps de guerre, prendra l'ascendant sur le juge ; en temps de paix, cela pourra être l'inverse. Nous nous mesurons constamment les uns aux autres, dans la poursuite par chacun de son propre intérêt. Mais nous pouvons nous départager par un mécanisme assimilable à celui d'une bourse des valeurs : qui l'emporte sur l'autre doit l'emporter, car cela signifie simplement qu'à tel moment, son pouvoir a plus de poids que celui qu'il affrontait.

Ainsi que le notera par la suite C. B. Macpherson, cette présentation constitue une description saisissante de la société marchande naissante. Dans cette société, chaque individu veut acquérir toujours davantage, ce qui crée une concurrence de tous avec chacun. L'État de nature, au postulat duquel on a tellement souvent voulu réduire Hobbes, n'apparaît qu'au chapitre XIII du *Léviathan*, et encore sans qu'y figure l'expression elle-même de "state of nature" : il ne constitue en somme qu'une métaphore pour cette société marchande, si on se la représente privée d'une autorité forte, que les hommes reconnaissent et à laquelle ils se soumettent. Si l'État de nature ne débouche pas sur la guerre de tous contre tous, c'est grâce à l'institution, par contrat, d'un Commonwealth. Mais comprenons bien que le Commonwealth ne se substitue pas tout entier à l'État de nature : il se superpose à lui. Car la garantie de la paix civile et de la sécurité publique apparaît comme la condition de l'épanouissement de l'activité marchande ou industrielle, à laquelle les hommes doivent pouvoir s'adonner sans crainte de tout perdre par suite d'une dissolution de la société. La guerre de tous contre tous a changé de forme, les violences les plus extrêmes ont été abolies. Elle subsiste néanmoins, elle prospère même, sous la forme des rapports de force qui se nouent dans le cadre du marché.

Cette première tentative d'élucidation de la société marchande et capitaliste naissante en fournit aussi la plus efficace légitimation. Le postulat d'égalité entre tous les hommes est en effet omniprésent dans ce récit : on a bien quitté la société des castes. Il en découle aussi que chaque individu, dans une telle société, est libre de choisir quels objectifs poursuivre : elle est bien, en ce sens, pluraliste. Mais ce pluralisme est en quelque sorte euphémisé, ou neutralisé, par la manière dont les conflits qui résultent de cette concurrence généralisée se trouvent résolus. Le Commonwealth (peu importe qu'il s'agisse d'un individu ou d'une assemblée) empêche les individus de résoudre ces conflits par le recours à l'épée : ils seront donc résolus par les mécanismes de l'échange, selon le prix que le marché attachera aux prérogatives dont disposent les uns et les autres. Tout ce que le pouvoir d'État ne maîtrise pas, sera donc réglé par une forme de violence douce, non pas guerrière, certes, mais néanmoins réelle : cette violence est celle des rapports fondés sur l'échange, où chacun cherche à obtenir les termes de l'échange à lui les plus favorables, sous la menace de refuser à l'autre l'accès à ce qu'il désire.

Albert Hirschman a montré comment c'est en imposant l'intérêt contre les passions que le capitalisme naissant a conquis sa légitimité : l'idée à laquelle le capitalisme doit son triomphe, c'est celle du « doux commerce », d'une division du travail social qui vient substituer aux rapports guerriers entre les individus, des rapports fondés sur l'intérêt mutuel.

Encore cela ne suffit-il pas pour expliquer l'extension, par la suite, de la mentalité capitaliste. Cette extension, c'est sans doute Max Weber qui en offre la reconstruction la plus convaincante. Nul mieux que lui n'a décrit ce fondement anthropologique du capitalisme libéral classique, et de l'idéologie de la croissance infinie qui s'y trouve associée. Le début du XXe siècle est, il est vrai, un moment particulièrement propice. Weber écrit son *Éthique protestante et l'esprit du capitalisme* alors qu'il a encore sous les yeux la société traditionnelle précapitaliste. Et il écrit alors que la classe ouvrière est intégrée peu à peu dans le capitalisme.

Les premières lois sociales ont été adoptées sous Bismarck au cours des années 1880 et 1890. Du même coup apparaît l'insuffisance d'une critique du capitalisme libéral qui se borne à une dénonciation des inégalités entre détenteurs du capital et non-propriétaires – ceux qui vivent « au jour la journée », comme l'on disait alors, et qui doivent trouver du travail pour vivre. Cette critique n'est pas fausse, nous dit Weber. Mais elle ne va pas au cœur du malaise civilisationnel dont le capitalisme est la cause.

Mais quel est alors ce malaise ? Weber ne partage pas la thèse que le protestantisme encourage un esprit matérialiste mieux adapté aux exigences du monde capitaliste. Cette interprétation est simpliste et incorrecte ; Weber la réfute d'ailleurs explicitement. L'originalité de Weber est plutôt de décrire la mentalité capitaliste orientée vers l'accumulation du profit comme une ascèse ou une discipline. Cette règle de vie à laquelle l'individu sacrifie son existence lui impose, en tout moment, de déployer ses efforts vers l'accumulation. C'est le sens des recommandations que Benjamin Franklin donne au « jeune homme qui veut gagner de l'argent », que Weber cite longuement : « Le temps, c'est de l'argent », « L'argent qui dort est de l'argent que l'on perd » : celui qui réussit dans le capitalisme suit des maximes qui font de lui une machine à calculer son intérêt.

Chose remarquable, ce n'est pas la recherche effrénée du plaisir qui est à la source du capitalisme. Nous ne sommes pas ici dans les mondes de Mandeville ou de Smith, où le système économique repose tout entier sur le désir égoïste : le fondement, ici, c'est la dévotion monomaniaque à faire fructifier son capital de départ. Il n'y a pas de recherche permanente, vorace et hédoniste, de satisfaction de ses intérêts personnels. Il y a une ascèse, un sacrifice de soi. Le capitaliste ne descend pas du noceur, il descend du moine : « la réforme protestante fit sortir des couvents l'ascèse chrétienne rationnelle et sa règle de vie méthodique et l'exporta dans la vie professionnelle, venant imposer à chaque chrétien d'être un moine tout au long de sa vie. » Pour être de bons protestants et par là de bons agents capitalistes, nous devons oublier de vivre, consacrer toute notre énergie à gagner plus, à accumuler davantage.

Formulée en 1904-1905, la thèse de Weber est parfaitement compatible avec l'idée, avancée quelques années plus tôt par Georg Simmel dans sa *Philosophie de l'argent*, selon laquelle l'argent exprime « la totalité des buts » : fongible universel, l'argent peut donc être rapporté à *toute fin quelconque* que l'individu pourrait vouloir poursuivre, puisqu'il n'est en principe qu'un *moyen* d'acquérir ce qui permet de réaliser les fins que chacun se donne. Mais cette propriété remarquable est aussi ce qui constitue son danger : avec la monétarisation de l'économie, non seulement la spécialisation des tâches et la division du travail peuvent, elles, s'accentuer au-delà de la fourniture réciproque de services sous forme de troc, mais en outre la porte est ouverte à l'accumulation infinie. L'accumulation de monnaie laisse ouverte la question des fins de l'individu, n'obligeant donc pas celui-ci à se prononcer de manière définitive sur ses objectifs ultimes : tant qu'il thésaurise, en vue d'un avenir qu'il prépare et auquel il sacrifie son présent, il lui est permis de ne pas se prononcer sur le type d'existence qu'il veut mener. Cette thésaurisation, cette accumulation, c'est donc aussi un moyen commode de compenser un manque d'imagination : si l'on accumule, c'est parce qu'on ne sait pas comment dépenser. Nous errons dans la vie sans but : alors, accumulons, car un jour peut-être, nous saurons que faire de cet argent amassé.

Ainsi Weber met-il en avant la dimension socialement construite de la mentalité capitaliste. L'homme n'est pas naturellement obsédé par l'accumulation matérielle, nous dit-il en substance : c'est la société et en l'occurrence la mentalité protestante, l'ascèse qu'elle promeut et attend de chacun, qui oblige les individus à se sacrifier à cette tâche peu exaltante de gagner de l'argent. On y perd sa vie, certes ; mais la société ne laisse pas d'autre choix. Car sortir de l'esprit capitaliste pose un problème d'action collective : personne ne peut le faire seul. Empruntant à Darwin l'idée de la sélection naturelle, Weber met clairement en avant que l'individu qui ne se prêterait pas au jeu, qui refuserait de perdre sa vie à faire fructifier aussi bien que possible son capital, serait éliminé par la concurrence. Il faudrait donc une action collective, une action de la société sur elle-même, pour sortir de la cage.

Pourtant, Weber est ici ambigu. Car en même temps, il affirme nettement que le passage de la mentalité « traditionaliste » à la mentalité « capitaliste » ne va pas de soi : il exige un processus de transformation, une « conversion », forcée s'il le faut, aux valeurs que le capitalisme véhicule. À l'opposé de la pensée capitaliste, la pensée traditionaliste est celle où, une fois ses besoins essentiels satisfaits, l'on ne cherche plus à augmenter ses gains, mais plutôt à réduire son investissement dans le travail. Ainsi, l'ouvrier agricole qui, lorsque la rémunération du travail aux pièces augmente, ne travaille pas davantage afin de profiter de l'aubaine, mais au contraire s'arrête de travailler une fois qu'il a atteint ce dont il pouvait se contenter avant cette augmentation : « L'ouvrier payé 1 mark pour faucher un arpent, qui fauchait jusque-là deux arpents et demi par jour et gagnait ainsi 2,5 marks quotidiens, ne se mit pas, comme on l'avait escompté, à faucher trois arpents pour profiter de l'occasion de gain supplémentaire quand le salaire à l'arpent fut augmenté de 25 pfennigs : au lieu de gagner ainsi 3,75 marks – ce qui aurait été parfaitement possible –, il ne fauchait plus que deux arpents par jour, parce qu'il gagnait ainsi 2,5 marks comme auparavant et "s'en contentait", comme il est dit dans la Bible ». Weber commente cet exemple dans les termes suivants : le gain supplémentaire qu'aurait pu réaliser l'ouvrier, dit-il, « l'attirait moins que la réduction de son travail ; il ne se demandait pas combien il pouvait gagner par jour en fournissant le maximum de travail, mais quel travail il devait fournir pour gagner la somme – 2,5 marks – qu'il recevait jusque-là et qui couvrait ses besoins *traditionnels* ». Les individus qui sont encore pris dans les rets de la pensée traditionaliste ont pour but de vivre, et seulement de manière secondaire, comme moyen d'existence, de faire de l'argent ; les individus qui ont adopté la mentalité capitaliste consacrent leur vie à faire de l'argent. Pour que le capitalisme puisse s'épanouir pleinement, il faut inculquer cette mentalité, y éduquer des masses d'abord rétives.

Weber est perplexe face à ce comportement irrationnel. Qui sont ces individus qui ne répondent pas aux incitants, qui ne sont pas mus par l'appât du gain, qui sont si peu « économiques » ? Weber aurait pu approfondir cette piste et ajouter ceci : pour que le capitalisme fonctionne, il faut faire vouloir consommer davantage, donner le goût d'avoir plus. Pour ces ouvriers, 3 marks suffisaient. Ils voulaient préserver du temps pour la dépense, la famille, le divertissement et le repos. Weber aurait pu dire : le capitalisme, pour survivre, doit brouiller la frontière entre besoin et désir. Il doit créer des besoins artificiels afin que le travailleur fasse le choix de travailler toujours plus. Bref, là où subsistent des individus que la crainte du déclassement n'effraie pas, et qui sont tentés de refuser le jeu de la compétition généralisée, la mentalité capitaliste doit être inculquée : ce processus de civilisation n'est pas tellement différent de celui qu'opéraient les puissances coloniales, à la même époque, au nom de la supériorité de la civilisation occidentale.

La fiction de l'Homo Economicus, être parfaitement rationnel, guidé uniquement par l'appât du gain, qui n'éprouve ni jalousie ni émotions, et qui n'est pas motivé par un sens de l'honneur – quelle régression ceci signifierait vers un cosmos féodal que l'on croit pour de bon avoir quitté ! –, est donc une fiction triplement utile : elle sert de ciment, elle est un récit qui permet de légitimer l'état des choses existantes ; elle prescrit certaines manières de se comporter, qui servent la croissance et donc l'accumulation capitaliste ; et accessoirement, elle sert à fonder la science économique sur le modèle des sciences de la nature.

Mais voilà qu'à présent, cette fiction apparaît pour ce qu'elle est. Depuis une vingtaine d'années à présent, prenant la succession des « anti-utilitaristes » unifiés sous la bannière de Marcel Mauss, la psychologie comportementale et les neurosciences nous donnent à présent à voir combien nous sommes victimes de biais ; jouets de nos émotions ; incapables de délibération rationnelle ; mus par des sentiments absolument contraires aux prescrits des manuels de la science économique, parmi lesquels l'altruisme, l'empathie, ou tout simplement, l'absence de désir d'accumuler davantage. Nous croyions avoir domestiqué définitivement les esprits ; or, il semble que subsiste en nous une part de mentalité « traditionnelle », ou comme dirait Weber « pré-capitaliste ». En 2002, Daniel Kahneman, un psychologue, se voit décerner le Prix Nobel d'économie. L'Académie couronne des travaux qui mettent en lumière justement les limites du paradigme de l'Homo Economicus, et qui illustrent l'écart, parfois considérable, entre la fiction de celui-là et la réalité de nos manières de raisonner et de décider.

Est-ce un aveu ? La science économique jette-t-elle le gant ? C'est l'inverse : elle se reconstitue. En substance, les travaux de Kahneman nous disent : nous raisonnons mal, nous sommes de piètres maximisateurs, or, nous pouvons faire mieux. L'injonction à nous comporter comme des êtres rationnels mus par l'espoir de gain subsiste, plus que jamais. Nous sommes tous, pour une part, comme ces paysans du Béarn que Bourdieu a pu observer, ou comme les Kabyles d'Algérie dont il a fait l'ethnologie, en notant les conditions de la « conversion de la vision du monde qui est exigée de ceux qui, dotés de dispositions façonnées par l'univers précapitaliste, sont jetés dans le cosmos économique importé et imposé par la colonisation ». C'est cette conversion qui est demandée de nous. Nos comportements effectifs sont loin de ceux que postule la science économique classique. Il ne s'ensuit pas que celle-ci se trompe : c'est plutôt nous qui sommes dans l'erreur, et c'est de nous qu'une réforme est attendue. En attendant, l'économique se fera comportementale. Elle continuera de dominer le champ des sciences sociales, en s'amendant à la marge ; elle continuera de nous imposer une façon de nous rapporter à la nature et de concevoir nos rapports les uns aux autres.

Jean Cornelis se situe dans cette longue histoire. Il s'est fixé un objectif considérable. Mais son livre vient à son heure : c'est seulement en interrogeant la science économique de manière radicale, dans ses racines anthropologiques, qu'il sera possible de lutter vraiment contre les dégâts que cause la subordination de la vie à la finance. Écoutons-le.

Olivier De Schutter
Professeur à l'Université catholique de Louvain, membre du Comité des droits économiques, sociaux et culturels de l'ONU

Ce qui est soutenable et ce qui ne l'est plus

Dans moins de 30 ans, il y aura dans l'océan davantage de tonnes de déchets plastiques que de tonnes de poissons. Même si tous les engagements actuellement pris étaient tenus sans broncher, le réchauffement climatique dépassera les 3,5° Celsius, avec des conséquences économiques, sociales et écologiques qu'on peut juste essayer d'imaginer. Notre réservoir de biodiversité s'épuise aussi inexorablement que la richesse financière s'accumule sur les « comptes en bourse » de quelques-uns. Si tous les terriens vivaient, mangeaient, se déplaçaient, se chauffaient, consommaient comme les Belges, il faudrait plus de trois planètes pour être en mesure de satisfaire leurs « besoins ». Nous n'en avons qu'une… Il y a encore bien d'autres indicateurs de l'état dramatique dans lequel se trouve notre planète. Notre modèle de « développement » est tout simplement intenable. Les limites sont atteintes et nous arrivons au carrefour de toutes les crises : écologique, sociale, économique, sanitaire, alimentaire, climatique et… éthique. Les catastrophes contemporaines sont de moins en moins « naturelles » et les compagnies de réassurance ne savent plus où donner de la tête. Plus vite nous entrerons en transition, moins les changements seront difficiles à gérer et mieux nous pourrons saisir les opportunités de cette transition.

Le livre de Jean Cornelis ne tourne pas autour du pot. En questionnant le néolibéralisme qui fonde le modèle dominant, il met directement le doigt au cœur du logiciel. Très documenté, il montre toute la fragilité du système et de la pseudoscience sur laquelle il prétend se reposer. Pour les tenants de ce modèle dépassé, « Sky » était « the limit ». Mais désormais c'est « Earth » qui doit nous guider et qui montre déjà, à qui veut bien le voir, ce qui est soutenable et ce qui ne l'est plus. Le besoin (comme l'envie) de changer de modèle s'amplifie de page en page. En fin d'ouvrage, les contours d'une alternative s'esquissent. Une économie non plus au service d'un prétendu marché mondialisé et s'appuyant sur une main invisible dont les dégâts sont, eux, bien visibles, mais une économie au service des femmes et des hommes, qu'ils vivent au nord, au sud, à l'est ou à l'ouest de notre hémisphère ; en ville, à la campagne, sur une île ou près de la calotte glaciaire (ou de ce qu'il en reste).

Pour faire advenir cette alternative nous dev(r)ons avoir le courage de remettre en cause nos modes de production et de consommation. La publicité qui alimente sans cesse le moteur de notre société d'hyperconsommation et l'obsolescence artificiellement accélérée qui en est le lubrifiant devra entrer au musée. D'une économie linéaire, avec son cycle « extraction-consommation-décharge », nous dev(r)ons passer sans traîner en chemin à une économie circulaire et nous développer en appliquant cette fois le logiciel de la réutilisation, de la réparation, du recyclage et de la valorisation. La question du sens s'affirme également comme incontournable pour changer rapidement et efficacement de cap : que recherchons-nous finalement si ce n'est le bonheur ? Cessons de tout mesurer à l'aune du seul produit intérieur, qu'il soit net ou brut. C'est du bien-être et du bonheur dont nous avons besoin comme thermomètre. Mais ce but ne peut pas être réservé à quelques-uns, qui en accumuleraient les bienfaits comme d'autres accumulent les richesses dans le modèle actuel. Ce bonheur ne peut être réel que s'il est partagé ; pensé et organisé pour l'être.

Moins de biens, plus de liens introduit le chemin de la sobriété heureuse. Plus de miel, moins de duel conclut en écho la postface-pétition de Jean Cornelis. Le temps nous est compté. Puisse ce livre contribuer à accélérer le tempo et à multiplier les porteurs et acteurs de cette nécessaire transition vers un monde plus juste, une terre plus verte et une vie plus chouette !

Jean-Marc Nollet
Député Ecolo, ancien ministre wallon du Développement durable

Prendre ses distances par rapport au système dans lequel nous vivons

Pour que Galilée ait pu un jour affirmer que la Terre tourne autour du soleil et non l'inverse, il a fallu qu'il ait les outils théoriques pour prendre distance et sortir du système. En effet, à nous terriens lambda soumis à l'attraction terrestre et plongés dans l'atmosphère, il nous est impossible de ressentir que l'on se meut en réalité sur une sphère qui tourne... Si aujourd'hui, ce constat résonne comme une évidence, l'affirmation de Galilée a bien failli lui coûter la vie au XVIIe siècle !

L'objet de cette étude complexe est précisément de se poser des questions de fond et de prendre distance par rapport au système économique dans lequel nous vivons. Car nous sommes bien plongés dans un système, c'est-à-dire que nous en faisons totalement partie sans possibilité de ressentir ou d'observer le système fonctionner. D'une certaine façon, la Terre « manipule » l'homme pour ne pas qu'il se sente « tourné avec la tête en bas, dans une galaxie ». Dans le même ordre d'idée, on ne se rend pas compte que l'économie néolibérale nous a inculqué la croyance que notre bonheur serait lié à la surconsommation et à la croissance illimitée dans un monde compétitif et individualiste. Bien entendu, le problème de l'économie néolibérale est lié à ses conséquences négatives en termes d'inégalités, d'environnement. Et pour les générations futures, un aspect intellectuellement plus grave encore est qu'il est très difficile de débattre sereinement de ce sujet (d'où la référence à Galilée).

L'élaboration d'un travail doctrinal bien pensé à travers des Business Schools toujours plus nombreuses, l'institutionnalisation de nouveaux inquisiteurs que sont la Banque Mondiale, le FMI et l'OMC, le développement des techniques publicitaires et marketing ont érigé cette théorie en dogme irréfutable. Or, et c'est ce que démontre le travail de Jean Cornelis, la science économique est une science humaine qui se prend pour une science naturelle. Il rappelle qu'elle se base sur des postulats utiles à la réflexion mais non vérifiables et donc, par nature, discutables. En outre, la science économique est une science dont la partie prenante principale – l'être humain – fait partie d'un contexte et d'une histoire en évolution. Ce qui est connu, possible ou encore permis aujourd'hui est différent de ce qui l'était hier.

Il est donc essentiel et normal de débattre du système. Il est également essentiel d'en questionner les valeurs sous-jacentes et d'analyser dans quelle mesure il est possible de réconcilier le système économique avec les valeurs humanistes formées notamment par les droits humains, le respect de l'environnement et le développement individuel et collectif.

Pierre Santacatterina
Directeur général Oxfam-Magasins du monde

INTRODUCTION GÉNÉRALE

> Si les économistes pouvaient se faire humbles, compétents, de la même manière que les dentistes, ce serait formidable.
>
> John Maynard Keynes

> Supposer de façon simpliste que la propension du capitalisme à l'efficacité nous permettra de stabiliser le climat ou de nous protéger contre la rareté des ressources revient tout simplement à prendre des vessies pour des lanternes.
>
> Tim Jackson

Pourquoi faut-il questionner l'économique orthodoxe occidentale du XXIe siècle ?

Le but général de ce livre est de stimuler la prise de conscience citoyenne des freins que l'économique néolibérale (l'économique orthodoxe) du XXIe oppose au développement durable. Prendre conscience que la prospérité pour un petit nombre, fondée sur le néolibéralisme occidental de la croissance illimitée, grâce à une dévastation écologique et une injustice sociale, n'est pas une réponse aux défis du XXIe. Parce que le laisser-faire et les stratégies individuelles des entreprises, ne génèrent pas automatiquement de stratégie globale au niveau de l'État, pour la protection de l'environnement naturel et pour la protection de la dignité humaine. L'indifférence du citoyen pour la politique est par ailleurs, une réelle victoire du système économique capitaliste, parce qu'elle stimule sa continuité.

Questionnaire (1) :

Pour entrer directement dans le vif du sujet, nous proposons au lecteur de répondre à ces quelques questions :

- ✓ A1. D'après vous, un capitalisme sans changement en Occident peut-il assurer le bien-être au XXIe ?
- ✓ A2. Quels sont les défis du XXIe que le capitalisme actuel occidental ne peut pas résoudre ?
- ✓ B1. Vous sentez-vous responsable, face à ces défis du capitalisme, individuellement par vos comportements de consommation et de production, ou collectivement par votre comportement de vote ?
- ✓ B2. Quels comportements vous semblent-ils être nuisibles au bien-être économique durable en Occident au XXIe ?
- ✓ C1. Conseilleriez-vous certains points pour maintenir un bien-être durable en Occident au XXIe ?
- ✓ C2. Lesquels ? Quels conseils appliquez-vous personnellement ?
- ✓ D1. Avez-vous un plan de changement du capitalisme en Occident au XXIe ?
- ✓ D2. Décrivez votre plan de changement (qui ? quoi ?...)

Notez bien vos réponses pour les comparer à celles que vous aurez fournies sur le questionnaire, en conclusion du livre.

L'objectif de ce livre est d'aborder la gestion durable au XXIe, à partir du besoin d'une Économique nouvelle, scientifiquement valide, qui en constitue une condition nécessaire. C'est un peu comme si au XVIIe, un livre avait pour objectif une prise de conscience des freins que la médecine officielle opposait à la guérison des maladies. Comment était-il possible que les médecins du XVIIe, entourés d'un rituel de reconnaissance sociale et diplômés d'université, puissent être aussi incompétents ? Parce que la science médicale de ce temps était une pseudoscience, mais socialement reconnue. Comment est-il possible que les économistes du XXIe, reconnus par le pouvoir politique, par des Prix Nobel et diplômés d'université, puissent être aussi incompétents à gérer les crises économiques ou le réchauffement climatique ? Parce que l'économique néolibérale est pseudoscientifique et arrogante, mais c'est un savoir socialement reconnu.

Le citoyen responsable sait que l'histoire ne peut se passer de ses rebelles, qu'elle s'est souvent écrite grâce à ceux qui ont osé dire « non ». L'Occident a besoin de voix rebelles pour dénoncer l'obéissance passive aux courants majoritaires, qui défendent une économique néolibérale. Et comme le dit Manuela France, à l'heure de fêter le cinquantième anniversaire de Mai 68, les collectifs abondent. Comme le mouvement des Indignés depuis 2011, un exemple parmi d'autres de rebelles d'aujourd'hui. Les rebelles, par leur « non » à l'état de mensonge de la pensée unique, génèrent des moments de vérité qui suscitent le progrès humain, disait Jean-François Kahn. Citons quelques mouvements à l'assaut de la forteresse néolibérale : le mouvement

Attac créé en 1998, Autisme-Économie 2000 et Peps-Économie 2011. Puisse ce livre stimuler et confirmer de nombreux citoyens dans une position citoyenne rebelle à la pensée économique unique.

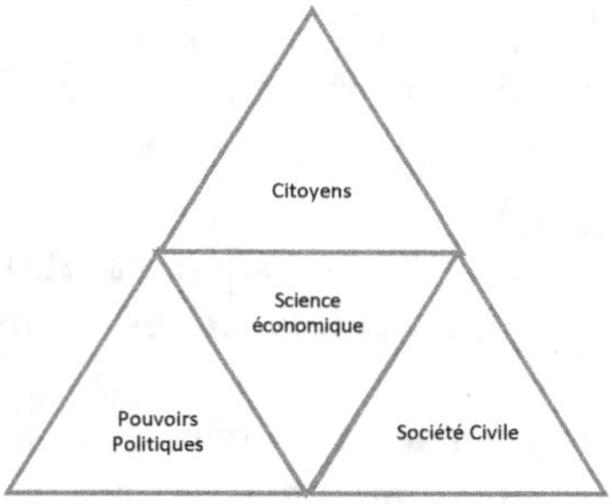

Nous verrons dans la postface que la transition vers un néocapitalisme durable exige la coordination de quatre facteurs. D'abord le soutien électoral démocratique à un pouvoir politique éthique, capable de résister à la pression du secteur privé. Ensuite ce pouvoir politique doit recevoir l'appui d'une gouvernance de la société civile et d'une Nouvelle économique (NE). Parce que sans NE, un gouvernement n'aurait pas de méthode pour gérer la transition.

Questionnaire (2) :

Complétez le questionnaire. Que pensez-vous de ces affirmations concernant l'économique ? Juste/Faux :

- ✓ E1. L'économique enseignée est une science, parce qu'elle repose largement sur les travaux de prix Nobel d'économie.
- ✓ E2. La validité de la loi d'efficacité du marché est comparable à celle de la loi de gravitation de la physique.
- ✓ E3. Une politique économique basée sur la science économique orthodoxe est la seule politique efficace possible.
- ✓ E4. L'économique orthodoxe étudie la façon optimale de produire et de répartir les biens dans une société.
- ✓ E5. L'économique orthodoxe est la seule économique scientifique qui puisse faire face aux défis du capitalisme.

Ces affirmations recueillent une large adhésion auprès du grand public (et des économistes orthodoxes !) et pourtant, elles sont toutes fausses ! Parce qu'elles reposent sur des lacunes dans le raisonnement scientifique. L'imposteur trompe les autres en se faisant passer pour ce qu'il n'est pas. C'est très exactement ce que fait le néolibéralisme. En effet, il se fait passer pour incontestable, en prenant l'apparence d'une science et en déguisant son caractère de pseudoscience…et pourtant. Les économistes orthodoxes peuvent-ils prévenir et gérer les crises économiques qui secouent régulièrement le capitalisme occidental ? Gèrent-ils les effets de la croissance sur le réchauffement climatique ? Peuvent-ils gérer les crises sociales qui accompagnent la croissance de l'inégalité ? Il faut beaucoup de mauvaise foi, d'arrogance et d'aveuglement pour le penser. Car ils ne peuvent donner aucune solution concrète aux dysfonctionnements majeurs de la société capitaliste du XXIe, que son économique orthodoxe stimule même :

Dysfonctionnements majeurs de la société capitaliste du XXIe :
Crises périodiques économiques et financières, et inégalité sociale croissante ;
Pollutions, réchauffement climatique et dégradation de la biodiversité ;
Politique économique et démographique, de croissance infinie, face à une terre finie ;
Domination du pouvoir économique sur le pouvoir politique et déficit démocratique ;
Disparition des ethnies indigènes et des cultures locales ;
Mondialisation des marchés et des problèmes avec baisse de résilience.

Les économistes orthodoxes sont incompétents à gérer les défis économiques du XXIe. Faut-il être économiste pour le constater ? Non, bien sûr ! L'honnêteté intellectuelle exige de dénoncer leur arrogance à représenter la seule science objective du savoir économique.

Car ils adoptent vis-à-vis de l'économie, la position supérieure du médecin du XVIIe vis-à-vis de la santé de son patient ! La médecine du temps de Molière, reposant sur la théorie fausse des quatre humeurs, était incompétente à soigner les malades. Mais cela n'empêchait pas Sganarelle de conseiller avec arrogance son malade « qu'il ne faut pas qu'il s'amuse à se laisser mourir sans l'ordonnance de la médecine » ! Les carences scientifiques de l'économique sont un frein majeur, qui s'ajoute à celui du pouvoir politique libéral dominant, à l'émergence d'une économie durable.

Questionnaire (3) :
Que pensez-vous de ces affirmations concernant l'économique ? Juste/Faux :

- ✓ E6. Changer la science économique ne suffit pas à s'engager dans une économie durable.
- ✓ E7. Une économique pseudoscientifique n'est pas un guide pertinent d'une politique économique durable.
- ✓ E8. La politique économique dans une démocratie est l'affaire des citoyens et des économistes.

Ces affirmations sont justes. Ce livre soutient une citoyenneté rebelle, pour stimuler une démocratie responsable, pour modifier le rapport de force en faveur d'une politique économique durable. Parce que l'indifférence citoyenne profite à l'idéologie dominante et à la classe politique installée. L'idéologie néolibérale et le pouvoir politique engendrent une démocratie molle, subie par le citoyen aveugle à une éthique de la responsabilité.

L'originalité de ce livre est de proposer une Nouvelle économique qui ne remplace pas l'Économique orthodoxe par une autre idéologie économique, mais par une économique qui répond à des critères de qualité scientifique. Le développement durable n'est d'ailleurs pas un choix idéologique partisan, parce qu'une économie qui dégrade les écosystèmes de la terre n'est pas un choix responsable. Et une économie qui limite l'inégalité abyssale entre la richesse et la pauvreté, opère un choix éthique, légitimé par l'histoire en Occident des droits de l'homme.

En synthèse, mobiliser le citoyen, acteur de la démocratie, pour le développement durable est l'objectif rebelle de ce livre ! Car il faut un esprit rebelle pour s'opposer à la mentalité économique dominante, des partis politiques libéraux et des facultés d'économie, incompatibles avec l'économie durable. Le livre offre au lecteur un raisonnement rigoureux, qui démontre que l'économie durable est une nécessité et que l'économique enseignée est une pseudoscience. Et CQFD, qu'il faut une Nouvelle économique et une nouvelle majorité politique, pour faire entrer d'urgence le XXIe dans la transition durable au service de nos petits-enfants. Que le lecteur butant sur quelque passage ardu, se rappelle cette phrase : contrer les arguments des défenseurs de l'économie néolibérale est difficile, mais comprendre qu'il faut agir de façon durable est très facile !

Nous abordons notre objectif en questionnant ce qui construit un discours scientifique, depuis la naissance de la science.

La construction du discours scientifique naissant face aux doctrines religieuses

Les intolérances dogmatiques de la religion ne furent contrecarrées qu'à partir du XVIe. Comme le dit Pierre Chouraqui, pendant près de quinze siècles, la philosophie perdit son autonomie en restant subordonnée à la religion catholique. Lorsque les sciences naturelles naquirent au XVIe, elles entrèrent en conflit avec des savoirs antérieurs, surtout théologiques et philosophiques. En effet, la conception théologique du système planétaire, du temps de G. Galilée, s'opposa à des explorations scientifiques futures.

Les sciences naturelles du XVIe au XIXe siècle furent modulées par plusieurs facteurs. Les principaux sont : la lutte contre les doctrines religieuses, qui provoqua la lutte des savoirs face aux pouvoirs ainsi que le rôle des mathématiques et de la méthode expérimentale. En effet, dans un monde dominé par la théologie, la validité de la science s'opposa à la vérité dogmatique de la Bible et du livre ancien. Le progrès des méthodes d'observation, de mesure et de traitement mathématique des données, fut déterminant pour établir les premières théories scientifiques, et explique les succès de la méthode expérimentale en physique.

Les développements scientifiques s'accélèrent à partir du XIXe. Et les classifications des sciences enregistrent le développement considérable des sciences et de la pluridisciplinarité. C'est-à-dire, l'étude d'un même domaine du monde réel, par des sciences différentes. L'histoire des sciences témoigne de la difficulté de démarquer la science et la pseudoscience, ainsi que de légitimer la validité d'une théorie scientifique. Cette histoire montre que la théologie pour les sciences naturelles, exerça une fonction communielle, dans la société occidentale. C'est-à-dire qu'elle imprégna les mentalités sociales de croyances dogmatiques, qui malheureusement s'opposent à la production scientifique.

L'idéologie, pour les sciences sociales, exerce également une fonction communielle qui freine la science.

La naissance des sciences sociales et économiques face aux doctrines idéologiques

Lorsque les sciences sociales apparurent au XVIIIe, elles entrèrent en conflit avec des savoirs philosophiques ou idéologiques. Les sciences naturelles connurent des avancées considérables aux XVIIIe et XIXe, pour s'affranchir des finalités théologiques. Les sciences sociales n'ont pas connu d'équivalent au XXe, pour tenter de libérer l'économique des idéologies. Par conséquent, l'épistémologie n'a pas au XXIe de réponse simple à ce qui distingue la science et la pseudoscience dans les sciences économiques. Ni de réponse simple pour y légitimer la validité d'une théorie scientifique. Les sciences sociales révèlent des spécificités par rapport aux sciences naturelles.

Elles se distinguent principalement : par un rapport particulier à la subjectivité, par une proximité philosophique et idéologique, par un problème d'expérimentation et par un problème de mathématisation des variables. L'objet d'étude des sciences sociales est problématique à cause du rôle des valeurs sur le comportement réel, de la variabilité des phénomènes et de la globalité de la réalité sociale.

Les idéologies nous font prendre conscience du nombre de visions différentes du monde social. Ces idéologies influencent les groupes sociaux à travers leurs valeurs et leurs intérêts. C'est pourquoi le citoyen, le mandataire politique et le scientifique occidental du XXIe, immergés dans les valeurs de leur société, sont fortement sous l'emprise psychologique et sociale de l'idéologie économique dominante. La sociologie et l'économique sont particulièrement sensibles aux idéologies, contrairement à l'ethnologie et à la linguistique.

Par ailleurs, les sciences sociales progressent par sauts de paradigmes, tout comme les sciences naturelles. Mais parce que les idéologies sont des systèmes de valeurs, qui peuvent coexister dans une société, la sociologie et l'économique raidissent leurs discours idéologiques les uns contre les autres. Par conséquent, l'économique progresse difficilement vers l'unité, parce qu'elle se fragmente en paradigmes idéologiques opposés.

Et le modèle de société de l'Économique Néolibérale (ENL), abstrait et unique, est l'antithèse de la diversité des économies réelles. En effet, l'histoire, la sociologie et l'ethnologie décrivent la diversité géo-historique des institutions politiques et économiques.

La diversité géo-historique de l'environnement économique de l'Occident

Le fonctionnement de l'économie des Indiens Nootka ou de l'économie soviétique ne s'explique pas par l'ENL. L'ENL n'est pas une théorie universelle. La diversité des contextes économiques, des situations géographiques et des destinées historiques, contredit toute théorie affirmant l'universalité d'un modèle capitaliste unique. D'autre part, la mondialisation, la domination anglo-saxonne et la représentation sociale de l'ENL provoquent une certaine uniformisation culturelle de la consommation au XXIe. Cependant l'extension du modèle capitaliste dans le monde n'est pas liée à la scientificité de l'économique orthodoxe, mais à l'efficacité performative de son idéologie.

L'analyse de quelques pays du bloc occidental, sur une période d'un siècle, suffit à montrer la diversité géo-historique des économies. Adopter le point de vue idéologique du modèle économique idéal de l'ENL, élimine toute différence (sauf celles d'un écart du monde réel, par rapport à ces normes). Adopter un point de vue d'histoire économique, élimine toute généralité (même celle entre deux régions géographiques voisines, durant la même période).

Au XXIe, l'orthodoxie économique présente des carences scientifiques qui plaident pour une révolution scientifique. La Nouvelle économique apporte un saut épistémologique pour dépasser les problèmes épistémologiques de l'ENL.

Des carences scientifiques de l'économique néolibérale à une nouvelle économique

Alors qu'au XXIe, la religion influence très peu les sciences naturelles, par contre, l'idéologie imprègne durablement la science économique. L'ENL présente des théories étroitement liées aux valeurs idéologiques et aux intérêts intangibles du capitalisme, du XVIIIe au XXIe. L'épistémologie montre les fortes carences de l'ENL, liées au maillage de plusieurs problèmes. Ces principaux problèmes sont : un discours dogmatique imprégné de jugement de valeur, des mécanismes conçus comme des lois naturelles, un discours de prescription d'un optimum de production. Également, une inefficacité face aux problèmes réels, une théorie axiomatique mathématique et une faiblesse de récolte de données historiques. Le maillage de ces problèmes entraîne le diagnostic de pseudoscience de l'ENL. L'ENL se maintient malgré ses carences scientifiques. Parce qu'elle dispose d'un pouvoir considérable qui s'exerce au sein d'une technostructure, groupant le pouvoir politique, les économistes et le pouvoir économique des grandes entreprises.

Nous proposons un paradigme économique, une Nouvelle économique, dépassant les obstacles épistémologiques de l'ENL et recherchant l'unité de la branche économique. Une NE qui se caractérise principalement : par une approche pluraliste, par une prise en compte de la diversité géo-historique, par une ouverture pluridisciplinaire aux dimensions démographiques, sociales, écologiques & économiques et par une approche de rapport aux valeurs des droits de l'homme. L'économique étudie une réalité liée à divers pouvoirs et dans laquelle les acteurs ont un rapport aux valeurs. Nous défendons l'idée que la NE doit se décentrer des valeurs idéologiques partisanes et se référer aux valeurs universelles des droits de l'homme, qui ont une légitimité historique en Occident. De cette façon, l'épistémologie du *valide* d'une théorie économique est renforcée par une éthique du *juste*. Je définis la NE au sens étroit, comme une économique durable et au sens large, comme la branche économique pluraliste, comprenant l'économique durable, l'ENL et les autres paradigmes.

La NE stimule la recherche d'un meilleur équilibre entre le Marché, l'État, le Citoyen et la Nature, pour l'Occident du XXIe. Par ailleurs, nous pensons que l'enseignement de la NE devrait faire partie du programme d'éducation des jeunes à la citoyenneté solidaire. La NE peut stimuler une mentalité sociale responsable, pour restaurer la confiance du citoyen et de la société civile, dans la politique et dans l'économique.

La postface développe l'idée d'une révolution scientifique et politique. Une économique scientifique est nécessaire, mais pas suffisante, pour relever les défis d'un néocapitalisme durable et équitable. Et l'objectif prométhéen de révolutionner le capitalisme grâce à la NE doit passer par la démocratie politique. Au final, les forces réactionnaires qui animent le néolibéralisme triomphant, malgré la crise de 2008, sont liées à la chute du communisme, au déclin du socialisme et à l'indifférence renforcée par le repli citoyen sur soi égoïste. Nicolas Hulot parla de syndrome du Titanic à propos du comportement économique des États capitalistes : « des milliardaires qui occupent les suites de luxe jusqu'aux immigrants entassés à fond de cale, tous sont embarqués dans le même voyage – et pour le même naufrage. » Un comportement égoïste et arrogant, aveugle au naufrage de la Terre, sans souci des autres et de la génération future. Une conscience politique citoyenne rebelle et la fondation académique d'une Économique nouvelle sont des forces révolutionnaires nécessaires. Et ce, pour construire un nouveau monde démocratique, durable et équitable.

En résumé, ce livre démontre que l'économique orthodoxe n'est pas un guide pertinent pour le XXIe, parce que c'est une pseudoscience et parce que c'est une théorie hostile à l'économie durable.

À qui s'adresse ce livre ? Pourquoi lire ce livre ?

Faut-il être médecin pour s'intéresser à sa santé ? Faut-il être économiste pour exprimer son opinion citoyenne sur l'économie ? Comme le disait Pierre Dardot, c'est en partageant une vision et en mettant en commun l'expérience des non-experts et des experts, qu'on peut produire un travail politique de qualité. Le citoyen ne doit pas et ne peut pas accepter d'être exclu du débat portant sur le « ce qui doit être » sous prétexte de « ne pas savoir ». Sinon la science devient un instrument du pouvoir imposant son discours de façon aveugle.

Ce fut l'esprit qui anima Viviane Forrester, romancière, qui mit l'intelligence de sa plume et la lucidité de sa citoyenneté pour dénoncer les dégâts de l'ultralibéralisme, cette « économie privée lâchée comme jamais en toute liberté – cette liberté qu'elle a tant revendiquée et qui se traduit en déréglementations légalisées, en anarchie officialisée ». C'est pourquoi notre livre concerne tous les citoyens. Surtout ceux ayant le sens de la responsabilité lorsqu'ils votent et ayant l'esprit critique face à l'économie occidentale. Tout comme il s'adresse aux membres actifs des syndicats, aux gestionnaires du bien public, aux membres d'associations citoyennes de protection de l'environnement. Enfin, aux économistes qui veulent collaborer à réformer l'économie et l'économique du XXIe. Le Programme de développement durable à l'horizon 2030, de l'ONU (2015) donne une vision commune citoyenne. Il déclare que « le concept de développement durable admet que le développement économique doit être contrebalancé par une croissance qui réponde aux besoins humains et qui protège l'environnement ».

Tout citoyen peut comprendre que notre bien-être économique contemporain contraste avec le désastre social du capitalisme du début du XXe. En tout cas à condition néanmoins d'être un citoyen occidental. Tout comme ce bien-être contraste d'ailleurs avec le cauchemar que provoqua le communisme soviétique. Et que si le capitalisme est décrit comme *le moins mauvais des systèmes*, c'est parce qu'il a pu évoluer au cours de son histoire. Le capitalisme du XXe évolua sous la pression d'idéologies concurrentes. Mais aujourd'hui, il se fige, parce qu'il est dominé par la seule idéologie néolibérale. Ainsi les économies occidentales fonctionnent de façon mondialisée, sous la logique de profit des multinationales. Cette logique de l'ENL laisse peu de place pour une stratégie politique mondiale et solidaire.

L'actualité des thèses de ce livre est confirmée par de nombreux experts, mouvements et livres. Ceux-ci dénoncent le peu de modestie, l'excès d'assurance arrogante, le manque d'efficacité et de compétence face aux problèmes économiques récurrents, de l'économique orthodoxe.

Nous nous sommes efforcés de faciliter la lecture de ce livre. Mais son objectif ne saurait être atteint sans raisonnement rigoureux, sans nuances, sans densité et sans profondeur. Des encadrés de résumés en fin des sections et en fin des chapitres, facilitent la lecture des liens créatifs entre les chapitres. Fruit d'une longue maturation, il nous a fallu plus de vingt ans pour passer du faisceau d'idées générales à l'écriture argumentée de ce livre. Montesquieu a si bien exprimé ce qu'il craignait à propos de son livre, que nous le reprenons (en toute humilité) à notre compte : « je demande une grâce que je crains qu'on ne m'accorde pas : c'est de ne pas juger, par la lecture d'un moment, d'un travail de vingt années ; d'approuver ou de condamner le livre entier, et non pas quelques phrases ».

Méthode de travail et plan du livre

Le fil conducteur de notre livre relie plusieurs chemins : chronologique (comprendre la construction de la science du XVIe au XXIe siècle) ; logique (relier les méthodologies des sciences en général à celles de l'économique en particulier) ; empirique (montrer la diversité des économies) et épistémologique (comparer la scientificité des sciences naturelles à celle de l'économique orthodoxe du XXIe siècle).

Nous justifions l'ampleur de notre recherche par le recours répété des économistes, à la comparaison de leur méthodologie avec celle des sciences physiques, pour justifier la scientificité de l'économique. Également, par le recours fréquent des épistémologues à des critères de scientificité communs, aux sciences physiques et aux sciences économiques.

Ce livre s'aborde comme une toile de Georges Seurat (mouvement pointilliste). En regardant de près les taches de couleurs isolées, pour en apprécier les éléments détaillés, et en regardant de loin la structure globale du tableau, pour intégrer les détails dans l'effet global. Ce livre s'aborde également par la pensée latérale, c'est-à-dire par une ouverture d'esprit au changement. Pour s'échapper de la représentation du monde dans laquelle nous sommes immergés et qui nous aveugle. La pensée latérale, selon Edward De Bono, fait appel aux rapprochements créatifs et à l'imagination, pour ouvrir l'esprit à des idées innovantes. Une lecture « pointilliste et créative » ouvre l'esprit à la multidisciplinarité, nécessaire pour comprendre les blocages de l'économique et pour aborder l'économique durable.

Le lecteur impatient, pressé de sauter de l'introduction à la conclusion du livre, passerait à côté de cette ouverture à la multidisciplinarité et à la créativité, qui sont de réelles valeurs ajoutées du livre. J'espère que le lecteur, rebuté par la densité de la forêt à traverser, gardera le cap en relisant l'introduction, les encadrés de résumés et la conclusion pour profiter du voyage et non seulement de sa destination.

La suite du livre est composée de quatre parties, rassemblant quatorze chapitres, une conclusion et une postface. La Partie I comprend cinq chapitres traitant de l'histoire, de la méthodologie, de la sociologie et de l'épistémologie des sciences naturelles. La Partie II comprend trois chapitres, qui traitent de l'histoire, de la sociologie et de l'épistémologie des sciences sociales. La Partie III traite de la diversité géo-historique des contextes économiques en Occident et comprend quatre chapitres concernant l'histoire d'Occident en général, de la Belgique et de la France, de l'Allemagne et des États-Unis. La Partie IV comprend deux chapitres, le premier traite des problèmes scientifiques de l'ENL et le suivant propose une Nouvelle économique (NE) scientifique. Une postface propose quelques réflexions pour une économie occidentale durable du XXIe. Un lexique rassemble des définitions succinctes de quelques concepts (ces concepts apparaissent la première fois dans le texte, par un *).

Ce n'est pas une modestie exagérée qui nous pousse à nous excuser pour les inévitables lacunes que notre livre contient. Notre gratitude serait immense aux lecteurs qui voudront bien nous les communiquer. Par ailleurs, nous invitons le lecteur à partager son feedback, ses convergences d'opinion, ses critiques et ses idées, notamment via la pétition, à la fin de la postface. Vous pouvez nous contacter à cornelisjean@yahoo.fr.

Partie I

LE DÉVELOPPEMENT DE LA PENSÉE SCIENTIFIQUE DU XVIe AU XIXe SIÈCLE

Pour la science, comme pour toutes affaires humaines,
le présent ne se comprend bien que par le passé.

Robert Blanché

Cette première Partie traite de l'histoire des sciences naturelles. La science est une forme récente de connaissance du monde réel. Elle naquit au XVIe et s'intéressa durant trois siècles prioritairement aux sciences naturelles.

Le discours scientifique fut fréquemment en conflit avec des connaissances reconnues socialement. Ainsi du XVIe au XIXe, la science (discours de validité relative) s'opposa particulièrement à la religion (discours de vérité absolue). Les explications finalistes théologiques du réel reculèrent progressivement face aux découvertes scientifiques des relations causales entre les variables (Chapitre 1).

Le rôle des mathématiques et de la logique fut déterminant dans la formation du langage ainsi que du raisonnement scientifique. La vérité des mathématiques est formelle parce qu'elles ne traitent pas du réel. Le recours aux mathématiques n'est pas un critère nécessaire de maturité d'une science (Chapitre 2).

L'apparition progressive des sciences face à la découverte de la complexité du monde naturel, entraîna des relations de voisinage entre les sciences et des pluridisciplinarités qu'enregistrent les classifications des sciences. Malgré la découverte de la complexité du réel, les sciences naturelles ont toujours cherché à unifier leurs lois pour mettre à jour la cohérence de la nature (Chapitre 3).

Les sciences naturelles entretiennent des liens avec divers pouvoirs, pouvant menacer l'indépendance d'esprit et le désintéressement du savant. Mais ces liens n'affectent pas les résultats a posteriori (contrairement aux sciences sociales). Le savant recourt à des stratégies de communication, pour faire triompher son discours scientifique face aux autres acteurs sociaux (Chapitre 4).

Des Karl Popper et Imre Lakatos se sont penchés sur le problème de la démarcation entre la science et la pseudoscience, ainsi que sur le problème de la validation des théories de la science. Certains savants ont conçu des paradigmes, qui jouèrent dans l'histoire des sciences des rôles importants dans la recherche et la formation scientifiques (Chapitre 5).

Dans cette Partie I, nous faisons surtout appel à l'histoire des sciences au Chapitre 1 ; à la sociologie des sciences dans les Chapitres 3 et 4 ; et à l'épistémologie dans les Chapitres 2 et 5.

Chapitre I

LES CONFLITS ENTRE LES SCIENCES NATURELLES NAISSANTES ET LE DOGMATISME RELIGIEUX

> La révolution copernicienne n'aura pas fait son œuvre tant qu'elle n'aura pas enseigné aux hommes plus de modestie qu'on n'en trouve chez ceux qui pensent que l'homme est une preuve suffisante du dessein cosmique.
>
> Bertrand Russell

Le développement de théories scientifiques, remplaçant d'anciennes théories dogmatiques* (les termes marqués par un * sont définis dans le lexique) à contenu mythologique, religieux ou philosophique, provoqua des conflits. Le terme de conflit est d'ailleurs parfois faible pour qualifier les faits. Ainsi, Giordano Bruno en 1600, parce qu'il croyait dans l'hypothèse de Copernic, après vingt-deux interrogatoires de l'Inquisition, fut condamné au bûcher pour hérésie. Et Galilée accusé d'hérésie et menacé de torture par cette même Inquisition, fut contraint de rétracter ses écrits et assigné à domicile pour le restant de ses jours.

La section 1 décrit les types de conflits apparaissant lors de la construction des théories scientifiques face à des théories dogmatiques, socialement reconnues. Les sections suivantes illustrent ces conflits par l'histoire des sciences naturelles naissantes.

La section 2 illustre quelques révolutions scientifiques de la physique, de la médecine et de la biologie face aux pouvoirs religieux dogmatiques.

Dans la section 3, nous illustrons quelques conflits entre des théories scientifiques et des théories scientifiques devenues dominantes.

§1 Dogme contre observation : la vérité immuable de la religion, face à la validité temporaire de la science

L'humanité se construit des connaissances pour répondre à deux tendances foncières, la survivance matérielle et le savoir désintéressé. Elle a durant des siècles cherché à acquérir des connaissances techniques, pour satisfaire son bien-être matériel. Et longtemps, elle se contenta de recettes empiriques, avant d'approfondir les bases théoriques de ses connaissances. Mais la pure curiosité, le besoin d'expliquer le monde, la motiva également à acquérir des connaissances. D'ailleurs, l'explication du monde inspira d'abord les discours religieux et mythologiques, ultérieurement, les premières spéculations philosophiques et enfin, les théories scientifiques.

L'histoire des sciences montre de nombreux conflits entre une démarche rationnelle et une démarche dogmatique. Parce que la *validité* relative de la science est incompatible avec la *vérité* absolue du dogme. L'attitude de scepticisme scientifique s'oppose à l'attitude de croyance religieuse. Comme le dit Emmanuel Ransford, « pour un croyant aucune preuve n'est nécessaire et pour un sceptique aucune n'est suffisante » ! La science est une forme de connaissance du monde, en rupture avec d'autres formes de connaissances concurrentes, dogmatiques et socialement acceptées. En effet, la science doit souvent lutter contre des connaissances incontestées de l'époque. Et pour progresser vers de nouvelles connaissances, il faut souvent dépasser l'obstacle constitué par des connaissances actuelles. Autrement dit, on découvre contre une connaissance antérieure. Ces connaissances reconnues portent sur le sens* commun traditionnel, les croyances mythiques et religieuses, les pratiques magiques et les spéculations philosophiques. Et même des théories défendues par certaines autorités scientifiques dominantes.

Le sens commun fut un obstacle important à la naissance de la science. Ainsi des processus illisibles à l'échelle spatio-temporelle de l'homme (la Terre est ronde alors que l'horizon semble droit) ou des processus invisibles à l'homme (le vivant est formé de cellules) suscitèrent des connaissances superficielles. Mais l'évidence sociale des connaissances du sens commun les rendit difficiles à remplacer.

La religion chrétienne fut un obstacle bien plus tenace à la science. L'histoire de la science naissante s'est écrite en Occident contre l'autorité religieuse, temporelle et financière d'une Église, qui imposa ses dogmes et ses Livres saints à la société entière. Elle considérait que le monde s'oriente vers une finalité*, un futur depuis longtemps tracé par Dieu. Or, la science cherche à comprendre le monde et à découvrir les lois causales*, qui permettent de déterminer les évènements futurs. Le déterminisme* scientifique fut donc en conflit ouvert avec la finalité biblique. Et la découverte des causes explicatives et prédictives du monde par les sciences naturelles du XVIe au XIXe, fit progressivement reculer la finalité théologique. C'est ainsi que la biologie remplaça la finalité biblique par une téléonomie* causale. Les monothéismes (christianisme, judaïsme et islam), malgré leurs violentes oppositions réciproques, présentent une forte cohérence dans leur mode de pensée. Comme l'expliqua Michel Onfray, ils sont incompatibles avec l'esprit critique et la réflexion rationnelle de la science, par leur soumission au livre sacré et à l'autorité religieuse. Les systèmes explicatifs du monde de type religieux, sont basés sur des dogmes écrits dans des livres sacrés. Le dogme religieux prétend détenir une vérité certaine et éternelle, face à la science qui propose une validité relative et temporaire. En fait, comme le dit Bertrand Russell : « le conflit entre la théologie et la science a été, en même temps, un conflit entre l'autorité et l'observation ».

Les systèmes philosophiques sont un autre obstacle, parce que l'explication rationnelle mais invérifiable de la philosophie* s'oppose à l'explication rationnelle et vérifiable de la science. La philosophie (des anciens Grecs) croyait pouvoir expliquer la nature par la pensée. Certaines théories de philosophes, comme Aristote, Galien et Ptolémée, acquirent une autorité dogmatique. Parce que les livres des Anciens étaient reconnus porteurs de vérité, comme les livres sacrés. Cette conception philosophique persista jusqu'au XVIe, avec des effets désastreux pour la connaissance. Les philosophies* naturelles, tantôt rendirent compatibles les discours scientifiques et les discours religieux (pour ne pas trop attaquer la religion), tantôt elles opposèrent fermement la rationalité de la science à la croyance en la religion. À la fin du XVIIIe, les philosophies naturelles furent remplacées par une science sécularisée. Désormais, la nature, autrefois magique et divine, fut réduite à une ressource inépuisable pour l'homme.

Enfin, une théorie scientifique validée et dominante peut également être un obstacle lorsqu'elle est appliquée de façon dogmatique dans le champ scientifique. C'est ainsi que la mécanique newtonienne du XVIIIe domina la pensée scientifique pour un siècle. Cette domination étendit la mécanique à la biologie, de façon erronée et sans preuve expérimentale.

Une histoire *rétrospective* des sciences constate les progrès cumulatifs des sciences. Ainsi au XXIe, pour les sciences naturelles, on constate les acquis en mécanique, en électricité ou en anatomie comparée. Mais une histoire des sciences basée sur l'époque des découvertes, est davantage intéressante pour notre objectif. En effet, elle constate les erreurs, les errements et le besoin d'inventer des méthodes scientifiques nouvelles, pour atteindre une validité, d'ailleurs provisoire. C'est ainsi que le paradigme* de la mécanique newtonienne du XVIIIe fut corrigé par le paradigme de la relativité einsteinienne au XXe. Et que le paradigme de l'évolution darwinienne du XIXe fut complété par la génétique au XXe.

Contrairement aux démarches religieuses et philosophiques, qui remontent à l'Antiquité, la démarche scientifique naît en Europe, tardivement à la Renaissance (des exceptions comme Archimède ou les mathématiciens antiques comme Euclide confirmant la règle). Cet aspect historique laisse supposer que la science nécessite une mentalité particulière. En effet, le savant de la Renaissance inaugura une révolution scientifique, en faisant la différence entre la croyance religieuse, la spéculation philosophique et le raisonnement scientifique. Il comprit qu'un savoir valable sur le monde, ne découlait pas de la lecture des textes sacrés révélés, ni des textes reconnus des Anciens. Et l'histoire des sciences naturelles du XVIe au XIXe montre que le discours scientifique s'est progressivement imposé, grâce à l'innovation méthodologique, par l'instrumentation, par l'observation, par l'expérimentation et par la mathématisation.

Il faut faire remarquer que même dans nos sociétés du XXIe, certains préfèrent recourir à des connaissances magiques ou traditionnelles, plutôt qu'à des connaissances scientifiques. Et la pensée magico-religieuse reste vivante dans les pratiques de certains guérisseurs et de prêtres pour la gestion de la maladie. Et que dans l'enseignement, certains rapports entre la religion et la biologie sont préoccupants. Ainsi le Conseil de l'Europe en 2007, dans sa résolution Dangers du créationnisme dans l'éducation mit en garde : « le risque est grand que ne s'introduise dans l'esprit de nos enfants une grave confusion entre ce qui relève des croyances et ce qui relève de la science ». Par conséquent, quelques irréductibles courants minoritaires de type dogmatique s'opposent encore aujourd'hui au discours de la science.

En conclusion, disons que la science est athée, matérialiste et ouverte au doute, à la nuance, à la validité relative et temporaire. Par contre, la religion est prosélyte, elle affirme des certitudes dogmatiques, fermées et immuables. Dans la section suivante, nous analysons quelques étapes révolutionnaires de l'histoire des sciences naturelles.

En bref 1.1…

La science n'est pas une catégorie universelle de pensée, elle naît en Occident au XVIe. Les sciences naturelles du XVIe au XIXe se sont développées grâce à l'innovation méthodologique, par l'instrumentation, par l'observation, par l'expérimentation et par la mathématisation.
L'explication du monde par la finalité religieuse tendit à régresser, à chaque fois qu'une science découvrit des lois causales.
L'histoire des sciences naturelles montre les conflits de la science contre diverses formes de connaissances concurrentes, dogmatiques, socialement acceptées, du sens commun, de la religion, de la philosophie et parfois même d'une théorie scientifique dominante. Le dogme religieux prétend détenir une vérité certaine et éternelle, face à la science qui propose une validité relative et temporaire. La science oppose une explication rationnelle et vérifiable, à l'explication rationnelle mais invérifiable de la philosophie. Même au XXIe, certains courants dans nos sociétés, recourent encore à des connaissances magico-religieuses, plutôt qu'à des connaissances scientifiques.

§2 De Copernic à Newton, de Vésale à Harvey et de Cuvier à Darwin, la révolution scientifique en physique, en médecine et en biologie

La méthode expérimentale et l'observation jouèrent un rôle décisif dans le développement de la science naissante. Elles permirent les premières révolutions scientifiques de la physique, de la médecine et de la biologie. L'expérimentation consiste à fermer une structure observée, pour isoler les variables à l'aide de conditions initiales.

Nicolas Copernic marqua dans l'histoire des sciences, le début de la révolution scientifique. Vers 1512, il fit circuler un exposé de sa nouvelle astronomie héliocentrique, théorie opposée au système de Ptolémée en vigueur (il ne publia qu'en 1541, un travail plus élaboré). Son système était opposé à la Bible et à Aristote, en plus de contredire Ptolémée.

En 1592, Galileo Galilée fit part à Johann Kepler de son adhésion à la théorie de Copernic et s'engagea ainsi dans un conflit passionné contre les Dominicains et les philosophes aristotéliciens. Après plusieurs interrogatoires de l'Inquisition, l'Église censura tous ses écrits héliocentriques en 1616. Puis elle l'accusa d'hérésie et le contraignit à rétracter ses écrits. L'Église censura d'ailleurs rétrospectivement tous les écrits héliocentriques, parce qu'il devint évident qu'ils faisaient perdre, à la Terre, sa position centrale et à l'Homme, sa position privilégiée dans la Création. La démarche scientifique de Galilée consista à comprendre le monde naturel à travers l'observation de faits empiriques*. Et il fut l'un des pionniers de la méthode expérimentale, de l'utilisation de l'instrumentation et de la mesure. Avec son plan incliné, il imagina un dispositif de récolte des faits, mettant en relation des variables qu'une hypothèse de loi mathématique liait entre elles. Et bien qu'il n'invente pas la lunette astronomique, il en augmenta le grossissement, pour améliorer l'observation des phénomènes. Au bilan, Galilée réalisa un saut épistémologique* dans l'histoire de la physique, par l'usage de la méthode expérimentale, avec une théorisation mathématisée, à partir de faits vérifiables et observables et sur la base d'un minimum d'explications causales. Il pratiqua également une tactique de communication particulièrement raffinée pour se jouer des autorités religieuses qui le contraignaient. Sa méthode n'est pas, par conséquent, uniquement basée sur la raison et les mathématiques ! Paul Feyerabend dit qu'il exploita les faiblesses de la pensée humaine et qu'il « fit preuve d'un style, d'un sens de l'humour, d'une souplesse et d'une élégance inégalés dans l'histoire des sciences ».

Johann Kepler publia en 1619, trois lois descriptives du mouvement des planètes (la loi des orbites, la loi des aires et la loi des périodes), en mettant en équation les données astronomiques de Tycho Brahé. La démarche scientifique de Kepler (différente de Galilée) montre la persistance de préoccupations philosophiques, mystiques et magiques. Elle fait ainsi davantage penser à une transition scientifique qu'à une révolution. En effet, il était astronome, mais également astrologue. Et il justifiait l'usage qu'il faisait des mathématiques (usage à l'époque fort récent) en physique, avec un étrange mélange de raison, de mystique et d'esthétique. Ainsi, il considérait la sphère comme la figure géométrique parfaite et il croyait que Dieu avait créé ces formes en tant qu'archétypes parfaits dans le monde.

Isaac Newton formula en 1687, la loi mathématique de la gravitation universelle, unifiant la loi de la chute des corps de Galilée et les lois de Kepler. Il formula également les trois lois de la mécanique. À savoir : la loi d'inertie (découverte par Galilée), la relation entre la force et le changement de mouvement et la loi d'interaction action-réaction. La démarche scientifique de Newton se caractérisa par, d'une part, une approche par hypothèse, induite de l'observation, dont on déduit des conséquences expérimentales (comme chez Galilée). D'autre part, il innova en concevant une théorie générale unificatrice, un paradigme*. Pour cela, il inféra progressivement dans sa formule de la gravitation universelle, les lois de Galilée et de Kepler par approximation successive. Il se basa sur l'hypothèse unificatrice des masses (du soleil et de la terre), pour les phénomènes de la chute des corps sur Terre et les mouvements des planètes du système solaire. En effet, il soupçonna qu'ils sont de même nature, ayant la gravitation pour cause. L'efficacité de la démarche de Newton se trouve également dans son recours à des concepts précis et au choix de mathématiques pertinentes. Par ailleurs, il précisa que sa recherche expliquait *comment* les corps se meuvent, en l'expliquant par des causes mécaniques, mais pas le *pourquoi* de ces causes. La force d'attraction n'existe pas nécessairement, dit-il, mais tout se passe comme si elle existait. En effet, en homme croyant, il recourut à une philosophie naturelle : la cause de la gravitation doit être trouvée, dans le Dieu Créateur, l'ordre du monde étant garanti par Dieu, Cause première et Souverain du monde créé. Une position qui ménage le causalisme* et le finalisme* ! Au bilan, Newton fut l'un des premiers grands savants capable de concevoir un paradigme scientifique, à partir de lois partielles déjà établies. Il a défini une approche scientifique empiriste* et une physique mathématique, appuyée sur une base expérimentale, produisant des lois en accord avec les faits. Ces lois peuvent être remises en question par de nouvelles expériences, mais pas par de simples hypothèses rationnelles contraires.

La physique de l'électricité connut sa révolution scientifique au XVIIIe et vit s'opposer les philosophies naturelles de Luigi Galvani et d'Alessandro Volta. Parce que la recherche de la nature de l'électricité divisait les savants. Existe-t-il deux natures d'électricité, l'une naturelle et divine et l'autre produite par l'homme ? Ou fallait-il unifier l'électricité naturelle et l'électricité artificielle ? Pour expliquer scientifiquement la nature de l'électricité, Galvani développa une philosophie naturelle soucieuse de rendre compatible le discours scientifique rationnel, avec la croyance religieuse. C'est pourquoi il émit l'hypothèse qu'il existe une électricité naturelle et une électricité artificielle. Par contre, Volta et Benjamin Franklin développèrent des positions rationnelles basées sur la philosophie des Lumières, en s'opposant à la religion. Ils émirent donc une théorie selon laquelle il n'existe qu'une seule sorte d'électricité. Volta étudia le courant continu (grâce au développement d'une pile électrique vers 1790) et il établit qu'il n'existe qu'une seule forme d'électricité.

Les conflits entre la science et la religion caractérisèrent également la médecine. En effet, la médecine des XVIe-XVIIe considérait que la maladie est une épreuve voulue par Dieu, en réponse au péché commis. On pouvait guérir par l'intervention des saints et de leurs reliques, en recourant à la prière, au pèlerinage religieux et à la pratique magico-religieuse. Et la médecine de l'époque croyait au caractère irréfutable des textes des Anciens ainsi qu'à l'astrologie. Une sélection de textes des livres d'Aristote, d'Hippocrate et de Galien, décidée par les Facultés et qu'il fallait dogmatiquement étudier, formait la base de la formation médicale. L'Inquisition romaine censurait d'ailleurs tout livre considéré préjudiciable à la foi religieuse ou au pouvoir du prince, de telle sorte que les pouvoirs politique et religieux maintenaient le statu quo social. D'autant plus que le corps humain était un champ d'étude à forte dimension religieuse, car il est le temple et le simulacre de Dieu. La médecine d'Hippocrate popularisa la théorie (fausse et non expérimentale) des humeurs depuis l'Antiquité jusqu'au XVIIe. Le corps serait constitué de quatre éléments (air, feu, eau, terre) qui doivent coexister en équilibre dans le corps humain en bonne santé. D'où le recours à la saignée et à la purge pour rééquilibrer le malade ; le fait que certains patients survivaient malgré les saignées et les purges, renforçait l'usage de cette pratique médicale ! C'est dans ce contexte théologique qu'il faut comprendre la révolution scientifique de Vésale et d'Harvey.

André Vésale publia en 1543, un traité d'anatomie, qui suscita beaucoup de polémiques auprès des professeurs et du clergé. La pratique de la dissection l'avait amené à découvrir que les théories anatomiques de Galien et d'Aristote étaient entachées d'erreurs. Parce que Galien s'était basé sur des dissections de singes, de chiens et de cochons ! Vésale innova comme professeur, en donnant ses leçons théoriques, tout en faisant lui-même les dissections et en observant directement les corps. Dans les cours d'anatomie du XVIe, les étudiants recevaient la lecture des textes de Galien par le maître, tandis qu'un barbier pratiquait les dissections et qu'un démonstrateur à l'aide d'un bâton reliait le texte à la dissection. La démarche scientifique de Vésale insista sur la nécessité d'adopter un esprit critique face à l'enseignement académique et à la prétention d'exactitude doctrinaire des textes écrits officiels. L'Église et la Faculté exercèrent un pouvoir de pression considérable sur sa recherche. Elle suscita une opiniâtre opposition, des savants dogmatiquement attachés à Galien et des catholiques qui le menacèrent d'hérésie et d'excommunication. Ses adversaires tracèrent un parallèle entre son manque de foi pour Galien et le manque de respect des Réformés, pour l'autorité papale sur la lecture de la Bible. Il suscita tant de controverses qu'il abandonna la recherche en anatomie pour une pratique médicale confortable de médecin de Charles Quint (après avoir subi avec succès une commission impériale) !

William Harvey publia en 1628, un traité de la circulation sanguine, basé sur un phénomène expérimental dynamique. En précurseur de la physiologie, il pratiqua des expériences sur la circulation sanguine, aisément reproductibles, à l'aide de garrots. Son modèle théorique combinait l'étude des mouvements du cœur, de la fonction de ces mouvements et de la circulation du sang. Mais il ne put identifier le but physiologique de la circulation sanguine, ni observer la microcirculation sanguine. Harvey a dû faire accepter l'idée que la circulation sanguine était l'objet d'une représentation scientifique du monde. En effet, la question de la cause des mouvements du cœur était alors un sujet à la fois religieux et médical, parce que pour les chrétiens, le cœur est le siège de l'âme immortelle et que l'âme commande tout le corps. À son époque, le salut de l'âme et la volonté de Dieu étaient plus préoccupants qu'une vision scientifique du monde ! La démarche scientifique d'Harvey était basée sur une méthode expérimentale et théorique rigoureuse, notamment par la dissection et la vivisection. Il essaya de trouver la dynamique du système circulatoire, de la quantifier et de prévoir le comportement des phénomènes par relation de cause à effet. De plus, par le caractère public de ses séances d'anatomie, il prenait son public à témoin comme un jury pour valider ses théories.

La biologie connut sa révolution scientifique au XVIIIe, bien plus tard donc que la physique. Elle se posa trois questions, l'origine de l'espèce (phylogenèse*), l'origine de l'individu (ontogenèse*) et l'origine de la vie. Dans un contexte de mentalité religieuse dominante, imposant la compatibilité aux dogmes à la connaissance scientifique, le transformisme* causal s'opposa aux dogmes bibliques du créationnisme* divin. Et des philosophies naturelles concurrentes s'affrontèrent. La question de l'origine des espèces vit s'affronter le fixisme* (Carl von Linné) au transformisme (Buffon). Le fixisme rendait bien compte des formes différentes dans la nature, mais n'expliquait pas la variété intra-spécifique, ni les dégénérescences. La question de l'origine de l'individu vit s'affronter l'épigénisme* (Buffon) au préformisme* (Marcello Malpighi). La question de l'origine de la vie vit s'affronter le spontanisme* (Buffon) à l'anti-spontanisme (Lazzaro Spallanzani). Les autorités religieuses du XVIIIe poussaient au respect des dogmes et donc favorisaient la filière préformisme/anti-spontanisme/fixisme. Dieu aurait créé les espèces, toutes les espèces, tous les individus, depuis le début de la Création, selon un ordre chronologique bien défini ! Pour s'affranchir de la religion, la biologie des XVIIIe-XIXe a connu des difficultés aussi grandes que la physique galiléenne. La biologie eut recours à des méthodes d'observation, d'expérimentation, de mesure et de modélisation, mais aussi à des méthodes historiques comme en paléontologie*. Cuvier et Darwin, deux biologistes qui se sont intéressés au problème de l'origine de l'espèce, développèrent leurs discours scientifiques de façon différente, face à la pression des dogmes religieux.

Georges Cuvier publia en 1805, un traité d'anatomie comparée. Biologiste brillant, il fut le pionnier de l'anatomie comparée et de la paléontologie. Mais il ne put concevoir de grand paradigme unificateur, parce que sa démarche scientifique fut limitée par sa foi religieuse qui imposait le fixisme. En effet, il adopta surtout une attitude scientifique descriptive, évitant d'expliquer le fonctionnement global de la nature. De son vivant, Jean-Baptiste Lamarck et Geoffroy Saint-Hilaire défendirent l'hypothèse transformiste contraire. Malgré un souci scientifique des faits et des théories basés seulement sur l'observation, son dogmatisme fixiste d'origine religieuse l'aveugla. Et cette attitude l'empêcha de proposer des hypothèses en contradiction fondamentale avec les dogmes bibliques. Comme le dit Claude Cardot : « Georges Cuvier n'a pas été un savant dogmatique, mais, malgré toute sa hauteur de vue, il a bien été victime des dogmes que son époque n'avait pas encore remis en cause et que son éducation religieuse avait ancrés dans son esprit ». Cependant, il faut reconnaître que le respect du dogme biblique de Cuvier ne fut pas absolu. Il a assorti le créationnisme d'aspects incohérents avec le dogme de la Création de la Bible. D'abord, il parle de plusieurs catastrophes d'extinction d'espèces, ce qui est contraire à l'unique Déluge ; ensuite, la tradition chrétienne parle d'une Création unique alors que Cuvier parle de créations multiples. Il est finalement presque paradoxal que les faits rassemblés par Linné et Cuvier furent un soutien à l'émergence de la théorie évolutionniste*, qui dépassa le paradoxe entre une constance des espèces et leur évolution !

Charles Darwin proposa, en 1859, le paradigme scientifique expliquant la cause de l'évolution des espèces. La variation des espèces résulte, dit-il, des changements de milieu et les espèces descendent d'organismes communs. Chaque individu est en concurrence avec ses semblables. Et dans cette lutte, les variations avantageuses sont triées, comme mécanisme adaptatif au milieu. Ce tri s'opère par la sélection naturelle (la survivance des plus aptes) et par la sélection sexuelle (la reproduction des plus forts). Théorie complexe, l'une des grandes révolutions scientifiques, elle accumula des preuves paléontologiques, taxonomiques, écologiques, anatomiques et embryologiques (Jean-Baptiste Lamarck, Georges Cuvier et Carl von Linné). Pour citer Ernst Mayr : « rien ne signala avec plus de force l'affranchissement de la science par rapport à la religion et la philosophie que la révolution darwinienne ». Cette théorie ne découla pas de la simple collecte de faits, mais d'une application de la méthode hypothético-déductive. Elle fut construite par agrégation de divers concepts : variation, hérédité, reproduction sexuelle, isolement, espèce, lutte pour l'existence, sélection naturelle et artificielle. La théorie de l'évolution fut pour la théologie, un coup aussi dur que la théorie héliocentrique de Copernic. Par cette théorie, une cause déterministe* remplaçait une finalité divine. En effet, la théorie de Darwin obligeait à abandonner l'histoire de la Genèse, de la bienveillance de la Providence et de la création séparée de l'Homme. Les Églises occidentales se sont opposées à tous les progrès de la biologie depuis le XVIe jusqu'à nos jours, dit Claude Allègre, aussi bien en science pure que dans ses applications. Une attitude rétrograde l'anime depuis l'interdiction des dissections, à l'interdiction du préservatif comme lutte contre le sida. Darwin emprunta le concept de « lutte pour l'existence » à Thomas Malthus, un économiste s'inspirant d'Adam Smith. Comme le dit Barbara Continenza, « la théorie darwinienne projette sur la nature la structure et les conflits de la société victorienne ».

Dans la dernière section, nous analysons quelques conflits pour faire triompher de nouvelles théories scientifiques face à d'autres théories scientifiques devenues dominantes.

> ***En bref 1.2…***
> *Le dogme religieux s'exerçait de façon d'autant plus virulente contre les sciences naturelles, que l'objet d'étude était proche du champ couvert par le dogme. Des philosophies naturelles (en mécanique, en électricité ou en biologie) tantôt opposaient la science à la religion, tantôt rendaient compatible la rationalité scientifique avec la croyance théologique. L'Église censura l'héliocentrisme de Copernic et de Galilée, parce qu'il ôtait à la Terre et à l'Homme leur position centrale dans la Création. Galilée fut un pionnier dans l'utilisation de la méthode expérimentale, de l'instrumentation et de la représentation mathématique du réel. Au XVII*e*, Newton conçut le premier paradigme scientifique, la théorie de la gravitation universelle et recourut à des concepts précis et aux mathématiques. La médecine scientifique naissante avec Vésale au XVI*e*, dénonça la transmission passive de connaissances livresques de Galien et la remplaça par l'observation directe. Harvey au XVII*e*, découvrit la circulation sanguine, mettant en évidence les relations de cause à effet entre les phénomènes observés. La biologie naissante du XVIII*e*, vit le transformisme causal s'opposer aux dogmes bibliques du créationnisme. Cuvier initia l'anatomie comparée, mais ses croyances religieuses ancrèrent sa recherche dans le fixisme. Darwin au XIX*e*, conçut une théorie de l'évolution par la sélection, dans laquelle une cause déterministe remplaçait une finalité divine.*

§3 Maxwell, Lavoisier, Pasteur et Wegener, des scientifiques affrontant l'obstacle de théories scientifiques dominantes

Le succès scientifique du paradigme de la mécanique newtonienne fut immense. Et sa conception de *particules attirant d'autres particules*, s'étendit à l'étude de la lumière, de l'électricité, au modèle de l'atome et au mécanisme du vivant. Ainsi en 1704, Isaac Newton publia une théorie corpusculaire de la lumière, qui étendit son paradigme de la mécanique, à la lumière. Il s'opposa ainsi à Christian Huygens qui en 1690, avait choisi une hypothèse ondulatoire de la lumière. Le succès de Newton entraîna un faible esprit critique pour son optique, malgré des contradictions inexpliquées. Mais surtout, le prestige de Newton suscita le dogmatisme newtonien de ses suiveurs : Dieu créa en une seule fois, l'univers et les lois universelles mécaniques de la matière, sur lesquelles la Providence veille ! Comme le dit Karl Popper : « un système comme la mécanique de Newton peut être aussi scientifique que l'on veut, ceux qui le soutiennent de manière dogmatique, adoptent le contraire d'une attitude critique de savant ».

Avec humour, dans un texte autobiographique, Albert Einstein décrivit la physique dogmatique enseignée dans sa jeunesse : « il régnait un dogmatisme figé : au commencement, Dieu avait créé les lois de Newton, ainsi que les masses et les forces qui lui sont nécessaires. C'est tout ; le reste est obtenu par déduction, grâce à la mise au point de mathématiques appropriées ». Une théorie scientifique dominante, peut en fait, devenir un obstacle pour la recherche scientifique. Parce que, comme le disait Gaston Bachelard, « en fait, on connaît contre une connaissance antérieure, en détruisant des connaissances mal faites ».

Lorsqu'en 1785, Charles Coulomb établit la loi des forces électrostatiques, la similarité de la forme de cette loi avec la loi de la gravitation universelle, renforça l'universalité du paradigme de la mécanique newtonienne. Par contre, Hans Christian Œrsted en 1820, par ses recherches sur le champ magnétique, montra que les forces magnétiques ne sont pas dirigées en ligne droite l'une par rapport à l'autre (contrairement à la loi de gravitation). Le rêve d'unité des lois d'attraction en physique s'éloigna, mais le paradigme de la mécanique newtonienne ne renonça pas à ses ambitions après cette contradiction ! Dans ce contexte de théorie newtonienne dominante, James Clerk Maxwell attacha son nom en 1865, aux recherches sur les relations entre le magnétisme et l'électricité, en publiant les équations du champ électromagnétique. Son hypothèse définit l'onde électromagnétique comme un champ électrique, perpendiculaire à un champ magnétique, les deux champs étant perpendiculaires à la direction de leur propagation, se propageant à une vitesse égale à celle de la lumière. Cette recherche capitale créa un paradigme unifiant l'optique, l'électricité et le magnétisme. La démarche scientifique de Maxwell utilisa une méthodologie (proche de celle de Newton) dans laquelle des lois expérimentales existantes (les résultats expérimentaux de Carl Fr. Gauss, de Michael Faraday, d'André-Marie Ampère et de Gustav Kirchhoff) alimentent une théorie physico-mathématique. Cette théorie hypothético-déductive ne sera validée qu'après-coup, par des expériences et des observations fortement instrumentalisées. Le paradigme de l'électromagnétisme démontra que la mécanique newtonienne n'était pas un paradigme universel. En effet, le magnétisme ne répond pas au même type de loi que la gravitation. Et l'histoire des sciences montre ainsi que le paradigme de la mécanique newtonienne ne suffit pas à expliquer, ni la nature de la lumière, ni la loi des forces magnétiques, ni le mécanisme du vivant.

Les controverses de Lavoisier et de Pasteur contre des scientifiques de leur temps, montrent également les difficultés de débusquer la part de dogmatisme, d'irrationalité et de manque d'empirisme cachée dans les controverses entre des scientifiques.

Antoine Lavoisier (guillotiné par la Terreur révolutionnaire en 1794) dans sa recherche sur la chimie de la combustion, lutta contre la doctrine scientifique antérieure du phlogistique. La chimie de son époque croyait qu'il y avait cinq éléments, l'eau, la terre, l'air, le feu et le phlogistique. Georg Ernst Stahl affirmait que le phlogistique, légèrement massique, provoquait le feu et expliquait que le produit de la combustion soit plus lourd. Mais Lavoisier démontra que dans la combustion, c'est l'oxygène de l'air qui provoque l'augmentation de masse des corps brûlés. Ses détracteurs émirent alors l'hypothèse que le phlogistique avait un poids négatif ! Claude Louis Berthollet, inventeur de la réaction chimique, s'associa à cette révolution chimique. Lavoisier introduisit en chimie, la démarche scientifique expérimentale et quantitative de la physique, dans le but de produire un discours scientifique. Il put ainsi dépasser le simple empirisme et contrer une doctrine scientifique invalide.

Louis Pasteur, figure originale de la biologie par ses méthodes, par l'importance de ses découvertes et par leurs applications, connut également l'opposition de savants contemporains. Pour contrer la doctrine du spontanisme* (Félix Pouchet), il mit au point des expériences, montrant qu'elle s'expliquait par des micro-organismes. Et constatant que certains animaux échappent à une contagion microbienne, il découvrit le principe immunitaire. Pour prouver qu'une thérapie vaccinatrice guérit, il fut confronté à des défis expérimentaux inédits. En effet, il dut prouver, qu'il y avait bien au départ une maladie et que la thérapie était la cause de la guérison. Pour contrer les médecins anti-vaccinateurs, il devait expérimentalement pouvoir écarter les objections de non-efficacité. Ainsi, on peut mourir bien que vacciné, la protection immunitaire est temporaire, le germe peut muter et résister à l'immunothérapie. La démarche scientifique de Pasteur consista à n'adopter une doctrine qu'en tant qu'hypothèse scientifique provisoire pour éviter le dogmatisme. Ainsi, il lutta contre la doctrine du spontanisme* avec une solide approche expérimentale. Néanmoins, il adopta la philosophie naturelle du vitalisme*, par défaut d'une explication valide sur les différences de processus et d'organisation entre le monde vivant et le monde inanimé. Il utilisa sa position sociale, ses qualités de communication et sa reconnaissance scientifique par l'élite scientifique du pays et le soutien d'intellectuels croyants, pour faciliter le triomphe de sa théorie.

Le paradigme de l'évolution darwinienne constitue également un exemple de théorie scientifique dominante pouvant devenir un obstacle pour la recherche scientifique. Bien que Charles Darwin eût écrit que la sélection était le principal mécanisme, mais pas le seul mécanisme de l'évolution des espèces. Mais les suiveurs de Darwin se montrèrent dogmatiques pour défendre leur paradigme. Jean-Marie Pelt constata qu'il est difficile de proposer une théorie de l'évolution des végétaux, comme le principe d'associativité, complémentaire au darwinisme. Parce que la théorie darwinienne est universellement présentée comme l'unique moteur de la vie, à tel point que le dogme jette la suspicion sur toute recherche qui s'en éloignerait même légèrement.

Plus une hypothèse scientifique est nouvelle, plus elle dérange le confort intellectuel des savants installés dans le paradigme dominant. Dans les sciences de la Terre, le remarquable paradigme unificateur de la « dérive des continents » d'Alfred Wegener (1910-1930) mit près de quarante ans pour s'imposer en géologie. Wegener, climatologue, amateur de géologie et d'exploration arctique dut affronter les critiques des savants en géologie, persuadés du fixisme horizontal de la croûte terrestre. Lui qui n'était pas professeur de géologie ! Sa théorie synthétique contrastait avec les données éparses des différentes sciences de la Terre de l'époque. Pourtant sa théorie était bien documentée par des données interdisciplinaires de la stratigraphie, de l'océanographie, de la tectonique*, de la géophysique et de la paléontologie. Mais imaginer un mouvement latéral de l'écorce terrestre (autre que le mouvement des océans) face à une géologie, qui ne connaissait que des mouvements verticaux, était une révolution. Selon Claude Allègre, elle est de même type en géologie que la révolution darwinienne en biologie. Des découvertes géologiques majeures (paléomagnétisme* par P.M.S. Blackett, 1952, expansion des fonds océaniques par Harry Hess, 1962) produisirent de considérables inventaires descriptifs de terrain. Ce qui à son tour relança l'hypothèse dériviste. La tectonique* des plaques s'imposa (Jason Morgan, Xavier Le Pichon, 1965-1975). La surface du globe est subdivisée en plaques rigides, naissant au niveau des dorsales océaniques, détruites au niveau des fosses de subduction, parfois limitées par des failles et régies par la mathématique de la géométrie sphérique de Leonhard Euler. L'histoire des sciences montre qu'une théorie générale a tendance à nier la variété des faits ; un rejet de théorie générale conduit à proposer des typologies de situation ; il reste alors à donner une théorie de la genèse de ces types.

En bref 1.3…

Pour progresser vers de nouvelles connaissances, il faut souvent franchir l'obstacle constitué par des connaissances actuelles. On découvre contre une connaissance antérieure, même contre une connaissance scientifique, devenue dogmatique. Maxwell dut lutter contre le paradigme newtonien pour faire valider sa théorie de l'onde électromagnétique. Lavoisier, pionnier de la chimie au XVIIIe, dut lutter contre la doctrine scientifique du phlogistique. Pasteur, pionnier de la microbiologie, dut lutter contre la doctrine du spontanisme à l'aide de la méthode expérimentale. Le paradigme synthétique de la tectonique des plaques de Wegener fut critiqué par les géologues, lui qui n'était pas professeur de géologie !

À suivre chapitre 1…

La science s'oppose au dogmatisme et à la conviction dans des vérités immuables, parce qu'elle n'atteint qu'une validité relative et temporaire. Et elle doit même lutter contre l'influence dogmatique de certaines théories scientifiques dominantes. Elle s'oppose également à l'argument de rationalité invérifiable de la philosophie.

L'histoire des sciences naturelles montre que face à l'obstacle que constitue la domination des connaissances du sens commun, de la religion, de la philosophie et de certaines théories scientifiques, elle a atteint de remarquables résultats.

Et cela, malgré la part de dogmatisme, d'irrationalité et de manque d'empirisme qui parfois animèrent les controverses durant le processus de recherche.

Nous verrons que l'histoire des sciences économiques montre un processus de recherche et surtout des résultats nettement moins avancés. Parce que de nombreux obstacles, liés à la méthodologie scientifique, à la conviction idéologique, au raisonnement philosophique et à l'impact d'autres théories économiques dominantes, n'ont guère été surmontés. Et les controverses entre les théories (prétendues) scientifiques d'une économique éclatée en écoles opposées, témoignent de la part de dogmatisme, de conflit idéologique, d'irrationalité et de manque d'empirisme, qu'il convient de dépasser pour atteindre une économique scientifique.

Chapitre 2

MATHÉMATIQUES, LOGIQUE ET RAISONNEMENTS SCIENTIFIQUES

> L'influence des mathématiques est maintenant si enracinée dans notre culture que de nombreuses personnes supposent que ce qui est établi mathématiquement doit être correct, et que pour être correctes ou scientifiques les choses doivent être établies mathématiquement.
>
> Tony Lawson

La physique se mathématisa, à partir de l'époque de Galilée, et après Newton, les physiciens écriront presque tous directement leurs lois en langage mathématique, au lieu d'utiliser le langage grammatical.

La section 1 étudie le lien entre les mathématiques et les sciences naturelles. Les mathématiques et la logique structurent les discours des sciences naturelles, à la fois comme un langage et comme un raisonnement.

Dans la section 2, nous abordons le raisonnement scientifique de la méthode expérimentale. Celle-ci combine la logique d'abduction*, de déduction* et d'induction*.

Dans la section 3, nous étudions le lien entre les mathématiques et l'économique orthodoxe. En effet, celle-ci considère la modélisation mathématique d'une théorie comme un critère de scientificité. Parce que l'importance des mathématiques est enracinée dans les Facultés modernes de science économique.

§1 La vérité des mathématiques et la validité des énoncés des sciences naturelles

Que sont les mathématiques ? Les mathématiques portent sur des raisonnements logiques codifiés, utilisant des nombres, des graphiques et des opérations. Leurs principales branches sont quantitatives, comme l'algèbre et les probabilités. Mais elles sont également qualitatives, comme les algorithmes informatiques, la théorie des systèmes*, les méthodes de simulation, la théorie des jeux, les méthodes de classification ou la théorie de l'information.

Plusieurs sciences empiriques* ont formulé des théories quantitatives mathématisées, après avoir commencé par développer des théories descriptives et qualitatives du réel. La physique recourt d'une part, à la mise en équation de variables, de lois locales physiques, sur la base de données observées et mesurées. D'autre part, elle recourt à la construction de théories générales axiomatiques*, dont on peut déduire des propositions expérimentables. En effet, les mathématiques sont pour les sciences un langage, mais pas uniquement. Elles sont aussi un raisonnement qui permet de rapprocher logiquement des lois.

Cependant la rigueur de la démarche mathématique utilisée ne peut compenser la faiblesse de l'approche empirique comme critère de scientificité d'un discours. Une quantification exagérée réduit même la qualité de la démarche scientifique. En effet, une démarche qui consiste à sélectionner dans le réel ce que l'on peut traiter par une mathématique déterminée, déforme la perception du réel. Par conséquent, il est erroné de juger les sciences qualitatives et historiques (comme la biologie évolutive), de sciences inférieures, sous prétexte qu'elles n'utilisent que peu les mathématiques traditionnelles. En effet, les êtres vivants présentent des aspects d'organisation, qui se superposent aux processus physico-chimiques et présentent de plus une dimension historique.

On peut rigoureusement traiter qualitativement ces phénomènes biologiques en atteignant un niveau élevé de connaissances sur le réel, à l'aide d'un langage grammatical spécialisé ou à l'aide de mathématiques qualitatives.

Qu'est-ce qui unit une logique formelle au monde réel ? Maintes théories mathématiques possèdent une origine empirique, comme l'analyse infinitésimale d'Isaac Newton ou la géométrie d'Euclide. Ces mathématiques s'appliquent dans des schémas expérimentaux, parce qu'elles ont été dégagées de la nature. Mais certaines mathématiques ont été développées, de façon purement spéculative. Ainsi les géométries 4D de Bernhard Riemann et d'Hermann Minkowski n'avaient pas, au départ, d'application réelle. Ces théories mathématiques inventées formellement se sont révélées *postérieurement* utiles, pour les physiciens des mécaniques relativiste et quantique. Par conséquent, les mathématiques et la logique fonctionnent formellement à l'aide de règles, en dehors de tout contenu réel. Le scientifique (des sciences naturelles) peut difficilement savoir a priori, quels concepts mathématiques sont les plus appropriés à une certaine théorie. Pour reprendre l'image d'Eugene Wigner, le savant est un peu comme quelqu'un, disposant d'un trousseau de clés, dont il ne sait pas à quelles serrures de portes elles correspondent, qui a la chance de trouver, du premier ou du second coup, la bonne clé pour la bonne porte ! Ainsi, les différentes mathématiques utilisées pour étudier les systèmes physiques (mécanique newtonienne, mécanique de la relativité, physique quantique, thermodynamique, structures dissipatives) sont remarquablement adéquates à leur objet d'étude. Elles tiennent compte des spécificités des systèmes étudiés (relative symétrie de translation au temps, symétrie de translation à l'espace, réversibilité versus irréversibilité*). Karl Popper disait que dans la mesure où les énoncés mathématiques parlent de la réalité, ils ne sont pas certains ! Autrement dit, les mathématiques produisent des vérités absolues formelles à partir d'axiomes.

Alors que les sciences naturelles aboutissent à une validité relative empirique. Comme le disait Richard Feynman : « la physique n'est pas les mathématiques, les mathématiques ne sont pas la physique. L'une aide l'autre. Mais en physique, vous devez comprendre le lien entre les mots et le monde réel. Ce n'est qu'en faisant des expériences que vous pouvez vérifier vos résultats. Et ce problème n'est pas du tout un problème mathématique ». La physique se mathématisa à partir de l'époque de Galilée, et les physiciens après Newton, écriront presque tous directement leurs lois en langage mathématique, au lieu d'utiliser le langage grammatical. Désormais, la vérification de la loi hypothétique, écrite en langage mathématique, par l'observation et l'expérience, ainsi que le calcul mathématique déduit de la loi écrite en signes algébriques, forment le cœur du discours de la physique.

La méthode axiomatique* en mathématiques, désigne l'utilisation de certaines propositions appelées axiomes ou postulats, en tant que fondements admis sans démonstration. Le raisonnement axiomatique utilise un discours formé d'axiomes non démontrés et produit des énoncés de vérité à l'aide de règles. L'axiome selon lequel « par deux points on ne peut faire passer qu'une droite » et les théorèmes qui en découlent, ont été considérés de vérité évidente, depuis Euclide jusqu'au début du XXe. Kurt Gödel, au XXe, s'est attaqué au problème du fondement des mathématiques, en établissant qu'il n'était pas possible de tout démontrer à *l'intérieur* d'une mathématique axiomatique. Il démontra que la consistance d'une théorie axiomatique ne peut pas être démontrée à l'intérieur de la théorie.

Le hasard est-il un concept scientifique ? Le XIXe apporta les premières théories de la statistique et les fondements de l'analyse des séries chronologiques, avec Carl F. Gauss et Adolphe Quételet. La formulation des mathématiques de l'aléatoire ne date que du XXe. Elles apportèrent les premières méthodes d'inférence statistique à partir d'échantillons aléatoires, avec Karl Pearson et Ronald A. Fisher.

Le hasard se présente au savant par une insuffisance de connaissances du réel ou par l'intersection de séries indépendantes ou par une réalité suivant une loi aléatoire. Alors que le mouvement des planètes obéit à des lois déterministes, la chute d'un dé obéit à une loi aléatoire, parce qu'on ne peut pas (ne veut pas) établir les conditions initiales de la chute du dé. En effet, les règles du dé « agiter le cornet à dés », empêchent de pouvoir maîtriser les conditions initiales. Néanmoins, la chute du dé proprement dite répond aux lois physiques parfaitement déterministes de la mécanique.

Il faut faire remarquer que la corrélation statistique entre des faits n'est pas forcément la causalité entre ces faits. Cette erreur de raisonnement ou d'interprétation est fréquente dans les sciences sociales, comme le dit Stephen Jay Gould. D'autre part, il est trompeur d'utiliser le concept de probabilité à propos de la fiabilité d'une hypothèse scientifique, de la même façon qu'à propos de l'occurrence d'un fait réel. Prenons, par exemple, une hypothèse de loi qui serait falsifiée une fois sur deux par l'observation. Elle recevrait une probabilité de corroboration de moitié, alors que déjà l'intuition nous fait comprendre que l'on ne peut admettre une estimation aussi élevée de probabilité de l'hypothèse. En effet, il existe une asymétrie entre la validation et la réfutabilité*. C'est-à-dire, qu'on n'atteint jamais 100 % de validité d'une loi, alors qu'une seule observation, contraire à l'hypothèse d'une théorie scientifique, la réfute. On parle de probabilité d'une hypothèse scientifique, lorsqu'elle est compatible avec le plus de faits significatifs. Comme la validité d'une hypothèse est toujours relative, parfois une théorie en remplace une autre parce qu'elle est plus simple ou plus large que la précédente. On dira dans ce sens qu'une théorie scientifique est valide si elle est davantage probable qu'une autre théorie. Bertrand Russell expliqua que l'induction dans les sciences naturelles, est seulement probable, c'est-à-dire que si les prémisses sont vraies et l'inférence correcte, la conclusion a seulement des chances d'être vraie. Il distingua ainsi la probabilité mathématique et un concept de probabilité plus vague, le degré de crédibilité. Celui-ci désigne la confiance qu'il est rationnel d'accorder à une proposition empirique, plus ou moins incertaine.

Parler d'une hypothèse scientifique, comme possible ou impossible, fait également appel à une notion floue de crédibilité. On peut dire que certains raisonnements de crédibilité sont contraires à une démarche scientifique, comme de dire que quelque chose est possible, sous prétexte que l'on ne sait pas prouver qu'elle est impossible ! Cette argumentation de pure logique, est tout aussi inacceptable que celle qui dirait qu'une loi n'est pas fausse, parce qu'on ne peut pas prouver qu'elle est vraie ! Alan Sokal fit remarquer une autre imposture : « le simple fait qu'une opinion ne peut pas être réfutée n'implique nullement qu'il y ait la moindre raison de croire qu'elle est vraie ». Par contre, une théorie donnant une explication valable du passé, ne donnant pas de prévision déterministe, mais des prévisions de résultats *probables*, peut être considérée comme scientifique.

De plus, on parle de la validité empirique et de la vérité logique d'une loi. Pour illustrer ce raisonnement, on peut, par exemple, considérer que « la théorie de la relativité générale » est un cas particulier qui ne s'applique que dans certaines situations réelles. Autrement dit, cette théorie ne met pas en cause, en général, la validité empirique de « la théorie de la gravitation universelle ». Cette dernière serait valable pour des objets et des vitesses « normaux ». Au contraire, un raisonnement logique n'admettra qu'une seule vérité logique. C'est-à-dire que « A = gravitation universelle » ne peut pas être à la fois juste et faux.

Quelle est l'influence des mathématiques en physique ? Galileo Galilée fut un pionnier dans l'approche d'interaction entre la théorie mathématique et le réel. Sa formation mathématique, notamment en algèbre, lui a permis de relier la *réalité* physique à la *raison* mathématique, fidèle à ce qu'il avait dit si poétiquement, que « le livre de la nature est écrit en langage mathématique ». Quel raisonnement mathématique Galilée va-t-il utiliser pour sa loi de la chute des corps ? De son temps, il était difficile de mesurer la vitesse des corps en chute libre, parce que les horloges de l'époque ne permettaient pas de mesures précises du temps. Or la chute des corps d'une tour se faisait en des temps fort courts. C'était le premier obstacle à surmonter. Pour résoudre le problème de mesure du temps, il imagina une solution expérimentale, en *ralentissant* la chute des corps en les faisant rouler sur un plan incliné, au lieu de la chute verticale d'une bille à partir de la tour de Pise. Il ne put davantage mesurer la *vitesse instantanée* d'une balle roulant sur un plan incliné, ce qui constituait le second obstacle. En effet, cette donnée entrait dans le calcul du mouvement uniformément accéléré (dont l'équation avait été établie avant lui au Moyen Âge). Galilée par conséquent, théorisa mathématiquement pour surmonter ces problèmes. Et en rapprochant ses expériences du plan incliné, de celles de l'observation des oscillations d'un pendule (qu'il observa en voyant le lustre de la cathédrale de Pise), c'est également une théorisation mathématique qui lui permit de comprendre les phénomènes et de les attribuer à la même constante.

La démarche d'Isaac Newton montre d'autres aspects de la relation entre raison mathématique et réalité physique. À quels outils mathématiques Newton eut-il recours pour sa mécanique ? Contrairement à Galilée, qui disposait de l'algèbre pour mettre en équation ses mesures expérimentales, Newton buta sur un problème mathématique irrésolu à son époque, pour mettre au point sa théorie de la mécanique. Avant Galilée, on pouvait calculer une distance parcourue, dans le cas d'un mouvement à vitesse uniforme ou uniformément accéléré, à l'aide du calcul de l'aire sous la courbe « $V = f(t)$ ». Mais si la vitesse instantanée était variable, l'aire sous la courbe ne pouvait plus être calculée, parce que cette courbe forme un côté irrégulier. Lorsqu'un objet avait une vitesse uniforme, la notion de vitesse instantanée était sans importance, puisque la vitesse est la même à chaque instant. Mais lorsque la courbe de vitesse est non linéaire (parce que variable avec le temps), on peut facilement calculer la *vitesse moyenne*, mais pas la *vitesse instantanée*. Newton fut obligé d'imaginer de nouveaux concepts mathématiques pour résoudre ce problème, créant l'analyse infinitésimale, avec les dérivées et les intégrales (indépendamment de Gottfried Leibniz).

De façon comparable, Joseph Fourier, physicien et mathématicien, fut l'inventeur d'une nouvelle mathématique trigonométrique, les séries de Fourier, pour l'étude des phénomènes périodiques. Il exprima l'idée que les mathématiques expriment les rapports invariables des êtres naturels et que l'analyse mathématique est ainsi aussi étendue que la nature elle-même, en mesurant le temps, la force et la température. Albert Einstein utilisa les géométries différentielle et riemannienne pour modéliser le réel, dans sa théorie de la Relativité restreinte et de la Relativité générale.

La physique à partir du XXe siècle, selon Gaston Bachelard, a couplé l'abstrait rationnel mathématique au concret réel expérimental à travers une hypothèse soumise à l'expérience déduite de la théorie (l'approche hypothético-déductive). Un dialogue s'établit dans la physique moderne, d'une part, entre l'expérimentateur pourvu d'instruments compliqués et précis, et d'autre part, le mathématicien qui s'efforce de mettre en équations un ensemble axiomatisé de postulats et de variables. Dans ce dialogue, tantôt la théorie mathématique prévoit des conséquences, dont il faut tester expérimentalement les résultats pour corroborer la théorie, tantôt c'est l'expérimentateur qui apporte un élément nouveau, que le mathématicien doit essayer d'intégrer. Le phénomène est le produit d'une théorie, parce que l'équipement expérimental est forgé sur la théorie.

De quelle façon Einstein et Maxwell firent-ils coïncider la réalité empirique et la formulation mathématique ? Les théories hypothético-déductives de Newton, de Maxwell et d'Einstein furent corroborées par des faits d'observation, bien après la formulation théorique. Une science présentant des difficultés d'expérimentation ou d'observation directe, comme la physique de l'infiniment petit de Maxwell, peut recourir à une théorie mathématisée, dont elle déduit des conséquences que l'on va vérifier expérimentalement pour corroborer le modèle théorique. De même, la physique de la Relativité d'Einstein créa un modèle hypothétique, basé sur une théorie mathématique dont toutes les conséquences réelles n'avaient pas au départ été expérimentées.

Quelle est l'importance des mathématiques en biologie ? L'étude des organismes vivants pose de délicats problèmes scientifiques de téléonomie* et de causalité*, pour lesquels les mathématiques traditionnelles ne sont d'aucun secours. L'observation de faits qualifiés a été importante en biologie de l'évolution, en éthologie*, en écologie* et en systématique. Et elle est davantage utilisatrice d'outils de modélisation du vivant, de méthodes statistiques et de méthodes de classification. Le progrès de la biologie de l'évolution a été surtout tributaire de concepts pertinents, parce qu'elle étudie des organisations présentant une complexité et une histoire. L'ontogenèse* implique un plan téléonomique fixé pour l'individu. Mais il n'en est pas de même pour la phylogenèse*, qui implique la causalité du hasard des mutations sélectées par le milieu. Celle-ci est donc le contraire d'une finalité. Les lois d'évolution ont produit par le hasard et la nécessité, un arbre compliqué d'options et de bifurcations. Et ces bifurcations engendrent des formes biologiques différentes (biologie évolutive), introduisant des temps d'évolution inhomogènes, mais avec une téléonomie de l'ontogenèse très stable (embryologie). Les causes des mécanismes évolutifs impliquent qu'il y a entre la *finalité* d'un système dans son ensemble et la *causalité* de chaque organe, la même dépendance qu'entre un conducteur et sa voiture. La cause d'une panne de moteur, par exemple, n'a aucun rapport avec la finalité du conducteur de se rendre au restaurant ! Le caractère historique évolutif des organisations du vivant semble commun au vivant, mais empêche la recherche de lois générales mathématisées. Les mécanismes physico-chimiques ne sont pas suffisants pour expliquer le monde vivant. L'ADN est commun à toutes les cellules, mais les gènes ont des fonctions complexes en relation avec d'autres cellules. Par conséquent, on peut difficilement trouver matière à unification des lois de la biologie. A fortiori, on peut difficilement unifier les lois de la biologie avec les lois mathématisées de la physico-chimie.

En conclusion, alors que la physique du XXe a eu recours à une mathématisation axiomatique approfondie de sa théorie de la mécanique, l'état d'avancement élevé de la biologie du XXe doit peu aux mathématiques quantitatives. Ce qui montre que l'usage des mathématiques classiques n'est pas un facteur nécessaire de la démarche scientifique.

Dans la seconde section, nous étudions le raisonnement logique propre à la méthode expérimentale.

> ***En bref 2.1…***
> *Les sciences physico-chimiques sont passées d'une phase descriptive et qualitative à une phase axiomatique mathématisée. Les mathématiques sont un langage plus précis que le langage grammatical pour les sciences naturelles, mais aussi un raisonnement permettant de relier des lois entre elles. Newton transforma des lois locales, précédemment corroborées par d'autres savants, en axiomes d'une hypothèse mathématique générale, dont il déduisit ultérieurement des conséquences expérimentales (méthode hypothético-déductive). Galilée, Newton, Fourier, Maxwell et Einstein montrèrent un souci de faire coïncider la formulation mathématique avec l'observation empirique.*
> *Les mathématiques utilisent une démonstration logique (à vérité formelle absolue), contrairement à une science expérimentale utilisant l'observation du réel (à validité empirique relative).*
> *Le hasard se présente au savant par une insuffisance de connaissances du réel ou par l'intersection entre des séries indépendantes ou par une loi aléatoire du réel.*
> *Les sciences confrontées à la complexité et à l'histoire, étudient des organisations que des mathématiques qualitatives peuvent traiter. Ainsi les développements spectaculaires de la biologie doivent peu aux mathématiques quantitatives. Parce qu'elle ne peut se réduire aux lois de la physico-chimie. L'utilisation des mathématiques n'est pas un critère de scientificité. La quantification exagérée peut même réduire la qualité de la démarche scientifique.*

§2 Logique par abduction, par déduction et par induction dans les sciences expérimentales

La rigueur de la démarche mathématique fournit une exactitude formelle, mais qui ne peut compenser l'inexactitude théorique de l'interprétation des faits réels. Autrement dit, l'aspect théorique et l'aspect empirique du discours scientifique sont complémentaires. Gaston Bachelard invoqua le nécessaire « dialogue de la raison et de l'expérience » des sciences du réel, c'est-à-dire une rationalisation de l'expérience combinée à un rationnel capable de s'appliquer au réel. En effet, l'observation et encore davantage l'expérimentation impliquent que le savant s'est donné une orientation théorique de recherche. Les théories générales, les visions du monde, ont joué un grand rôle dans l'histoire des sciences. La connaissance est en quelque sorte une reconnaissance, parce qu'une vision précède la mise en œuvre d'une méthode expérimentale, on regarde ce que l'on veut voir.

Trois logiques sont mises en œuvre dans la méthode expérimentale : l'abduction*, la déduction* et l'induction*. L'abduction, selon Charles S. Peirce, consiste de façon très pragmatique, à inférer que si on observe un fait surprenant et qu'une hypothèse semble capable de l'expliquer, comme allant de soi, alors on a des raisons de soupçonner que cette hypothèse soit vraie. Autrement dit, l'abduction postule que si l'on connaît une cause du phénomène donné, le phénomène est probablement dû à cette cause.

La déduction est un raisonnement scientifique, qui dégage des conséquences, sans devoir recourir à l'expérience, mais en recourant à la logique. L'approche hypothético-déductive de la méthode expérimentale s'appuie sur la déduction d'une hypothèse à partir de la théorie axiomatique qu'on a imaginée, afin de valider cette hypothèse par des résultats d'observation et d'expérimentation.

L'étape théorique axiomatique rassemble au moins une loi universelle et une fixation précise de conditions initiales, suivies de l'étape pratique expérimentale. On n'ajoute pas d'informations nouvelles dans un processus de déduction. Au contraire, souvent on déduit des cas particuliers de la théorie générale, comme des conséquences expérimentales à vérifier.

La déduction présente une vérité logique, tandis que l'induction est logiquement fausse, mais la déduction ne donne pas directement de vérité dans le monde réel, alors que l'induction propose une validité dans le monde réel. L'induction propose ou corrobore une hypothèse vérifiable, pour l'explication d'un phénomène observé. Elle part d'observations particulières, d'un nombre forcément limité d'observations, pour en extraire des lois générales. L'induction part du particulier vers le général, la déduction part du général au particulier, l'abduction part de l'effet pour remonter à la cause.

Selon Peirce, la méthode expérimentale relie ces trois raisonnements de la démarche scientifique. En effet, l'observation des faits conduit à l'abduction d'une théorie hypothétique ; par une déduction de cette théorie hypothétique, on dégage une conséquence à expérimenter ; enfin on corrobore la théorie par l'induction des résultats expérimentaux. Roy Bhaskar (pour les sciences sociales) parla d'abduction, comme d'une méthode de recherche des structures du réel, d'un modèle « comme si c'était la réalité », en reliant entre elles des causes connues dans une structure théorique. La méthode expérimentale, courante en physique, en médecine et en biologie des fonctions, recourt à un processus continu d'observation, de mesure et de quantification, en partant d'une hypothèse. Elle part de l'identification d'une régularité d'évènements, en formalisant des hypothèses explicatives et en choisissant l'hypothèse, cohérente avec la régularité des phénomènes, via les résultats de l'expérience. Elle consiste à fermer une structure, pour pouvoir isoler des causes hypothétiques, expliquant la régularité observée. Fermer la structure à l'aide de conditions initiales introduit par conséquent, une différence entre le monde réel et celui de l'expérience. Le modèle pédagogique Oheric (Observation, Hypothèse, Expérience, Résultats, Interprétation, Conclusion) d'André Giordan décrit les phases de construction du discours scientifique. Ce modèle destiné à l'enseignement de la démarche scientifique présente une approche idéalisée. Il visualise les phases plutôt *rationalistes* (hypothèse, interprétation), par rapport aux phases plutôt *empiriques* (observation, expérience). Dans les faits, on assiste à un enchevêtrement de phases inductives et déductives, parce que la démarche scientifique est faite de tâtonnements et de fausses pistes. Et Claude Bernard, malgré sa propre description planifiée de la démarche expérimentale, improvisait dans la pratique, en concevant simultanément des hypothèses possibles, il utilisait son imagination pour réaliser des expériences *pour voir* et corrigeait sa démarche en fonction des résultats.

Dans la dernière section, nous analysons l'approche mathématique de l'économique orthodoxe. Parce que celle-ci a revendiqué l'usage de la rigueur formelle et mathématique de la physique comme garantie de scientificité.

En bref 2.2…
La méthode expérimentale combine l'abduction d'une théorie hypothétique via l'observation, avec la déduction d'une expérience de cette théorie, en fixant les conditions initiales, et enfin, l'induction de la théorie à partir de l'interprétation des faits expérimentaux. Dans la pratique, les phases rationalistes (hypothèse, interprétation) s'enchevêtrent avec les phases empiriques (observation, expérience). L'abduction passe de l'observation des faits à la supposition d'une hypothèse générale qui expliquerait les faits. La déduction présente une vérité logique, mais ne donne pas directement de vérité dans le monde réel. L'induction est logiquement fausse, mais propose une validité dans le monde réel. L'abduction part de l'effet pour remonter à la cause, l'induction part du particulier vers le général, la déduction part du général au particulier. Roy Bhaskar parla d'abduction (pour les sciences sociales), comme d'une modélisation « comme si c'était la réalité », reliant des causes connues entre elles dans une structure théorique.

§3 La vérité des mathématiques et la fragilité de la science économique

Les modèles de l'économique orthodoxe ont le grand avantage théorique de simplifier l'économie. Ils passent de la formalisation mathématique d'un équilibre de niveau microéconomique* vers le niveau d'équilibre général macroéconomique* (réalisé, notamment par Vilfredo Pareto, Léon Walras et Kenneth Arrow). L'optimum* de Pareto se définit ainsi comme un état, tel qu'on ne peut pas améliorer le bien-être d'un individu, sans détériorer celui d'un autre.

C'est un optimum collectif de production, obtenu par agrégation des agents décentralisés. En effet, chaque entreprise maximiserait son profit, chaque consommateur maximiserait sa satisfaction. La théorie économique serait fondée sur des postulats sur lesquels (selon les néolibéraux) chacun a la possibilité de faire des observations relativement directes et d'évidence immédiate. Comme le dit l'économiste Lionel Robbins : « nous n'avons pas besoin, pour établir leur validité, d'expérience de contrôle : ces postulats constituent la matière même de notre expérience quotidienne ». Ces modélisations ont recours à une structure fermée, isolant des conditions initiales, pour rechercher des régularités (déterministes ou stochastiques) entre variables, sur base de données empiriques ou théoriques.

L'ENL fait largement appel à une mathématisation de situations fermées d'équilibre réversible, indépendante de conditions initiales exogènes, de systèmes dynamiques linéaires et anhistoriques. Elle prétend prédire des régularités, déterministes ou stochastiques, en fixant les conditions initiales et en se donnant le but politique d'optimum* de Pareto. Ce raisonnement mathématique est fragile pour le monde social, parce que leurs structures sont soumises à l'histoire, aux valeurs et à la signification. De plus, cette simplification théorique et mathématique exclut de l'objet d'étude de l'économique certains phénomènes empiriques. Comme ceux reposant sur des valeurs de don et d'entraide, ainsi que des phénomènes écologiques. Elle n'étudie pas des agents hétérogènes réels en interaction, mais des types d'agent individuel représentatif.

L'économique orthodoxe considère la modélisation mathématique d'une théorie comme un critère de scientificité, parce que l'importance des mathématiques est enracinée dans la culture scientifique occidentale et dans les Facultés modernes de science économique. David Colander fit remarquer qu'il n'y a pas nécessairement dans l'économique orthodoxe un excès d'utilisation des mathématiques, mais un excès de mathématiques *trop simplistes*, qui évitent les systèmes complexes non linéaires. Les mathématiques de systèmes non linéaires sont très complexes et pas encore entièrement connues. Mais elles représentent l'économie de façon plus réaliste, parce qu'elles font appel à l'irréversibilité* typique de comportements collectifs forgés par l'histoire et qui forgent aussi le futur. D'autres mathématiques, comme la théorie des jeux, s'appliquent d'ailleurs déjà à de nombreux problèmes économiques et sociaux. Cette théorie porte sur le fait qu'un agent prend une décision stratégique, mais qu'il sait que les autres agents vont y réagir. Elle permet de comprendre le rôle des asymétries d'information dans les transactions économiques. Ainsi les inefficacités économiques de fonctionnement du marché proviennent des comportements spécifiques des agents détenant du pouvoir les uns sur les autres, parce qu'ils détiennent de l'information. Les modèles de simulation* et la théorie des systèmes présentent également des opportunités pour la recherche économique.

En conclusion, la rigueur formelle et mathématique de la théorie de l'ENL ne peut pas compenser ses faiblesses de récolte de données empiriques et son point de vue très idéologique* de l'optimum parétien. Les sciences sociales ne peuvent pas se réduire à la recherche de lois mathématiques générales, comme en physico-chimie. Car les faits sociaux présentent une grande variabilité spatio-temporelle, une histoire, des valeurs, une irréversibilité et une organisation complexe. S'il fallait comparer, on pourrait dire que les caractéristiques du réel social sont davantage proches de celles de la biologie de l'évolution que de celles de la physico-chimie.

En bref 2.3…
L'économique orthodoxe considère la modélisation mathématique d'une théorie comme un critère de scientificité. Elle fait largement appel à une mathématisation de situations d'équilibre réversible, de systèmes dynamiques linéaires anhistoriques, en fixant les conditions initiales. Elle n'étudie pas des agents hétérogènes en interaction, mais des types d'agent individuel représentatif. On peut dire qu'il n'y a pas nécessairement dans l'économique un excès d'utilisation des mathématiques, mais un excès de mathématiques trop simplistes qui évitent les systèmes complexes non linéaires. Le raisonnement mathématique quantitatif prédictif est fragile pour le monde social, dont les structures sont soumises à l'histoire, aux valeurs et à la signification.

À suivre chapitre 2…
L'approche hypothético-déductive de la méthode expérimentale pratiquée par la physique relie le réel empirique à une théorie mathématique. La vérité mathématique d'une théorie de la physique ne garantit pas sa validité scientifique, parce que les mathématiques ne peuvent pas compenser l'inexactitude théorique de l'interprétation des faits réels ou le manque de corroboration empirique.
Il faudra questionner l'utilisation de la démarche hypothético-déductive de la physique par l'économique orthodoxe, particulièrement sous l'angle des différences empiriques entre le réel physique et le réel social. Le naturalisme, c'est-à-dire l'assimilation du monde social au monde inerte, sur des aspects comme le temps réversible, le caractère anhistorique, les conditions initiales claires, l'approche expérimentale et la loi prédictible, est-il pertinent ?
On verra que cette identification de la méthodologie de l'économique à celle de la physique a servi de caution (fausse) de validité scientifique à l'économique néolibérale.

Chapitre 3

LA DÉCOUVERTE DU MONDE ET LA CLASSIFICATION DES SCIENCES

Les théories sont des fils destinés à capturer le monde,
à le rendre rationnel, l'expliquer et le maîtriser.
Nous nous efforçons de resserrer de plus en plus les mailles.

Karl Popper

Des représentations sociales inspirèrent l'organisation des connaissances scientifiques, à partir du XVIIIe. Ces représentations se reflètent dans les classifications des sciences et dans les institutions scientifiques. L'histoire des sciences naturelles et sociales montre une diversification et une spécialisation progressive. La pluridisciplinarité*, c'est-à-dire l'étude d'un même domaine du monde réel, par des sciences différentes, se développa fortement à partir du XXe. Elle répond à la découverte de la complexité du monde naturel et social, ainsi qu'à la recherche de la cohérence du monde naturel.

La section 1 traite des classifications des sciences des XVIIIe et XIXe de D'Alembert, Auguste Comte, André-Marie Ampère et Charles S. Peirce.

La section 2 présente les différentes sources de pluridisciplinarité et les différents types de pluridisciplinarité dans les sciences naturelles.

§1 La classification des sciences du XVIIIe au XIXe, D'Alembert, Comte, Ampère et Peirce

La science est devenue depuis le XIXe, une institution sociale majeure, dont le but officiel est la production désintéressée de connaissances valides. L'un de ses plus importants moteurs est la reconnaissance sociale, ce qui explique l'importance accordée aux distinctions (comme le Prix Nobel). Dans un régime économique à idéologie* libérale ou marxiste, on peut cependant difficilement affirmer que la science soit totalement une connaissance désintéressée, parce qu'elle soutient directement la production capitaliste ou communiste. L'institutionnalisation de la science à partir du XIXe, dans de nombreux pays comme la France, la Belgique, le Royaume-Uni, l'Allemagne et les États-Unis, a stimulé les découvertes scientifiques. La pluridisciplinarité dans l'approche scientifique se développa à partir du XXe, résultat de la pluralité spécialisée des sciences. La spécialisation développe des connaissances verticales dans un domaine limité. Mais elle peut créer des cloisons étanches, rendant difficile le dialogue entre spécialistes pour développer des connaissances horizontales dans un domaine qui l'exige. Alexis Carrel médecin, disait à propos des excès de la spécialisation, que les institutions universitaires obligent les savants à se spécialiser trop étroitement. Certains seraient capables de saisir un grand sujet dans son ensemble, tout en traitant une partie. Les esprits de synthèse, tout comme les sciences synthétiques sont, dit-il, aussi indispensables que les esprits analytiques et les sciences analytiques. Selon Claude Allègre, des périodes de spécialisation scientifique alternent dans les sciences naturelles, avec des périodes de synthèse pluridisciplinaire. Elles permettent le progrès, mais la nécessaire spécialisation établit des barrières psychologiques entre les savants.

L'intérêt philosophique pour la classification des sciences est surtout présent du XVIIe au XIXe. Le XXe siècle ne s'est guère intéressé à la conception de la classification des sciences, qu'elle envisage généralement de façon administrative. Elle se base sur l'organisation des facultés universitaires et des bibliothèques facultaires. Pour les bibliothèques à partir du XXe, elle s'inspire souvent de la Classification décimale de Melvil Dewey. (Nous la présentons ci-dessous parce qu'il peut être intéressant d'avoir une vue générale des sciences pour la lecture de la suite du livre).

Classification des sciences de Dewey :
00 Informatique : 01 Bibliographie, 02 Sciences de l'information, 03 Encyclopédies, 06 Muséologie, 07 Journalisme
10 Philosophie et psychologie : 11 Métaphysique, 12 Épistémologie, 15 Psychologie, 16 Logique, 17 Éthique, 18 Philosophie antique, 19 Philosophie moderne
20 Religion : 23 Christianisme, 29 Autres religions
30 Sciences sociales : 300 Sociologie, 31 Statistiques, 32 Science politique, 33 Économique, 34 Droit, 37 Éducation
40 Langage : 41 Linguistique, 42 Langue anglaise, 43 Langues germaniques, 44 Langues romanes, 48 Langues helléniques, 49 Autres langues
50 Sciences de la nature et mathématiques (sciences théoriques) : 51 Mathématiques, 52 Astronomie, 53 Physique, 54 Chimie, 55 Sciences de la terre, 56 Paléontologie, 57 Biologie, 58 Botanique, 59 Zoologie
60 Technologie (sciences appliquées) : 61 Sciences médicales, 62 Art de l'ingénieur, 63 Agronomie, 69 Bâtiments
70 Arts, Loisirs, Sports : 72 Architecture, 75 Peinture, 77 Photographie, 78 Musique, 79 Arts du spectacle
80 Littérature (Belles-Lettres) : 81 Littérature américaine, 82 Littérature anglaise, 83 Littérature germanique, 84 Littérature romane
90 Géographie, Histoire : 91 Géographie, 93 Histoire du monde ancien, 94 Histoire de l'Europe, 95 Histoire de l'Asie, 96 Histoire de l'Afrique, 97 Histoire de l'Amérique du Nord, 98 Histoire de l'Amérique du Sud

Alors qu'une classification des sciences doit servir à accéder à des connaissances valides de façon objective, les classifications des sciences des XVIIIe et XIXe reflètent des mentalités sociales, des biais culturels et idéologiques. Ainsi le XVIIIe, le Siècle des Lumières, en éditant la première Encyclopédie, matérialisa l'intérêt pour la science auprès de la noblesse, du clergé et de la bourgeoisie. La classification des sciences était évidemment un point essentiel pour concevoir cette première encyclopédie française, avec l'aide de nombreux collaborateurs. Elle se basait sur l'arbre de la connaissance, un tronc commun réparti en trois branches, à partir desquelles foisonnent les sous-branches.

Classification des sciences de Diderot et D'Alembert :
1 La branche de la Compréhension (histoire et technologie)
2 La branche de la Raison (philosophie, sciences de l'homme et sciences de la nature)
3 La branche de l'Imagination (les arts)

Héritier du succès du paradigme de Newton, ce siècle plaça la méthode expérimentale et l'observation des phénomènes au centre des connaissances. Il fit d'ailleurs largement confiance aux applications scientifiques, qui préparaient la voie à la Première Révolution industrielle, d'abord en Angleterre. La raison, les progrès de la science et de la technologie, les découvertes d'autres coutumes dans le monde, sapèrent progressivement les dogmes chrétiens ainsi que l'autorité ecclésiastique et monarchique. D'Alembert et Diderot, fondateurs de l'Encyclopédie, manifestaient d'ailleurs un net athéisme et un matérialisme*. La science serait tournée vers l'activité technologique et le développement économique de l'humanité. Et d'après Diderot, réfléchir sur la nature, c'est aussi réfléchir sur l'homme, sur l'égalité et sur le droit naturel. D'où l'intérêt naissant pour les sciences humaines.

Auguste Comte, André-Marie Ampère et Charles Peirce reflétèrent également différentes représentations sociales dans leurs classifications des sciences, au XIXe.

Auguste Comte traduisit son idée d'ordre social rigide, dans une classification des sciences, assignant à chaque science une place, par degré de généralité décroissante et par degré de complexité croissante.

Classification des sciences de Comte :
1 Mathématiques (arithmétique, géométrie, mécanique mathématique).
2 Astronomie
3 Physique (gravitation, calorimétrie, acoustique, optique, électricité).
4 Chimie
5 Biologie. 6 Sociologie

Elle se base sur la loi des trois états. Selon cette loi, l'esprit humain dans l'acquisition de connaissances sur le monde est passé à travers l'histoire, successivement par l'âge théologique, puis l'âge métaphysique et enfin l'âge positif. L'âge théologique trouve les causes des phénomènes dans la volonté de Dieu. L'âge métaphysique explique le monde réel par des causes volontaires, se trouvant dans des principes abstraits de la nature. L'âge positif serait la seule étape où l'on puisse accéder à la vérité, grâce à la science en puisant ses connaissances dans l'observation et dans l'expérience. Le passage de l'esprit humain par ces trois états s'applique également à chaque science.

André-Marie Ampère publia sa classification dans le but de revoir la logique du programme de l'enseignement des sciences. Il reprocha à la classification de l'Encyclopédie d'utiliser un arbre artificiel. En effet, celle-ci place, par exemple, la classe *histoire des minéraux* dans la branche *Compréhension*, avec *l'histoire civile*, mais classe la *minéralogie* dans la *branche Raison* avec la *chimie*. Il proposa donc un arbre naturel des sciences. Ampère combina un côté réaliste, divisant les sciences par objets d'étude, avec un côté spiritualiste, mettant en perspective le point de vue du savant sur son objet d'étude. Ainsi il classa les sciences en deux groupes, selon un arbre naturel. Chacun des deux groupes est formé de quatre sciences principales. Il subdivisa ensuite chaque science principale, en quatre autres divisions, et puis encore en quatre subdivisions. Mais ces quatre dernières subdivisions sont identiques pour chaque division. De telle sorte que sa classification est moins une arborescence qu'un tableau à double entrée. Ces dernières subdivisions expriment les points de vue du savant sur l'objet d'étude.

Classification des sciences d'Ampère :

1. Sciences du monde matériel :

1.1. Sciences mathématiques : 1. Arithmétique, 2. Géométrie, 3. Mécanique, 4. Science des astres

1.2. Sciences physiques : 1. Physique générale, 2. Technologie, 3. Géologie, 4. Techniques d'extraction de substances minérales

1.3. Sciences du vivant : 1. Botanique, 2. Agronomie, 3. Zoologie, 4. Élevage des animaux

1.4. Sciences médicales : 1. Physique médicale, 2. Hygiène, 3. Pathologie, 4. Médecine pratique

2. Sciences de la pensée, des sentiments et de ses produits en société :

2.1. Sciences philosophiques : 1. Psychologie, 2. Métaphysique, 3. Éthique, 4. Morale

2.2. Sciences des signes : 1. Lexique, 2. Littérature, 3. Action sur autrui, 4. Pédagogie

2.3. Sciences ethnologiques : 1. Ethnologie, 2. Archéologie, 3. Histoire, 4. Histoire des religions

2.4. Sciences politiques : 1. Droit, 2. Art militaire, 3. Économie sociale, 4. Politique

Quatre dernières subdivisions : 1. Sciences descriptives, 2. Sciences à lois explicatives des descriptions, 3. Sciences à lois de variation, 4. Sciences à lois causales des variations

Contrairement à Comte, la classification d'Ampère n'a pas de perspective historique. Et elle est encyclopédique, comme celle de D'Alembert.

Charles S. Peirce conçut une classification des sciences, tout en concevant l'unité de la science par son mode de production commun. La science serait une activité collective et coopérative de communautés de savants, construite à travers l'histoire et orientée vers la recherche de la validité. La classification des sciences de Peirce se base sur les différences de méthodes pratiques d'investigation, d'organes de publication ainsi que de compétences et d'instrumentation, que des communautés de savants, constitués en branches, partagent entre eux.

Classification des sciences de Peirce :
1 Les Mathématiques (infèrent des conclusions à partir d'objets abstraits)
2 La Philosophie (concerne des phénomènes en général accessibles à chacun, sans méthode expérimentale)
3 Les Sciences spécialisées (concernent des phénomènes sur lesquels des expériences permettent des discours théoriques)
4 Les Sciences pratiques (comprennent les ingénieries, les arts et la médecine)

En conclusion, les classifications des sciences reflètent des représentations sociales, elles modulent l'importance respective des différentes sciences et peuvent, par conséquent, inspirer la conception des structures de l'enseignement et de la recherche scientifique (Universités, Facultés et Chaires professorales).

Dans la dernière section, nous décrivons la pluridisciplinarité des sciences naturelles.

En bref 3.1…
La science est devenue depuis le XIXe, une institution sociale dont le but (officiel) est la production désintéressée de connaissances valides. L'un de ses plus importants moteurs est la reconnaissance sociale. Les classifications des sciences du XVIIe au XIXe reflètent des représentations sociales, qui organisent les connaissances, la recherche et l'enseignement des sciences. Diderot, au XVIIIe, utilisa une classification des sciences pour l'Encyclopédie (l'arbre de la connaissance), avec une mentalité manifestant un net athéisme et un matérialisme. Auguste Comte (la loi des trois états), André-Marie Ampère (l'arbre naturel des sciences) et Charles Peirce (les branches de communautés de savants) s'intéressèrent au XIXe, à la classification des sciences. Le XXe siècle ne s'est guère intéressé à la classification des sciences, qu'elle envisage généralement de façon administrative.

§2 Les sources et les types de pluridisciplinarité des sciences naturelles

Pour aborder la pluridisciplinarité des sciences, il est intéressant de partir d'une classification des sciences par objet d'étude, pour visualiser la riche arborescence des sciences spécialisées :

Classification des sciences par objet d'étude :
1 Sciences logico-mathématiques
2 Sciences physico-chimiques
3 Sciences de la terre (géologie, minéralogie)
4 Sciences de la vie (biologie, médecine)
5 Sciences humaines (psychologie, sciences sociales)

L'analyse de la pluridisciplinarité peut également faire appel à la classification des sciences par méthodologie.

Classification des sciences par méthodologie :
1 Sciences formelles
2 Sciences d'observation (pure)
3 Sciences expérimentales

En effet, la pluridisciplinarité (la multiplication de sciences différentes dans l'étude d'un même domaine du monde réel) est notamment liée à la spécialisation par objet d'étude de plus en plus spécifique, déclenchant des méthodologies différentes et aux liens entre des sciences d'objets d'étude différents. Ainsi, les spécificités du monde inerte, par rapport à celles du monde vivant et par rapport à celles du monde humain/social, sont génératrices de diverses méthodologies scientifiques. L'histoire de la physique, de la chimie, de la médecine et de la biologie témoigne des découvertes progressives au sein des branches scientifiques. Le découpage pluridisciplinaire des sciences est d'ailleurs le résultat de l'histoire des sciences. Cette histoire des sciences permet de dégager quelques sources de la pluridisciplinarité ainsi que d'illustrer les types de pluridisciplinarité des sciences naturelles.

Les sources de la pluridisciplinarité dans les sciences naturelles :
1 La spécialisation de la recherche
2 L'instrumentation spécifique
3 La découverte de nouveaux phénomènes
4 La recherche de la cohérence du monde naturel
5 Les liens entre le niveau macroscopique et le niveau microscopique
6 Les liens entre les aspects diachroniques et synchroniques

1. La spécialisation de la recherche, dans une partie de branche, peut aboutir à créer une science spécialisée (comme l'*herpétologie*, science biologique des amphibiens).

2. La spécialisation sur une instrumentation spécifique peut également créer une science comme la *spectroscopie* (étude du spectre par de multiples techniques) ou la *radioastronomie* (observation du ciel dans le domaine des ondes radio).

3. La découverte de nouveaux phénomènes du monde naturel engendre des sciences nouvelles comme la *paléontologie** (étude des fossiles) au XIXe.

4. La recherche de la cohérence du monde naturel provoque des recherches de généralisation réductrice, par unification de lois, engendrant des sciences nouvelles comme l'*électromagnétisme*, la *physique relativiste* ou la *biologie évolutive*. La recherche de la cohérence aboutit à d'importantes découvertes. Ainsi la biologie évolutive présente une loi fondamentale causale d'évolution du vivant, mais dont les bifurcations de l'histoire du vivant montrent les limites de l'unification du monde vivant. Le vivant d'aujourd'hui est le résultat de son histoire, engendré par une irréversibilité* par rapport au temps et engendrant des différences géographiques.

5. La recherche de liens entre le niveau macroscopique et le niveau microscopique dans une science, est une autre source de pluridisciplinarité. La physique fut au départ une étude macroscopique, sauf la thermodynamique des XVIIe-XVIIIe de Boyle, Mariotte, Bernoulli qui suppose l'existence de particules. Par contre, la chimie fut au départ (Lavoisier, Berthollet, Cavendish) au XVIIIe, l'étude des composés atomiques. La *physique atomique* et la *physique nucléaire* étudiant des phénomènes microscopiques, apportent un lien avec des phénomènes macroscopiques comme l'*optique* (physique de la lumière) ou la *spectroscopie*. La *biochimie* (physico-chimie appliquée à la matière vivante) assure en biologie le lien entre le niveau microscopique comme la *biologie moléculaire* (étude du fonctionnement moléculaire de la cellule) ou la *génomique* (étude du fonctionnement d'un organisme à partir du génome) avec le niveau macroscopique de la biologie comme la *cytologie* (étude de la cellule) ou l'*histologie* (étude des tissus).

6. La recherche de liens entre les aspects diachroniques et synchroniques porte sur le lien difficile entre l'étude de l'évolution de quelque chose et l'étude de cette même chose durant un moment précis du temps. Par exemple, le lien en biologie entre les aspects diachroniques* (*biologie de l'évolution*) et synchroniques* (*biologie des fonctions*). La thermodynamique a introduit en physique une notion de temps irréversible (le phénomène se déroule dans un sens, à partir des conditions initiales), alors que la physique classique, la biologie fonctionnelle et la chimie minérale présentent des lois déterministes et à temps réversible (une réaction chimique peut donner « A se transforme en B » et de façon réversible « B se transforme en A »). La biologie étudie des êtres vivants qui présentent une évolution avec des bifurcations engendrant une phylogenèse* de formes biologiques différentes, qui introduit des temps d'évolution inhomogènes, mais avec une téléonomie de l'ontogenèse* très stable. Cette recherche intéressa *la physique des systèmes thermodynamiques loin de l'équilibre* d'Ilya Prigogine. L'étude des systèmes thermodynamiques chaotiques montre en effet des situations de phénomènes complexes, irréversibles et pouvant de par leur instabilité présenter des bifurcations historiques (qui les rapprochent de l'étude de la biologie évolutive). Jean Piaget désigna par le concept de structuralisme* génétique, la similitude existant entre certains objets d'étude des sciences biologiques et des sciences humaines. Parce qu'ils portent sur : l'organisation d'éléments en structures formant un tout, l'organisation synchronique de structures autorégulées ainsi que la transformation diachronique de structures et l'échange de l'organisme avec un environnement.

La typologie des pluridisciplinarités* de Guy Palmade analyse la relation entre les sciences naturelles et sociales constituées & les phénomènes observés.

Les sept types de pluridisciplinarité de Palmade :
1 L'adjacence
2 Le voisinage
3 La dépendance
4 L'interdépendance
5 Le recouvrement (ou interdisciplinarité)
6 La trans-causalité
7 La trans-spécificité

Premier type : adjacence. Des sciences sont adjacentes lorsque les phénomènes étudiés sont classés dans des sciences séparées, avec d'éventuels liens secondaires entre certains phénomènes. La chimie est en adjacence avec la physique, avec une zone commune, l'étude du modèle atomique. L'économique orthodoxe serait adjacente aux sciences humaines, dont la psychologie et la sociologie, s'il n'y avait entre elles que des recouvrements partiels secondaires.

Deuxième type : voisinage. Deux sciences sont en voisinage lorsque des phénomènes importants sont situés à leurs frontières. Ce voisinage suscite éventuellement la création d'une recherche pluridisciplinaire, mais en laissant pour le reste, les deux sciences séparées. Ainsi l'*éthologie**, qui étudie le comportement animal, est en voisinage avec la *psychologie*. En effet, l'éthologie humaine forme une zone frontière avec la psychologie, pour l'étude du comportement éthologique de l'être humain. Ce qui n'empêche pas la psychologie et l'éthologie d'être des sciences séparées. Ainsi avec humour, l'éthologue Jean-Claude Ruwet explique qu'il enseigne le même cours appelé en zoologie « Éthologie et Psychologie animale », et en psychologie « Psychologie et Éthologie animale » ! L'étude des effets psychologiques de la publicité est un exemple de voisinage en économique.

Troisième type : dépendance. La dépendance d'une science par rapport à une autre, implique que des phénomènes étudiés par une science, dépendent des phénomènes étudiés par une autre science. Ainsi, la *biochimie* est en dépendance de la chimie. En effet, les lois chimiques étudiées sur la matière minérale s'appliquent aux molécules du vivant. Mais la réciproque n'est pas vraie, les lois du vivant ne s'appliquent pas à la matière minérale ! L'économique est dépendante de la technologie, une variable exogène à son modèle traité par l'histoire de la technologie.

Quatrième type : interdépendance. L'interdépendance entre des sciences signifie que des phénomènes centraux à ces sciences, sont réciproquement en dépendance. Ainsi, l'*écologie animale*, l'*hydrologie* et la *géologie* sont en dépendance réciproque. Dans l'économique marxiste, il y a interdépendance entre les phénomènes d'infrastructure économique & technologique et les phénomènes de superstructure politique & sociologique.

Cinquième type : recouvrement. Le recouvrement (ou l'interdisciplinarité) décrit une situation dans laquelle deux sciences présentent une étroite collaboration de recherche dans des secteurs étendus de phénomènes. La *spectroscopie*, domaine de la physique, est un moyen d'investigation important de l'astrophysique et de la chimie analytique. La spectroscopie est donc interdisciplinaire avec l'astrophysique. L'interdisciplinarité exige une forte intégration des sciences qui collaborent au même objet d'étude. La sociologie économique est une science interdisciplinaire entre l'économique et la sociologie.

Sixième type : trans-causalité. La trans-causalité apparaît lorsque des phénomènes propres à deux sciences sont en dépendance par rapport à une troisième science. L'*astrophysique* (étude des propriétés physiques des corps célestes) et la physique nucléaire se basent sur les théories d'une science, la *physique quantique*. Certains phénomènes économiques et phénomènes sociologiques dépendent de faits psychologiques.

Septième type : trans-spécificité. La trans-spécificité concerne des concepts scientifiques communs à deux sciences et qui y jouent des rôles similaires. Le concept de *système* s'applique en écologie, en cytologie et en thermodynamique. Le concept de *pouvoir* est trans-spécifique à la psychosociologie, à la politique et à l'économique.

En bref 3.2…
Les spécificités du monde inerte, par rapport à celles du monde vivant et à celles du monde humain/social, suscitèrent différentes méthodes scientifiques.
Les sources de la pluridisciplinarité dans les sciences naturelles sont : la spécialisation de la recherche, l'instrumentation spécifique, la découverte de nouveaux phénomènes, la généralisation réductrice par cohérence du monde naturel, les liens entre le niveau macroscopique & le niveau microscopique et les liens entre les aspects diachroniques & les aspects synchroniques.
Les sept types de pluridisciplinarité des sciences naturelles et sociales sont : l'adjacence, le voisinage, la dépendance, l'interdépendance, le recouvrement (ou interdisciplinarité), la trans-causalité et la trans-spécificité.

À suivre chapitre 3…
Il est important, pour la suite de la lecture du livre, de comprendre les différences de nature d'objet d'étude et de méthodologie entre les sciences naturelles et les sciences sociales. Même au sein des sciences naturelles, il y a de fortes différences entre la biologie évolutive ou l'écologie par rapport à la physico-chimie, liées à la complexité de leur organisation et à l'irréversibilité.
Il faudra également se souvenir des sources et des types de pluridisciplinarité des sciences naturelles, parce qu'elles ont leur équivalent pour les sciences sociales et économiques.
On verra que l'économique orthodoxe présente des problèmes de pluridisciplinarité. Il faudra en effet questionner les raisons pour lesquelles l'ethnologie est « interdisciplinaire » avec les autres sciences sociales, face à une économique orthodoxe « adjacente » aux autres sciences sociales.

Chapitre 4

LES RELATIONS ENTRE LES POUVOIRS ET LES SCIENCES NATURELLES

Encore récemment, la science apparaissait
comme une activité tout à fait rationnelle, publique,
sans contrainte, ouverte, libre et méritocratique.

Nico Stehr

Les savants, surtout s'ils sont grands,
ne demandent pas que l'on éreinte leurs adversaires...
mais que l'on rende justice à leur talent
et donc aussi à ceux qu'ils combattent.

Bruno Latour

La science manifesta depuis longtemps le désir de s'opposer au pouvoir religieux, comme l'illustre le mythe de Prométhée, volant un savoir sacré pour l'offrir aux hommes. Et la violence de sa punition symboliserait la condamnation du développement irrationnel de la science. La sociologie des sciences du XXIe questionne une conception périmée de la science idéale et incontestable. L'histoire des sciences souvent est réduite à une histoire sacralisée de génies agissant comme des prophètes et de coupures apparaissant comme des révélations, dit Michel Serres. Une conception réaliste de la science reconnaît que la recherche travaille selon une rationalité. Mais aussi sous l'influence de pouvoirs qui peuvent l'orienter dans un sens qui n'est pas toujours transparent.

La section 1 traite des types de pouvoirs qui peuvent influencer le fonctionnement de la recherche scientifique. En effet, les scientifiques sont soumis aux pouvoirs internes des entités au sein desquelles ils travaillent ainsi que de pouvoirs externes.

La section 2 aborde les stratégies de communication et de conviction qui s'invitent dans le processus scientifique, parce que les savants cherchent à obtenir l'adhésion de personnes disposant de pouvoirs. De plus, perçue comme une institution sociale idéale, la science répand dans la société le mythe* de la vérité incontestable de tout ce qui est qualifié de scientifique.

La section 3 étudie l'impact des applications et des technologies des sciences naturelles sur la société globale.

§1 Les sciences naturelles dans les champs des pouvoirs

Les scientifiques sont soumis aux pouvoirs internes des entités dans lesquelles ils travaillent. Ils sont également soumis aux pouvoirs externes de la société globale. À savoir, le pouvoir politique, le pouvoir religieux, le pouvoir économique et le pouvoir de la presse. Ils sont enfin, eux-mêmes, la source d'un pouvoir d'expertise.

Les pouvoirs internes portent sur des procédures d'exclusion, d'accès au diplôme et sur le pouvoir de publier une proposition scientifique dans des revues spécialisées. Le pouvoir de publier apparaît au XVIIe avec la naissance des revues scientifiques, qui accélérèrent la diffusion des résultats scientifiques. La première revue scientifique (le *Journal des savants*) fut publiée à Paris, suivie par la revue de la *Royal Society de Londres*. Comme le dit Michel Foucault, le savant doit respecter les règles du discours de la science pour publier, il doit entrer dans le vrai pour être autorisé à dire vrai. Les règles d'accès au diplôme, les programmes de recherche et les curriculums* des cours sont définis par le système d'enseignement. Ce système permet (indirectement) au pouvoir politique de contrôler la reproduction des scientifiques, l'appropriation des savoirs et les pouvoirs associés à ces savoirs. La régulation des pratiques scientifiques est assurée à partir du XIXe par les relations entre les professeurs et les étudiants. À travers les liens entre leurs activités de recherche et d'enseignement, les professeurs régulent la publication d'articles en revues spécialisées contrôlées par un comité de lecture, les thèses des étudiants et la délivrance des diplômes.

Selon une conception idéale, la science repose sur l'activité collective et coopérative de communautés de savants. Elle se construirait à travers l'histoire, en s'orientant vers la recherche de la validité. Et d'après Robert K. Merton, cette activité est régulée à l'aide de normes idéales et rationnelles : l'universalisme, le communautarisme, le désintéressement de la recherche, l'esprit critique, l'originalité des découvertes et l'humilité. L'universalisme signifie que les théories scientifiques sont indépendantes de la position sociale du savant. Alors que le communautarisme signifie que les savoirs sont des biens publics au service de la société. Cependant, une conception plus réaliste de la science reconnaît que, dans la pratique, ces normes ne sont pas toujours respectées.

En effet, des pouvoirs externes à la Faculté peuvent orienter la recherche scientifique, dans un sens qui n'est pas toujours transparent. Parce que les savants sont nommés par des concours, sous l'influence d'affinités interpersonnelles ou politiques. Et parce qu'ils sont soumis à des pressions de la part des financeurs public et privé. Par conséquent, les sciences naturelles ne forment pas un monde rationnel, isolé et autonome, par rapport à la société. Parce qu'elles tissent, avec les pouvoirs, des liens complexes, comme le montrent les quelques exemples cités pêle-mêle ci-dessous.

Exemples de liens entre les sciences naturelles et les pouvoirs :
Le monde scientifique est demandeur de financement vis-à-vis du pouvoir politique.
Le pouvoir religieux peut faire pression sur l'opinion publique, pour faire respecter des dogmes que la science attaque.
Le pouvoir politique peut être demandeur de programmes de recherche militaire.
Un expert scientifique, invité par le pouvoir politique, peut user de son argument d'autorité sur un point.
Le monde des entreprises peut être demandeur de recherche appliquée.
Le savant peut chercher à faire pression sur l'opinion publique, pour susciter l'acceptation d'un point scientifique.
La personnalité prestigieuse d'un savant peut fortement soutenir le développement de son unité de recherche.
La science peut être un instrument de propagande du pouvoir politique.
La compétition entre des centres de recherche rivaux crée des jeux de pouvoir.

Mais l'influence des facteurs sociaux durant le contexte de *formation* du discours scientifique, peut-elle menacer la validité du résultat *final* a posteriori des connaissances ? Malgré le caractère social de la pratique de recherche scientifique, cette pratique n'impacte pas les résultats scientifiques valides a posteriori, dans les sciences naturelles pures. En effet, des méthodologies rigoureuses et la nature spécifique du monde naturel, protègent la validité de leurs résultats scientifiques. Parce que la nature « est ce qu'elle est » et que les méthodes d'observation et d'expérimentation portent sur une réalité extérieure au savant. Par contre, la sociologie des sciences sociales nous donnera une image fortement différente de celle de la sociologie des sciences naturelles (Partie II). En effet, certaines sciences sociales sont influencées par des facteurs sociaux, à la fois dans le contexte de recherche des théories et dans le contexte de validation des résultats finaux scientifiques. Parce que le savant qui étudie, par exemple, une économie contemporaine, n'est jamais extérieur à son objet d'étude et qu'il peut même produire une théorie qui performe cette économie.

Cependant, l'impact des pouvoirs externes sur la qualité épistémologique* des théories scientifiques est plus élevé dans les sciences appliquées (tant sociales que naturelles) que dans les sciences pures. La science appliquée possède une finalité pratique, qui exerce un pouvoir sur le savant, qui ainsi n'a pas la liberté de pensée du savant de science pure. Ainsi, les études cliniques de l'industrie pharmaceutique appliquent des méthodologies rigoureuses et elles sont régulées par l'État. Mais elles sont soumises au pouvoir économique de l'industrie, qui souvent les finance. Le médecin qui pilote une telle étude clinique (en tant que médecin d'un laboratoire pharmaceutique) a pour but de prouver l'efficacité d'un produit commercialisé ou commercialisable. Il dispose d'un pouvoir de traitement statistique des résultats, d'interprétation des effets du médicament et de publication (ou de non-publication) de l'étude dans une revue. La non-publication est estimée par Joseph S. Mulvey à près de 50 % des études réalisées. On comprendra que ce sont les études aux résultats négatifs qui ne sont pas publiées, celles qui ne soutiennent pas l'objectif de commercialisation du produit ! Mais cette pratique fausse la perception de l'efficacité réelle du médicament étudié. En conclusion, malgré la rigueur de la méthode, des théories scientifiques et du protocole scientifique utilisés, ces études appliquées sont souvent pseudoscientifiques. Parce que leur démarche est orientée vers un but partisan. Un chercheur réalisant une étude pour un commanditaire, dans le but préconçu de prouver qu'un traitement est plus efficace qu'un autre, restreint sa liberté de recherche.

Autrement dit, la finalité pratique de la recherche appliquée installe un jeu réciproque de pouvoir entre le commanditaire et le savant. Celui-ci ne dispose pas de la liberté de pensée et d'orientation vers la validité théorique de son collègue de science pure. Parce que chercher à prouver une théorie préconçue, canalise son esprit dans une voie unique, au détriment de la validité de la théorie. En fait, pour généraliser ce point, l'inaptitude à séparer la science pure et la science appliquée diminue le désintéressement du savoir et augmente la logique du pouvoir sur le savoir. Pour Thomas Szasz, bien des discours scientifiques des sciences médicales (mais aussi des sciences sociales) sont inaptes à séparer la *description* « comment les hommes agissent-ils ? » (propre à la science pure) et la *prescription* « comment les hommes devraient-ils agir ? » (propre à la science appliquée).

La section 2 aborde les stratégies de communication et de conviction qui peuvent accompagner le développement des théories scientifiques. Nous abordons également la dimension mythique que la science peut représenter dans la société, lorsqu'elle est perçue comme incontestable.

En bref 4.1…

Les scientifiques sont soumis aux pouvoirs internes des entités dans lesquelles ils travaillent (pouvoir de publier une proposition scientifique dans des revues, procédure d'exclusion, accès au diplôme). Ils sont aussi soumis aux pouvoirs externes de la société globale (pouvoirs politiques, pouvoirs religieux, pouvoirs économiques et pouvoir de la presse). Ils sont enfin la source d'un pouvoir d'expertise. Selon une conception idéale, la science respecte des normes idéales et rationnelles. Mais une conception plus réaliste reconnaît que dans la pratique, des pouvoirs peuvent orienter la recherche, dans un sens pas toujours transparent. Cependant, malgré l'influence des pouvoirs sur la pratique de la recherche scientifique, ils n'affectent pas la validité des résultats scientifiques a posteriori dans les sciences naturelles pures.

L'impact épistémologique des pouvoirs externes sur les théories scientifiques (tant sociales que naturelles) est plus élevé dans les sciences appliquées que dans les sciences pures.

§2 La conviction scientifique et le mythe de la science incontestable

La science fut longtemps un facteur subversif dans la société, face aux autorités religieuses et aux pouvoirs politiques. Cependant depuis le XXe, l'expertise du scientifique devient une garantie de validité et une source de légitimation du pouvoir politique et économique, qui s'appuie sur elle. Le *scientifiquement prouvé* utilisé dans une argumentation, entraîne la conviction de la société.

D'autre part, les progrès historiques des sciences sont parfois dus au pouvoir de conviction des scientifiques et pas seulement à la rigueur méthodologique. En effet, pour légitimer leurs théories et pour obtenir l'adhésion de personnes disposant de pouvoirs, les savants peuvent avoir recours à la conviction. Ainsi Robert Boyle, physicien du XVIIe et membre de la Société Royale, légitima le caractère scientifique de ses théories, en disant que seule est scientifique l'hypothèse que l'on peut valider par des expériences reproductibles. Le consensus était apporté par le savant et par des membres agréés par la Société Royale, pour leur qualité de gentleman. Les stratégies de communication d'autres savants du XVIIe au XIXe, montrent également cette démarche de conviction. Ainsi Galileo Galilée, Louis Pasteur ou Charles Darwin démarquèrent également la science de la pseudoscience, en communiquant leurs preuves expérimentales de façon publique. Christian Licoppe révéla l'utilisation d'une stratégie de communication ciblée, pour convaincre les personnes-témoins des expérimentations scientifiques au XVIIe. Parce que ces personnes étaient de cultures scientifiques diverses, mais avaient toutes le statut d'élites. C'est pourquoi les preuves expérimentales présentaient des dimensions variées : la curiosité, l'utilité ou l'exactitude. Les faits curieux distrayaient la noblesse. Les faits utiles intéressaient les techniciens et le politique, dans leur souci d'utiliser technologiquement les découvertes. Les faits exacts captivaient les savants. Par conséquent, pour faire éclater la validité scientifique, le savant devait être un habile stratège, un communicateur et un promoteur de son savoir et de sa personne. La preuve d'exactitude de la mesure basée sur une instrumentation, domine au XVIIIe, chez Charles-Augustin de Coulomb et Antoine de Lavoisier. En France et en Angleterre, le récit des mémoires d'expériences glissa progressivement au XVIIIe, vers la preuve d'utilité pratique, pour convaincre les entrepreneurs. En Angleterre, les savants du XVIIIe étaient dépourvus du soutien de l'État. C'est pourquoi ils cherchaient davantage la protection financière d'entrepreneurs. Le scientifique était évalué sur sa crédibilité à pouvoir reproduire les faits de façon contrôlable et répétée.

En poussant le concept de conviction jusqu'à l'absurde, on peut dire qu'est scientifique ou comporte une validité scientifique, ce qui est accepté comme tel par les pairs académiques ! Découvrir et convaincre sont les facettes indispensables du progrès scientifique, dit Claude Allègre. L'histoire des sciences montre que des qualités de pédagogue et de polémiste du savant jouent un rôle déterminant. Le contexte sociologique est défavorable aux chercheurs pionniers que contrecarrent la peur de se tromper et les savants reconnus. Et la science progresse de façon discontinue et chaotique par l'apport combiné de pionniers et de sociétés scientifiques.

La sociologie des sciences permet de porter un regard critique sur l'histoire des sciences. Car en effet, elle montre que dès qu'une théorie s'impose dans un domaine scientifique, elle tend à devenir dogmatique et à exercer un vrai pouvoir dans l'institution académique. Ainsi, le paradigme* de Newton régna pendant plus de 150 ans et le paradigme d'Einstein connut le même sort. On peut dire de façon plus générale qu'un discours scientifique dominant devient dogmatique et peut assumer dans la société le rôle du mythe* ou de la religion. En effet, comme symbole de rationalité dans la société, la science peut revêtir certaines théories d'une vérité incontestable. Le mythe scientifique se communique à travers des symboles qui relient les spécialistes scientifiques au commun des mortels. Albert Einstein, par exemple, fut mythifié grâce à sa formule « $E = m.c^2$ ». Formule magique difficile à comprendre, mais accessible au citoyen, par l'association au côté humain du savant, photographié *tirant la langue en riant*. Sven Ortoli fit remarquer que le mythe de cette façon, évite au citoyen de devoir comprendre une théorie scientifique et qu'il assoit le pouvoir de la connaissance. Paul Feyerabend critiqua la tendance de la science à devenir un discours sacro-saint et à définir ses méthodes de façon inflexible. D'après lui, elle est insolente lorsqu'elle est vue comme un discours supérieur. D'où la nécessité d'une séparation (relative) de l'État et de la science, de façon comparable à la séparation de l'État et de l'Église. Parce que le savoir qu'une personne détient peut se transformer en pouvoir ! La science ne peut pas devenir un pouvoir excluant, c'est à l'État de veiller à l'utiliser correctement pour agir. Nous verrons ainsi qu'en économique, le dogme du marché associé à la théorie du laisser-faire* d'Adam Smith participent également de cette même nature mythique. C'est un savoir qui justifie un pouvoir !

En conclusion, la science dans la société, en tant que symbole de rationalité, communique une dimension mythique à certaines pratiques ou à certaines théories. Dire qu'une pratique est « scientifique » veut dire qu'elle est basée sur un critère incontestable. Après le prêtre et l'instituteur, dit Feyerabend, le scientifique incarne dans la société contemporaine, une figure d'expertise et de compétence !

Dans la dernière section, nous étudions l'impact sur la société globale des applications des sciences naturelles. En particulier, la contradiction entre la rationalité technologique et l'irrationalité de la gestion de la société.

> ***En bref 4.2…***
> *La conviction peut s'inviter, en plus de la rationalité, dans la formation du discours scientifique, parce que les savants cherchent à légitimer leurs théories et à obtenir l'adhésion de personnes disposant de pouvoirs. La science de Galilée, de Boyle, de Pasteur ou de Darwin, se démarque de la pseudoscience par le caractère public de la preuve expérimentale. Les savants utilisaient une stratégie de communication ciblée.*
> *Parce qu'ils devaient entraîner la conviction de personnes-témoins, de cultures scientifiques diverses, mais ayant toutes le statut d'élite.*
> *Ce qui est accepté par les pairs académiques est donc une dimension de la validation des théories scientifiques. La science peut revêtir un caractère mythique dans la société, comme symbole de rationalité, et en se considérant un discours supérieur.*

§3 Impact sur la société globale des applications des sciences naturelles

Le seul but de la science n'est pas la production du savoir. Elle permet également à l'homme d'agir sur le monde réel. L'application de théories scientifiques à partir du XIXe a décuplé l'efficacité de la technologie. La technologie bénéficia des découvertes de la science pure à partir du XIXe, mais la technologie influença également la recherche pure. Cependant, il n'y eut pas de relation simple entre la science et la technologie, au XXe. Tantôt le marché fut demandeur d'innovation technologique, tantôt la technologie découla de la science appliquée. Autrement dit, il existe une filière qui commence avec la recherche pure, puis la recherche appliquée, jusqu'au prototype d'une innovation et enfin la commercialisation. Mais selon Harvey Brooks, l'innovation n'est pas automatiquement le résultat d'un enchaînement linéaire le long de cette filière. La science pure semble progresser surtout sur la base de la science accumulée dans le passé. De son côté, la technologie s'accroît avant tout sur la base de la technologie accumulée dans le passé. Malgré les fortes interactions entre les connaissances scientifiques et les connaissances technologiques, leurs processus de production sont différents. La technologie se développe par rapport à des objectifs de construction de machines, de biens, de méthodes et de logiciels ; elle se produit dans les entreprises privées et les laboratoires de recherche appliquée. Par contre, la science recherche des connaissances certifiées ; elle est produite dans des laboratoires de recherche publics et privés et les universités. Il semble donc difficile d'affirmer qu'à partir du XIXe, nos sociétés industrielles soient le résultat du développement de la science pure. Mais il est indéniable qu'au XIXe, la science stimula fortement la technologie, ce qui permit un développement économique, via l'expansion de la classe bourgeoisie et la Révolution industrielle.

Alvin Toffler montra la considérable accélération du temps au XXe, de passage de l'innovation technologique au prototype, puis à la commercialisation. Ainsi la machine à écrire, brevetée en Angleterre en 1714, ne sera dans le commerce que 150 ans plus tard. Le réfrigérateur commercialisé avant 1920, était en prototype seulement 34 ans plus tôt. Alors que la télévision commercialisée vers 1940, était en prototype seulement 8 ans plus tôt ! L'impact des applications scientifiques sur la société est perçu à travers différents types de valeurs sociales. La science est perçue par la majorité des citoyens comme rationnelle, désintéressée, fiable et produisant des connaissances publiques. Mais cette perception compose chez d'autres citoyens, avec celle d'une science orientée vers le profit, inféodée aux secteurs financier, industriel et militaire par des brevets privatifs. Denis Duclos fit remarquer que la technologie améliore concrètement la vie quotidienne du citoyen, mais qu'elle augmente son angoisse de perte de contrôle sur ce quotidien. Le tourbillon de lancement de produits nouveaux multiplie les choix, mais déconcerte les gens et exige de fortes facultés d'adaptation.

Par conséquent, la science subit les influences contradictoires des pouvoirs politiques ou économiques. En effet, pour le pouvoir politique, les applications technologiques présentent à la fois des risques sociaux, éthiques (par exemple, dans la contraception ou le génie génétique) et écologiques (par exemple, dans l'énergie nucléaire) ; pour le pouvoir économique, elles représentent des opportunités de profit et de croissance.

À l'ère audiovisuelle (photo, cinéma, télévision, numérique), l'image d'art subit l'impact de la technologie et le regard sur l'image télévisuelle devient économique. Ce regard impose que tout ce qui est visible soit vrai et il stimule peu l'imagination sociale (Régis Debray).

Enfin, le retard des sciences sociales, par rapport aux sciences naturelles, explique une gestion irrationnelle des savoirs rationnels. En effet, le développement spectaculaire des sciences physico-chimiques et biologiques au XXe, aboutit à une évolution technologique basée sur des savoirs rationnels. Mais cette évolution est trop rapide par rapport à l'évolution de la gouvernance politique et de l'éthique sociale. Le retard des sciences sociales provoque une gestion irrationnelle des développements technologiques et économiques. Même si ceux-ci améliorent néanmoins la vie quotidienne de nombreux citoyens, nous verrons que cette gestion provoque des problèmes sociaux et écologiques importants au XXIe (Partie III). Le succès des sciences naturelles, comme projet de domination de la nature, en effet, a suscité dans la société contemporaine, un projet de domination de la Science sur l'Homme et sur la Société.

En bref 4.3…
L'application de théories scientifiques, à partir du XIXe, a décuplé l'efficacité de la technologie. La science pure semble progresser surtout sur la base de la science accumulée dans le passé, tandis que de son côté, la technologie s'accroît avant tout sur la base de la technologie accumulée dans le passé. Le XXe montra une considérable accélération du temps de passage de l'innovation technologique à la commercialisation. La science subit des influences sociales contradictoires, parce que ses applications technologiques présentent à la fois des risques sociaux et écologiques et des opportunités de développement économique. Ce développement améliore la vie quotidienne de nombreux citoyens. Mais il suscite également une contradiction entre la rationalité de la technologie et l'irrationalité de la gestion de la société.

À suivre chapitre 4…
Les sciences naturelles (pures et appliquées) peuvent être influencées par les pouvoirs durant le contexte de la recherche. Mais les sciences naturelles pures ne sont pas impactées par les pouvoirs, dans le processus de validation des résultats a posteriori.
On constate un retard des sciences sociales par rapport aux sciences naturelles. La science peut revêtir un caractère mythique dans la société, comme symbole de rationalité et de vérité incontestable.
On verra que l'économique orthodoxe (pure et appliquée) est influencée par des pouvoirs, dans la production des savoirs et dans la validation finale de ces savoirs. L'ENL est liée aux pouvoirs politiques et aux grandes entreprises dans une technostructure, notamment découlant de sa nature de science appliquée, ce qui est à l'origine de problèmes épistémologiques. Certaines théories de l'ENL sont également revêtues d'un caractère mythique de vérité incontestable.

Chapitre 5

DE LA VALIDITÉ DES THÉORIES DANS LES SCIENCES NATURELLES

L'esprit scientifique peut se fourvoyer en suivant deux tendances contraires : l'attrait du singulier et l'attrait de l'universel.

Gaston Bachelard

L'épistémologie est une discipline jeune, née au XXe, sauf des exceptions comme Emmanuel Kant. Elle s'est fortement concentrée sur les sciences physico-chimiques. Pour citer Émile Jacques, elle aide à prendre une posture « objective, exempte de tout préjugé, à la fois critique et ouverte à toutes les formes de pensée ».

Dans la section 1, nous étudions les fondements de la science de la validité de la connaissance et abordons les notions de paradigme et de révolution scientifique.

La section 2 aborde les critères de démarcation, pour différencier la science de la pseudoscience, avec notamment Ludwig Wittgenstein, Karl Popper, Rudolf Carnap et Imre Lakatos.

La section 3 traite le problème de la validation d'une théorie scientifique, avec notamment les critères de Karl Popper et d'Imre Lakatos.

§1 Qu'est-ce que l'épistémologie ?

L'épistémologie*, science de la validité de la connaissance scientifique en général, ainsi que de façon spécialisée à une branche, jette un indispensable regard critique sur l'abondante production scientifique. Elle développa des critères de démarcation entre la science et la pseudoscience et apporta des critères de validation du discours scientifique. Enquête critique et historique sur le *contexte de la découverte* et sur le *contexte de la validation* des théories scientifiques, elle s'intéresse aux méthodologies utilisées. Elle explore le type de progression continue ou discontinue des savoirs, elle identifie le rôle de la pluridisciplinarité* et des paradigmes* scientifiques. Elle analyse également les spécificités méthodologiques des sciences. C'est ainsi qu'elle étudie le mode de reconstruction du réel et d'explication théorique en biologie évolutive, la modélisation axiomatique-mathématique en physique, ainsi que la méthode expérimentale en médecine et en physico-chimie.

Nous avons d'ailleurs déjà abordé précédemment certains de ces thèmes épistémologiques, notamment la dynamique historique des sciences (Chapitre 1), la méthode hypothético-déductive mathématique (Chapitre 2), la classification des sciences et la pluridisciplinarité (Chapitre 3).

L'attitude critique face aux textes scientifiques, ne vise pas à les dénigrer systématiquement par un scepticisme doctrinaire. Mais elle questionne leur validité scientifique par la recherche des facteurs qui pourraient fragiliser le savoir scientifique. Ces facteurs sont surtout les croyances religieuses, les doctrines idéologiques ou philosophiques, l'attitude dogmatique, les problèmes de méthodologie ou l'influence des pouvoirs.

La connaissance scientifique porte sur des *phénomènes*, c'est-à-dire sur des objets d'observation du réel. Elle n'atteint pas le réel en soi, mais ce que notre connaissance fait de ce réel. Comme le dit Emmanuel Kant : « les phénomènes ne sont que des représentations de choses dont ce qu'elles peuvent être en elles-mêmes est inconnu ».

Claude Cardot distingua trois niveaux de profondeur des connaissances dans les progrès scientifiques. Le premier niveau est celui de la récolte des faits, de la mesure, des méthodes d'observation, de la classification en faits compréhensibles ou incompréhensibles. Le second niveau est celui de la construction de lois locales, exploitant les faits récoltés. Le troisième niveau des connaissances construit des paradigmes, des théories globales, expliquant les faits, intégrant les lois locales et parfois aussi des faits incompréhensibles. Tous les progrès scientifiques ne viennent pas de la création d'un paradigme. Ainsi Tycho Brahe rassembla un catalogue d'étoiles et des mesures astronomiques remarquables, mais sans formuler de lois. C'est Johannes Kepler qui put utiliser ses données, pour en déduire des lois locales, les lois du mouvement des planètes. Et Isaac Newton se servit des lois de Kepler, pour développer son paradigme de la Mécanique. Georges Cuvier rassembla une énorme collection d'histoire naturelle et il formula les lois de l'anatomie comparée. Mais il ne put formuler un nouveau paradigme de la biologie. C'est Charles Darwin qui utilisa notamment, les preuves paléontologiques de Cuvier, pour développer le paradigme de l'Évolution par la sélection naturelle (Chapitre 1).

Certaines théories scientifiques présentent une ampleur et une importance historiques particulières. Ce sont des paradigmes* scientifiques (ou programmes de recherche), des théories globales, cohérentes et acceptées par un groupe scientifique. Pour Thomas Kuhn, l'adhésion à un paradigme est un phénomène sociologique, qui implique la genèse d'une communauté de pensée, de méthodes et d'objectifs autour d'outils communs, de revues et de conférences. Les exemples les plus typiques de paradigmes sont ceux du Géocentrisme, de l'Héliocentrisme, de la Mécanique de Newton, de l'Électromagnétisme, de la théorie de l'Évolution, de la tectonique des plaques ou de la Relativité d'Einstein. Ils ont joué des rôles importants dans l'histoire des sciences. Tantôt positifs, en obligeant la recherche à se concentrer sur une théorie pour en épuiser systématiquement toutes les conséquences. Tantôt négatifs, en figeant la réflexion de façon dogmatique et le cas échéant, en faisant obstacle à l'introduction de nouvelles hypothèses mieux adaptées.

La conception d'une histoire des sciences progressant par discontinuités dispose d'un large consensus, partagé notamment par Thomas Kuhn, Gaston Bachelard, Georges Canguilhem, Alexandre Koyré ou Isabelle Stengers. Pour Gaston Bachelard, la physique forme des paradigmes en progressant par *sauts épistémologiques*, dépistant des erreurs qu'elle dépasse, sans jamais trouver de vérité absolue. La science progresse de façon discontinue contre des théories antérieures, dont les premières sont celles du sens* commun. Kuhn discerna des périodes relativement longues de l'histoire des sciences, pendant lesquelles la recherche est qualifiée de normale, c'est-à-dire qu'elle s'inscrit dans la lignée des paradigmes théoriques dominants. Ces périodes sont entrecoupées de brefs changements, de véritables révolutions scientifiques, lorsque des sauts de paradigmes apparaissent. L'histoire des sciences retient généralement les grandes révolutions de paradigmes, bien que les savants passent le plus de temps à enrichir des théories existantes. Entre deux révolutions, les scientifiques travaillant à l'intérieur d'un paradigme partagent une vision commune des faits, qu'ils défendent contre toute réfutation. Ils consolident le paradigme, pour épuiser toutes ses possibilités et ainsi assurer le progrès scientifique. Le choix entre les paradigmes n'est pas fondé rationnellement, parce que chacun permet de résoudre certains problèmes spécifiques. Pour Kuhn, ils seraient incommensurables, c'est-à-dire qu'on ne peut pas comparer les théories entre elles, à cause des ruptures dans le raisonnement. Isabelle Stengers montra le rôle des controverses dans cette discontinuité de théories par l'apport de liens nouveaux avec la réalité. Les sciences font exister des concepts nouveaux, parce qu'ils sont générateurs de liens nouveaux avec la réalité. Ainsi Louis Pasteur témoigna de façon fiable en faveur d'un type de réalité, l'existence de microbes contre un autre type de réalité, le spontanisme*. Les controverses scientifiques, dit-elle, naissent de la reconnaissance intersubjective par la communauté de savants de ces théories, ce qui stimule la méthodologie. L'histoire des sciences montre d'ailleurs que l'on gaspille des opportunités à cause de cette reconnaissance par la communauté de certaines théories, au détriment d'autres.

En synthèse, un paradigme fournit une représentation du monde et exerce des fonctions sociologiques. Il facilite par sa forme synthétique, la diffusion d'une théorie dans l'enseignement et vers le grand public. Il cimente l'adhésion des savants via des facultés, des conférences, des journalistes et des revues scientifiques. Le rôle fondamental de fédérateur d'un groupe de scientifiques autour d'un paradigme peut entraver le processus de recherche et empêcher la percée d'une nouvelle théorie. Parce que le paradigme peut se transformer en théorie dogmatique, avec un clergé de maîtres barrant toute ouverture à des rivaux. Il peut donc opposer une importante force d'inertie au progrès scientifique, parce qu'il soude des éléments théoriques entre eux, fondant un vaste champ scientifique en un tout cohérent. Pour changer de paradigme, il faut non seulement démontrer sa fausseté, débusquer l'axiome caché éventuel, mais le remplacer par un autre.

Dans la section 2, nous étudions les critères de démarcation, qui permettent de qualifier un discours de scientifique ou de pseudoscientifique.

En bref 5.1…
L'épistémologie est la science de la connaissance scientifique en général, ainsi que de façon spécialisée à une branche. Devant la quantité des connaissances accumulées, elle permet de réfléchir à la pertinence des connaissances scientifiques.
Un paradigme scientifique est une théorie globale, cohérente et acceptée par un groupe scientifique. Il forme une représentation du monde, qui a l'avantage de concentrer la recherche pour un temps, dans un domaine déterminé. Mais l'inconvénient de pouvoir figer dogmatiquement la recherche, en faisant temporairement obstacle à de nouvelles hypothèses.
La science se construit par sauts de paradigmes, par des révolutions scientifiques et par controverses, qui introduisent des discontinuités dans l'histoire des sciences.

§2 De Wittgenstein à Feyerabend, la question de la démarcation de la science

Plusieurs critères de démarcation entre la science et la pseudoscience ont été proposés et nous en étudions les principaux.

Les critères de démarcation de la science :
1 L'objectivité de la théorie ;
2 La proposition sensée ;
3 La reproductibilité des faits ;
4 La vérifiabilité de la théorie ;
5 La réfutabilité de la théorie ;
6 La réfutabilité combinée avec des propositions irréfutables ;
7 L'approche hypothético-déductive ;
8 Le *tout est bon* méthodologique.

1. Le critère d'objectivité est un des plus évidents critères de démarcation. Une théorie est scientifique lorsqu'elle est objective, basée sur la raison et l'observation, pas sur des convictions subjectives. *L'objet* est ce qui nous est présenté dans la perception extérieure, avec un caractère fixe et stable, indépendant du point de vue des opinions du *sujet*. Emmanuel Kant a montré que l'on ne peut connaître les objets tels qu'ils sont en eux-mêmes, indépendamment de toute connaissance que nous pouvons en prendre. Seuls sont accessibles les phénomènes, ce qui nous apparaît de la réalité grâce à notre connaissance. La liberté, Dieu et l'âme ne s'observent pas en tant que tels, ils ne sont pas des objets d'étude scientifique mais suscitent seulement des discours métaphysiques. Le critère d'objectivité tient compte de la mesure dans laquelle la théorie ne fait pas intervenir la subjectivité de l'auteur de la théorie. Pour Jean Piaget, l'expérimentation exige un sujet qui modélise l'objet, en dépassant les données subjectives du sens commun*. Il faut donc dissocier sujet et subjectivité, vu qu'on ne peut se passer d'un sujet, le chercheur. Le discours philosophique, au contraire de la science, est basé sur le raisonnement du sujet. L'objectivité de la science, selon Kant, ne consiste pas dans l'exclusion du sujet, mais dans le fait que le sujet est théoriquement interchangeable. La méthode scientifique s'efforce de résoudre les paradoxes, d'une part, entre un objet extérieur d'étude et le besoin d'identifier personnellement cet objet, et d'autre part, entre des concepts bien définis et de nombreux faits d'observation changeants.

2. La proposition sensée. Ludwig Wittgenstein, en déterminant les limites de ce qui peut se dire de façon sensée, introduisit un remarquable critère de démarcation de la science, basé sur trois types de sens d'une proposition. Il y a, dit-il, deux types de propositions scientifiques : les propositions logico-mathématiques, qui ont une vérité logique et les propositions empiriques, qui exigent une validation par une preuve expérimentale. Ces deux types de propositions sont le seul moyen de faire progresser la connaissance. Les propositions logico-mathématiques sont *vides de sens*, parce qu'elles ne disent rien à propos du réel, mais sont exprimées par les symboles de la logique et des mathématiques. Les propositions empiriques sont *sensées*, c'est-à-dire pourvues de sens, parce que les termes portent sur la réalité et qu'elles sont vérifiables. Les propositions *insensées*, comme celles de la métaphysique ou de la fiction, n'ayant ni sens, ni vérité, ne font donc pas partie du domaine de la science.

3. Le troisième critère, la reproductibilité des faits, affirme qu'une théorie est scientifique lorsqu'il est possible de la couler, de façon répétée, dans une expérience pour observer si les faits expérimentaux corroborent la théorie. Les discours religieux et philosophiques, au contraire, ne se prêtent pas à l'expérience. Pour Robert Boyle, seule est scientifique, l'hypothèse que l'on peut expérimenter, produisant de façon répétée une preuve scientifique qu'un groupe de personnes peut valider.

4. La vérifiabilité de la théorie. Rudolf Carnap conçut la science comme un langage fondé sur l'expérience empirique et la logique formelle. La vérifiabilité d'une théorie, selon lui, repose sur la mise en place de concepts scientifiques et la constatation empirique des rapports entre ces concepts. Pour Carnap, la possibilité, au moins partielle, de vérifier une théorie par des faits d'observation, crée l'*unité* de la science et élimine la métaphysique du domaine de la science.

5. La réfutabilité de la théorie. Karl Popper utilisa comme critère de démarcation de la science la réfutabilité* (falsifiabilité). Une théorie est scientifique si on peut, par une observation ou une expérimentation, démontrer qu'elle est fausse. Ainsi la proposition, « tous les cygnes sont blancs » est réfutable. Car il est possible que l'on découvre, « un cygne noir » (ce qui existe d'ailleurs). La proposition, « l'au-delà existe » n'est pas réfutable. Toute science exige, selon lui, des théories générales formées d'énoncés réfutables, afin de pouvoir corroborer ou réfuter la théorie par une observation. D'un point de vue logique, une théorie réfutable doit être prédictive. Une loi scientifique exprimant une relation entre des variables est réfutable, à travers l'expérimentation qui consiste à produire des faits, que l'on va corroborer avec ceux prédits par la loi. Selon la réfutabilité, l'astrologie, la métaphysique, la plupart des sciences humaines et sociales, la psychanalyse et la parapsychologie ne relèvent pas de la science, car on ne peut pas en extraire une proposition prédictive, testable pour réfuter ou corroborer la théorie.

6. Le critère de réfutabilité sophistiquée. Imre Lakatos considère qu'une théorie est scientifique si elle comporte au moins une proposition réfutable. En effet d'après lui, une théorie est composée d'un noyau dur de prémisses et de propositions irréfutables. Ce critère de réfutabilité combinée avec des propositions irréfutables rend, dit-il, mieux compte de l'histoire des sciences et du processus réel de découverte scientifique, que le critère de Popper.

7. L'approche hypothético-déductive. Carl Hempel utilisa comme critère de démarcation et d'unité de la science, la méthode hypothético-déductive (nomologique). Cette méthode part d'une étape théorique axiomatique, rassemblant au moins une loi universelle et une fixation précise de conditions initiales. Elle est suivie d'une étape expérimentale, portant sur une hypothèse (déduite de la théorie) soumise à la validation des faits. Comme dans cette méthode, les lois sont universelles, s'appliquant au futur comme au passé, la théorie est à la fois une explication et une prédiction.

8. Le « tout est bon » méthodologique. Pour Paul Feyerabend, le critère « tout est bon » est le seul critère valable, plutôt qu'une unique méthode rationnelle de découverte (ce que prônent Popper et Lakatos). En effet pour lui, la science est une entreprise anarchiste : il n'y a pas d'idée, si absurde soit-elle, qui ne puisse faire progresser la science. L'histoire des sciences montre des théories qui ont fleuri contre les résultats d'expériences. Il critiqua donc l'aspect réducteur de la théorie de la réfutabilité et défendit le « pluralisme » méthodologique. On peut créer des hypothèses qui ne concordent pas avec des faits ou des théories bien établies : c'est le principe de la contre-induction. Il défendit l'idée que la science, en définissant ses méthodes de façon inflexible, tend à devenir dogmatique comme une religion.

En conclusion, la démarcation entre la science et la pseudoscience fait appel à plusieurs critères que l'on peut combiner partiellement. On peut, au vu de ces critères, montrer que la psychanalyse, par exemple, n'est pas une science, parce qu'elle n'est pas réfutable, qu'elle présente un faible esprit critique, qu'elle est régie par des maîtres dogmatiques, qu'elle recourt à une faible méthodologie de récolte quantifiée des résultats et qu'elle ne respecte pas l'objectivité.

Dans la section 3, nous traitons le problème des critères de validation d'une théorie scientifique, avec notamment Karl Popper et Imre Lakatos.

En bref 5.2…
Plusieurs critères de démarcation entre la science et la pseudoscience sont pertinents : la théorie présentant une objectivité (Emmanuel Kant), la proposition sensée (Ludwig Wittgenstein), la reproductibilité des faits (Robert Boyle), la vérifiabilité de la théorie (Rudolf Carnap), la réfutabilité de la théorie (Karl Popper), l'approche hypothético-déductive (Carl Hempel), la réfutabilité combinée avec des propositions irréfutables (Imre Lakatos) et le « tout est bon » méthodologique (Paul Feyerabend).

§3 De Carnap à Lakatos, le difficile problème de la validation scientifique

Plusieurs critères de validation d'une théorie ont également été proposés dont nous présentons les principaux.

Les critères de validation d'une théorie scientifique :
1 Le cautionnement des savants ;
2 La vérification ;
3 La corroboration d'un énoncé prédictif réfutable ;
4 La corroboration partielle avec noyau dur irréfutable.

1. Le critère de cautionnement des pairs savants est ancré dans le protocole de fonctionnement des entités scientifiques. Mais si cent savants qualifient un objet de « lanterne » alors qu'il s'agit d'une « vessie », cela ne permet pas de considérer que les vessies soient des lanternes ! Cependant on peut dire que la validation d'une théorie repose en dernier ressort sur les décisions de la communauté scientifique (Thomas Kuhn).

2. La vérification. Rudolf Carnap considéra le critère de vérification comme un critère de validation d'une théorie scientifique. Une théorie est confirmée, donc est vraie, par l'observation ou l'expérimentation qui apporte quasiment une vérification.

3. La corroboration d'un énoncé prédictif réfutable. Karl Popper (opposé à Carnap), proposa le critère méthodologique de corroboration d'un énoncé prédictif réfutable*. En effet une théorie peut être scientifique, parce que réfutable, mais pas nécessairement validée. Une théorie est valide lorsqu'un énoncé particulier, déduit logiquement de la théorie, a été corroboré par des faits expérimentaux. Ce critère est fondé sur l'asymétrie existant entre la vérifiabilité et la réfutabilité, qui résulte de la forme logique des énoncés universels. En effet, l'énoncé sera faux si un seul test d'observation lui est contraire. Beaucoup de tests (il est impossible de les observer tous) ne font que corroborer (pas vérifier). Ainsi il est impossible de vérifier la couleur de tous les cygnes de notre terre. Il est donc impossible de vérifier la proposition « tous les cygnes sont blancs ». Mais si un seul cygne observé était noir, cela entraîne que la proposition « tous les cygnes sont blancs » est fausse ! La réfutabilité comme critère de validation d'une théorie implique qu'une théorie scientifique n'est que possiblement valide. Au cas où elle est réfutée, elle est donc *fausse avec certitude*, mais elle ne sera jamais *vraie avec certitude*. La corroboration est l'état d'une hypothèse scientifique (descriptive, explicative et prédictive), ayant fait ses preuves, en ayant été positivement soumise à des tests. L'idéal d'une connaissance certaine est, selon Popper, un mythe* de la science, parce que l'exigence d'objectivité scientifique rend inévitable que tout énoncé scientifique reste nécessairement provisoire pour toujours.

4. La corroboration partielle avec noyau dur irréfutable. Selon Pierre Duhem et Willard V. O. Quine, les énoncés scientifiques sont reliés les uns aux autres dans une théorie globale, empêchant qu'une seule expérience *cruciale*, portant sur un énoncé particulier ne valide ou n'invalide pas la théorie globale. Comme on ne teste pas en bloc tous les énoncés d'une théorie, aucune expérience n'est suffisamment probante et cruciale pour infirmer ou confirmer complètement une théorie. Imre Lakatos développa un critère de réfutabilité revue. Les paradigmes sont construits autour d'un *noyau dur* formé d'hypothèses irréfutables, mais entourés d'une ceinture protectrice d'hypothèses auxiliaires réfutables. Tester l'hypothèse principale d'une théorie peut être difficile. C'est pourquoi le recours à une ou plusieurs hypothèses auxiliaires reliées à l'hypothèse principale, permet de valider la théorie. Dans ce cas, si l'expérience donne un résultat positif, la théorie est corroborée, mais pas vérifiée. Mais si le résultat est négatif, on peut dire uniquement que, soit l'hypothèse auxiliaire est fausse, soit l'hypothèse principale est fausse, soit les deux sont fausses. Ainsi une hypothèse auxiliaire ad hoc pourrait protéger une hypothèse principale. Et un savant pourrait manquer d'attitude scientifique en concevant volontairement des hypothèses ad hoc dans ce but. Lakatos fit remarquer que les savants prennent généralement le risque de faire vivre un paradigme pour voir ce qu'il donne, avant de toucher à son noyau dur et d'en changer.

En bref 5.3…
Les principaux critères de validation scientifique sont : le cautionnement des savants (Thomas Kuhn), la vérification (Rudolf Carnap), la corroboration d'un énoncé prédictif réfutable (Carl Popper) et la corroboration partielle avec noyau dur irréfutable (Imre Lakatos). Pour Popper, on ne peut pas prouver qu'une théorie scientifique soit vérifiée pour toujours. Mais seulement qu'elle est valide, corroborée par l'observation ou l'expérience, jusqu'à preuve de mieux. La corroboration est l'état d'une hypothèse scientifique ayant été positivement soumise à des tests.
Pour Duhem et Quine, les énoncés scientifiques sont reliés les uns aux autres dans une théorie globale. Et de ce fait, aucune expérience n'est suffisamment probante et cruciale pour infirmer ou confirmer complètement une théorie. Pour Lakatos, l'histoire des sciences montre la formation de paradigmes construits autour d'un noyau dur formé d'hypothèses irréfutables, mais entourés d'une ceinture protectrice d'hypothèses auxiliaires réfutables, liées au noyau dur. Comme il est souvent difficile de tester l'énoncé principal d'une théorie, le test d'un énoncé auxiliaire permet de valider une théorie.

À suivre chapitre 5…
L'épistémologie s'est concentrée sur les sciences physico-chimiques, pour lesquelles elle a résolu le problème de la démarcation entre science et pseudoscience, ainsi que le problème de la validation des énoncés.
Mais l'étude des critères de scientificité des sciences sociales et économiques n'a pas, au XXIe, de réponse simple à ce qui délimite la science de la pseudoscience. Et transposer tels quels les critères épistémologiques des sciences naturelles dans les sciences sociales, impliquerait d'ignorer les spécificités des phénomènes sociaux.
Cependant, on verra que l'ENL prit la physique classique comme modèle méthodologique et la réfutabilité prédictive poppérienne comme modèle épistémologique. La nature de pseudoscience de l'ENL est largement liée à sa conception naturaliste des lois économiques du laisser-faire et à ses prescriptions de conseils.

Partie II

LE DÉVELOPPEMENT DES SCIENCES SOCIALES DU XVIIIe DU XXIe SIÈCLE

Les hommes font l'histoire, mais ils ne savent pas l'histoire qu'ils font.

Karl Marx

Les sciences humaines et sociales sont nées de l'apport de pionniers, comme Sigmund Freud pour la psychologie, Max Weber pour la sociologie, Karl Marx pour l'histoire économique, Ferdinand de Saussure pour la linguistique, Montesquieu pour la politique ou Franz Boas pour l'anthropologie. L'histoire de l'économique commence véritablement au XVIIIe, avec un pionnier, Adam Smith. (Il est surprenant de ne trouver aucune mention de science humaine et sociale dans les volumineuses *histoires des sciences* de René Taton ou Michel Serres).

Les grands programmes de recherche des sciences sociales construisirent leur noyau dur sur un postulat de type philosophique ou idéologique, portant sur l'homme ou la société. L'histoire des sciences sociales montre un progrès par sauts de paradigmes. Mais les paradigmes idéologiques se maintinrent de façon continue, parce qu'ils sont basés sur des valeurs réciproquement opposées, soutenues par les partis politiques (Chapitre 6).

Les sciences sociales eurent l'avantage de bénéficier de l'acquis méthodologique des sciences naturelles, mais l'inconvénient de présenter des particularités épistémologiques, qui exigent le recours à des méthodologies spécifiques. Le réel social présente notamment, une grande complexité globale et un futur imprédictible (Chapitre 7).

La sociologie des sciences sociales révèle les facteurs sociaux, qui influencent le contexte de la recherche et le contexte de la validation des théories des sciences sociales. Les pouvoirs affectent à la fois la recherche et la validation du résultat final des sciences sociales (Chapitre 8).

Dans cette Partie II, nous faisons appel à l'histoire des sciences, à l'épistémologie et à la sociologie des sciences, à propos des sciences sociales.

Chapitre 6

HISTOIRE DES SCIENCES SOCIALES ET DOGMATISME IDÉOLOGIQUE

Rien ne ressemble plus à la pensée mythique que l'idéologie politique. Dans nos sociétés contemporaines peut-être celle-ci a-t-elle remplacé celle-là.

Claude Lévi-Strauss

L'intérêt pour la recherche en sciences sociales fut lié au développement considérable de l'État, à partir du XIXe.

La section 1 traite de l'histoire des sciences sociales et économiques. Les sciences sociales construisent leurs théories scientifiques sur des concepts philosophiques ou idéologiques concernant l'homme ou la société.

Dans la section 2, nous étudions les grands paradigmes de l'économique et l'histoire de l'économique du XVIIIe au XXIe. Au XXIe, six paradigmes d'économique, opposés et concurrents, divisent la branche économique.

§1. Philosophie et idéologie face à la science : la dynamique de l'histoire des sciences sociales du XVIIIe au XXIe siècle

À partir du XIXe en Occident, l'État envahit de plus en plus de domaines de la vie sociale. En même temps, cette extension du domaine politique augmenta l'importance de l'idéologie politique. Et l'extension de l'économie* dans cette sphère politique au XXe, augmenta à son tour l'importance de l'idéologie économique, en tant que système dominant de représentation sociale, en interaction avec les pouvoirs politiques.

Jean Baechler définit l'idéologie comme un discours polémique utilisant des valeurs, pour soutenir l'exercice du pouvoir dans une société, vers une orientation précise. Elle vise le ralliement, la justification ou le voilement. Comme les valeurs sont arbitraires, parce qu'elles ne sont pas rationnelles, une idéologie n'est ni vraie ni fausse. Mais elle peut être efficace ou inefficace, cohérente ou incohérente. Pour Karl Marx, l'idéologie est le produit de la conscience collective : la superstructure permet de cacher derrière des apparences, les relations réelles entre les acteurs économiques. D'ailleurs, la critique de l'économique libérale est pour Marx, d'abord une rupture avec l'idéologie de cette économique. Nous ne résistons pas à l'élégance de la formulation de Louis Althusser qui la définissait comme une *illusion* qui fait *allusion* à la réalité. L'idéologie exerce dans les sociétés modernes, des fonctions comparables à la pensée religieuse chrétienne, du Moyen Âge au

XVIIe occidental. Ensuite, à partir du XVIIIe, une laïcisation philosophique de la société s'installa. Enfin au XXe, en Occident, l'État se sépara de façon plus ou moins nette de l'Église, mais pas de l'idéologie !

On peut également dire que l'idéologie joue dans les sociétés contemporaines un rôle comparable à la pensée mythique dans les sociétés traditionnelles. Elle permet de saisir la réalité du monde, à travers des vérités absolues.

Les sciences sociales construisent leurs théories scientifiques sur des postulats philosophiques ou idéologiques concernant l'homme ou la société. Ceux-ci génèrent leur noyau dur de concepts scientifiques, par lesquels leurs théories reconstruisent le monde réel. La philosophie* produisit les premiers discours rationnels sur la société. Et les sciences sociales se distancèrent de la philosophie, en s'efforçant d'atteindre une observation à caractère universel. Cependant, elles présentent jusqu'au XXIe, un problème de dépendance philosophique et idéologique.

Il faut cependant faire des distinctions entre les sciences sociales. Ainsi l'ethnologie* et la linguistique* présentent des objets d'étude, exempts de ce problème, parce que faiblement concernés par le rapport aux valeurs du sujet chercheur. Mais c'est le contraire pour l'économique* et la sociologie*, dont les objets d'étude sont influencés par les valeurs, peu décentrés du chercheur et donc sensibles aux idéologies. D'ailleurs, le combat de la sociologie et de l'économique pour s'affranchir du dogmatisme* de l'idéologie, rappelle celui des sciences naturelles, face au dogmatisme de la religion. Or, l'idéologie et le jugement de valeur sont incompatibles avec une science sociale, parce que l'idéologie est un discours dogmatique d'interprétation historico-politique, qui valorise une société déterminée et essaie de la faire durer dans le futur.

Quelques grands scientifiques développèrent les grands paradigmes que montre l'histoire des sciences sociales.

Les grands paradigmes des sciences sociales :
1 Le positivisme ;
2 Le libéralisme ;
3 Le marxisme-matérialisme historique ;
4 L'évolutionnisme ;
5 Le fonctionnalisme ;
6 Le structuralisme.

Le **positivisme*** prône une démarche scientifique de recherche de lois causales par l'observation, au détriment de la démarche métaphysique et philosophique. Il professe une philosophie de l'histoire basée sur la science comme source de progrès de l'humanité.

Le **libéralisme*** place l'autorégulation spontanée au centre de l'économie et prône un système d'élections libres.

Le **marxisme*** conçoit une philosophie de l'histoire basée sur les contradictions internes (matérialisme* historique) liées au stade technique de la production et des rapports sociaux.

L'**évolutionnisme*** conçoit une évolution déterminée continue et par stades de la société.

Le **fonctionnalisme*** affirme que chaque fonction sociale répond, en tant que partie du tout, à des besoins qui déterminent les faits sociaux.

Le **structuralisme*** considère que des structures formelles organisent les éléments du réel social en un tout.

L'histoire de la psychologie, de l'ethnologie et de la linguistique présente une discontinuité par sauts de paradigmes, dépassant des connaissances philosophiques ou scientifiques antérieures. L'histoire de la sociologie et de l'économique s'est également développée par sauts de paradigmes. Mais, parce que la plupart des paradigmes sont idéologiques, plusieurs idéologies opposées cohabitèrent. En effet, dans une société pluraliste, un État démocratique peut comprendre des partis politiques liés, par exemple, au marxisme ou au libéralisme. Par conséquent, au niveau de la recherche universitaire, ces paradigmes idéologiques, simultanés et opposés, fragmentèrent la sociologie et l'économique.

Les sciences sociales naissent à la fin du XVIIIe, avec les précurseurs de la linguistique (William Jones), de la politologie (Montesquieu) et de l'économique libérale (Adam Smith, David Ricardo, Thomas Malthus, Jean-Antoine Chaptal).

Le XIXe vit l'apport des grands pionniers de la sociologie, de l'histoire, de la politologie, de l'ethnologie et de l'économique. Alexis de Tocqueville en politologie, étudia la démocratie représentative américaine. Lewis H. Morgan, pionnier de l'ethnologie, illustra le paradigme de l'évolutionnisme, dont le postulat est l'universalité de l'évolution du genre humain. Il décrivit de façon comparative l'évolution dans le temps des cultures traditionnelles du monde.

En sociologie, Auguste Comte personnifia le positivisme, concevant la science comme la source du progrès. Il imagina une sociologie construite de façon scientifique, à l'image de la physique, par la possibilité de trouver des lois causales. Il conçut également le fondement d'une histoire humaine, dictée par le progrès des sciences. L'influence du positivisme dans la conception du progrès humain est perceptible, tant chez Marx que chez Durkheim. Friedrich Engels et Karl Marx écrivirent une histoire socio-économique basée sur les contradictions sociales. Ils furent les critiques du libéralisme et de l'idéologie bourgeoise. Et ils pensaient trouver dans le marxisme, une philosophie de l'histoire à travers une vision économique du progrès.

Émile Durkheim rêva d'une unité du savoir, basée sur une méthodologie scientifique unique, commune aux sciences naturelles et humaines. Il définit pour la sociologie, une méthodologie basée sur l'observation comparative, considérée comme équivalente à la méthode expérimentale des sciences naturelles. La sociologie étudierait les facteurs constants de l'histoire et donc, selon lui, l'histoire serait soumise à la sociologie. Le fondement de la sociologie réside dans le fait social, caractérisé par la contrainte sociale qui s'impose à l'individu. Vilfredo Pareto considéra que la sociologie recherche des causalités, mais pas de lois causales. La société se comporterait de façon intermédiaire, entre un organisme autogéré et un ensemble d'actions individuelles. Il distingua, d'une part, les comportements sociaux logiques (comme les calculs de l'économiste et de l'ingénieur) et d'autre part, les comportements sociaux non logiques (comme l'acteur politique). Max Weber concevait la sociologie comme une recherche causale des faits sociaux à la fois historique et structurale. Il préféra la recherche de types à celle de lois. Ses apports à l'épistémologie furent décisifs, comme la distinction entre le jugement de valeur et le rapport aux valeurs ou le lien entre la causalité historique et la causalité sociologique des faits sociaux.

En synthèse, Comte et Marx concevaient la sociologie comme une science déterministe et prédictive, justifiant une philosophie de l'histoire. Durkheim limita son ambition à la recherche de lois, qui subordonnent l'histoire à la sociologie. Tandis que Pareto rechercha des causalités entre les faits sociaux, mais sans lois. Et enfin, Weber conçut la sociologie comme une recherche de types, avec une causalité à la fois historique et structurale. Ultérieurement, la sociologie pratiqua l'enquête, limitant ses ambitions à une microsociologie empirique, sans ambition prédictive. Les controverses méthodologiques des fondateurs de la sociologie sont particulièrement intéressantes, parce que les faits sociaux sont un objet d'étude partagé avec l'économique.

La recherche et la formation universitaire en sciences sociales s'accompagnaient dès le XIXe de la publication de revues spécialisées et de la tenue de congrès. Ils actèrent les querelles universitaires concernant les paradigmes, les frontières des sciences et la pluridisciplinarité*.

Cependant, au XIXe, les sciences sociales n'étaient pas encore bien délimitées et les méthodologies étaient mal définies. L'économique développa une méthode proche de celle de la physique, c'est-à-dire basée sur une théorie générale et la recherche de lois mathématiques. La macrosociologie et l'ethnologie développèrent des modèles conceptuels et globaux. D'autres sciences sociales, comme la microsociologie et l'ethnographie, développèrent des méthodologies spécifiques aux sciences sociales, basées sur l'enquête de terrain et le traitement statistique des données.

Durant la première moitié du XXe, les fondateurs des sciences sociales délimitèrent les branches de façon plus précise. Ainsi Paul Janet politologue, rédigea une histoire de la politique. Ferdinand de Saussure linguiste, étudia les langues par une approche structuraliste. Il trouva que les langues forment un système stable de règles (synchronique), en évolution sur la longue période (diachronique). Il établit que le signe linguistique est formé par le plan phonétique des signifiants et le plan de la signification des signifiés. Signifiants et signifiés sont en relation arbitraire dans le signe. Franz Boas un des fondateurs de l'ethnologie, étudia la culture dans une perspective diffusionniste. Bronislaw Malinovski ethnologue, développa une approche fonctionnaliste, allouant une fonction à chaque phénomène social. Il établit le lien dans les cultures traditionnelles, entre les activités et la satisfaction des besoins biologiques & des besoins dérivés culturels. Karl Polanyi anthropologue économique, montra que dans les sociétés traditionnelles, les systèmes économiques sont encastrés dans les relations sociales. Mais qu'à partir du XIXe, en Occident, l'économie s'est désencastrée de la société globale, via un marché du capital, de la terre et du travail, qui développa une marchandisation. L'Homo Economicus* est, d'après lui, né en même temps que le marché. Marc Bloch créa l'histoire des Annales, en intégrant les facteurs socio-économiques dans les faits politico-militaires de l'histoire des grands personnages.

L'économique se développa en paradigmes mutuellement opposés et idéologiquement concurrents : trois paradigmes naquirent au XIXe (libéralisme, marxisme et institutionnalisme), auxquels s'ajoutèrent trois autres au XXe (socialisme, keynésianisme, écosocialisme). L'économique libérale adopta une approche microéconomique, considérant le tout social comme l'agrégation des comportements individuels, face à une grande partie de la sociologie, qui partit de l'hypothèse contraire, que le phénomène social est supérieur à la somme des comportements individuels.

Après 1950, les branches des sciences sociales acquirent dans les universités des statuts académiques comparables à celui des autres sciences. Les quelques apports de grands scientifiques que nous citons ci-dessous, ne visent qu'à montrer le dynamisme scientifique qui caractérise l'époque contemporaine. En politologie, Kenneth Arrow, étudiant les systèmes électoraux, résolut le théorème d'impossibilité, portant sur le problème du choix collectif rationnel. Il démontra que le bien-être social ne peut pas être la somme des préférences individuelles, à travers le vote démocratique d'un représentant. Mais le marché peut être la somme des préférences individuelles pour des biens économiques. En linguistique, Roman Jakobson, par une approche fonctionnaliste, étudia les fonctions du langage. Noam Chomsky développa un modèle structuraliste de grammaire, pour caractériser la structure commune des langues. En ethnologie, Claude Lévi-Strauss (structuraliste) montra qu'une société traditionnelle présente un système de communication de femmes par la parenté, de biens par l'économie et de messages par la langue parlée. Pour René Girard, la violence interne des sociétés humaines est canalisée à travers des institutions, comme le sacré, le pouvoir politique et la monnaie. Le mimétisme engendre une agressivité dans le groupe parce que les objets désirés sont inégalement distribués. Cette agressivité peut se concentrer sur une victime sacralisée pour apaiser le groupe. Le structuralisme inspira également la sociologie avec Pierre Bourdieu et Jean-Claude Passeron, spécialistes de la sociologie de l'éducation et de l'épistémologie des sciences sociales. Ainsi que Talcott Parsons, qui représenta le système social à l'aide d'un ambitieux modèle conceptuel et abstrait. Son système social remplit quatre fonctions : la stabilité normative des valeurs, l'intégration des normes, la poursuite des buts des collectivités et l'adaptation aux rôles.

Dans la section 2, nous étudions les grands paradigmes de l'économique et l'histoire de l'économique du XVIIIe au XXIe.

> ***En bref 6.1…***
> *Les paradigmes des sciences sociales se basent généralement sur un postulat, de type philosophique ou idéologique, portant sur l'homme ou la société. L'économique et la sociologie présentent des objets d'étude influencés par les valeurs, peu décentrés du chercheur et donc sensibles aux idéologies, contrairement à l'ethnologie et à la linguistique.*
> *Les grands paradigmes des sciences sociales furent le positivisme, le libéralisme, le marxisme, l'évolutionnisme, le fonctionnalisme et le structuralisme. L'économique revendiqua depuis le départ, une méthode proche de celle de la physique et la recherche de lois mathématiques. La sociologie, au départ, se concevait à l'image de la physique, comme une science déterministe et prédictive, avec une conception positiviste de l'histoire. Puis, elle évolua vers la recherche de lois qui subordonnent l'histoire à la sociologie, avant de limiter son ambition à des études empiriques microsociologiques, sans ambition prédictive.*

§2 Les paradigmes et les théories socio-économiques du XVIIIe au XXIe siècle

On classe les économistes en écoles et en paradigmes, pour marquer l'identité de leurs travaux avec leur université et leur opposition aux autres écoles. On distingue notamment : école de Chicago, école de Lausanne, néokeynésianisme, institutionnalisme, école du bien-être, école du choix public… L'école a pour fonction de fédérer la recherche scientifique et de souder l'économiste à son université. L'école lie également l'économiste à un parti politique, lorsqu'il passe de professeur à conseiller économique. Au XXIe, six paradigmes opposés et concurrents divisent la branche économique.

> **Les six grands paradigmes de l'économique :**
> 1 Le néolibéralisme ;
> 2 Le marxisme ;
> 3 Le socialisme ;
> 4 Le keynésianisme ;
> 5 L'écosocialisme ;
> 6 L'institutionnalisme.

Le **néolibéralisme*** (depuis les années 1970, héritier du libéralisme né à la fin du XVIIIe) représente l'économique orthodoxe, face aux autres économiques concurrentes hétérodoxes. Il occupe la position politique la plus à droite, exaltant les valeurs idéologiques de la classe capitaliste et des élections libres. Basé sur la microéconomique*, la régulation de l'économie serait assurée par le laisser-faire* naturel des agents individuels, en libre concurrence, sans intervention de l'État. La répartition des revenus est réalisée dans l'harmonie sociale, via l'échange libre des biens sur les marchés. Les monétaristes considèrent que la monnaie est exogène. La masse monétaire devrait suivre le taux de croissance économique à long terme et le taux d'intérêt devrait être fixé par le marché.

Le **marxisme*** (depuis la fin du XIXe) occupe la position la plus à gauche, opposée au libéralisme. Il exalte les valeurs idéologiques de la classe prolétaire. L'économie serait régulée à travers la propriété publique des moyens de production, elle serait dirigée par un parti politique unique communiste et via un Plan centralisé. L'eurocommunisme se distança du modèle soviétique en s'appuyant sur une légitimité démocratique.

Le **socialisme*** (depuis le début du XXe) prend une position de centre-gauche, réformateur du marxisme. Il exalte les valeurs idéologiques des travailleurs. L'économie serait orientée vers un système mixte Marché/État, régulée par les syndicats et par l'intervention de l'État. L'État-providence corrigerait la répartition des revenus, gérerait la sécurité sociale et les entreprises publiques nationalisées.

Le **keynésianisme*** (à partir de 1936) occupe une position de centre-droit, réformateur du libéralisme. Basé sur la macroéconomique*, l'économie serait orientée vers un système mixte État/Marché, que la concurrence entre des groupes de pouvoir et l'État régule. L'intervention de l'État corrigerait le niveau d'emploi et la redistribution des revenus. Le néokeynésianisme s'intéresse aux fondements microéconomiques de la macroéconomie. Le postkeynésianisme propose une intervention de l'État pour toute inefficacité du marché. Face aux monétaristes, ils considèrent que la monnaie est une variable endogène, dont le taux d'intérêt peut faire l'objet d'une politique monétaire de relance économique.

L'**écosocialisme*** (à partir de 1990) occupe le centre-gauche, réformateur du socialisme. Il se base sur des valeurs de solidarité et de durabilité. L'économie mixte État/Marché devrait être régulée par les syndicats, la société civile (associations citoyennes) et l'État-providence, pour assurer à la fois, l'efficacité économique, la réduction de l'inégalité sociale et la protection de l'environnement naturel.

L'**institutionnalisme*** (depuis la fin du XIXe) est un courant méthodologique et interdisciplinaire. Il analyse le rôle des institutions léguées par l'histoire dans le fonctionnement de chaque économie réelle. Proche des institutionnalistes, on trouve une école d'économie expérimentale ou comportementale qui adopte une approche empirique des faits économiques.

La **période** de **1750 à 1780** vit l'essor du capitalisme* et la naissance de l'économique, avec l'école classique libérale, durant la Première Révolution industrielle. Adam Smith concevait une économie basée sur la division du travail, le libre-échange, le laisser-faire, la main invisible du marché et l'intérêt personnel. L'État était donc réduit à un rôle de gardien de la paix civile. David Ricardo développa la loi des rendements décroissants et une théorie de la rente foncière. Il établit également la loi des avantages comparatifs, qui justifie le libre-échange. Thomas R. Malthus étudia le rapport entre l'évolution démographique et l'évolution économique. Il expliqua que la pauvreté de la classe laborieuse provient de sa procréation exagérée et qu'elle est inéluctable. Aucun changement social plus égalitaire ne peut la corriger, parce que la croissance démographique est naturellement supérieure à la croissance des subsistances. Jean-Antoine Chaptal, chimiste et économiste (aujourd'hui peu connu), fut un précurseur de la théorie du libéralisme national et du protectionnisme éducateur, sous Napoléon.

La **période** de **1780 à 1900** vit les apports de l'école néoclassique marginaliste, la naissance du marxisme et les précurseurs de l'institutionnalisme. L'école marginaliste remplaça la théorie de la valeur-travail (utilisée par A. Smith et K. Marx) par celle de la valeur d'échange et se basa sur le calcul marginal. Le concept d'utilité marginale, développé par Carl Menger, William S. Jevons et Léon Walras, est l'utilité de la dernière unité d'un bien. Cette utilité baisse à mesure que croît la quantité consommée. Les théoriciens de l'équilibre général, Alfred Marshall, Léon Walras et Vilfredo Pareto construisirent une théorie mathématisée du laisser-faire, par approximation successive. Cette théorie aboutit à un modèle d'équilibre statique, sur la base de marchés en concurrence parfaite et des axiomes de l'Homo* Economicus. Pareto démontra que l'équilibre walrassien est un optimum* de production dans une société. Karl Marx et Friedrich Engels fondèrent l'économique marxiste, mais n'élaborèrent pas la théorie de l'économie planifiée. Thorstein Veblen fut un précurseur de l'institutionnalisme. Il étudia le comportement de consommation ostentatoire de la classe bourgeoise et souligna le rôle des institutions sur le comportement économique.

La **période** de **1900 à 1945** vit l'essor des économiques marxiste, socialiste et institutionnaliste, ainsi que la révolution keynésienne. Après la Révolution communiste de 1917, l'économique devint une branche fragmentée en économique marxiste et en économique libérale, au service de blocs isolés et dogmatiquement concurrents, l'Occident et l'URSS. L'économie des pays communistes poussa les économistes marxistes à trouver des théories inédites, pour remplacer le Marché par le Plan centralisé (comme celles de Viktor Novozhilov ou d'Oskar Lange). À la suite de la scission de l'Internationale communiste, le socialisme se développa par la voie des revendications syndicales ouvrières et par le respect des libertés politiques (Léon Blum). Des économistes socialistes, comme Adolph Wagner, établirent que la croissance économique s'accompagne d'un besoin croissant de services publics, qui augmentent la part de la dépense publique dans le PIB. L'école institutionnaliste connut d'importants apports, comme ceux de Joseph Schumpeter qui souligna la destruction créatrice des cycles économiques, propres au capitalisme et à l'innovation technologique discontinue. D'après lui, la concurrence imparfaite est meilleure que la concurrence parfaite pour le progrès technologique, parce que les grosses entreprises réalisent des investissements avec plus de certitude. Jean Fourastié étudia les rapports entre la productivité et le volume d'emploi dans une perspective historique. La révolution keynésienne (John Maynard Keynes) développa une économique interventionniste de l'État, s'appuyant sur un solide modèle macroéconomique, en réaction aux conséquences de la crise économique de 1929. Les grandes contributions de l'école libérale de cette période concernèrent la fonction de production (Paul Douglas, Charles Cobb) et la théorie monétaire (Knut Wicksell, Irving Fisher).

La **période** de **1945 à 1975** appliqua largement la macroéconomique keynésienne. Jusqu'au début du XXe, le cycle économique fut considéré comme une loi naturelle, que l'on gérerait à l'aide d'une autre loi naturelle, la loi de l'offre et de la demande faisant baisser les salaires. Keynes critiqua cette théorie de l'école néoclassique du laisser-faire et de la liberté du marché, considérant erronée la doctrine d'une tendance naturelle au plein-emploi. Il proposa une théorie d'intervention de l'État, portant sur les points clés suivants : le niveau de l'emploi est déterminé par les anticipations de la demande des entrepreneurs (pas par le marché du travail), le plein-emploi peut être freiné par la faiblesse d'investissements, le taux d'intérêt de la monnaie influence l'emploi et l'État doit compenser le marché pour atteindre le plein-emploi. La Seconde Guerre mondiale succédant à la crise de 1929, les *néokeynésiens* proposèrent un nouveau rôle à l'État d'après-guerre, un État-providence avec un système généralisé de sécurité sociale. Les grands néokeynésiens furent John Hicks (modèle macroéconomique, liant l'épargne à l'investissement et l'offre à la demande de monnaie) et Paul Samuelson (théorie mathématique macroéconomique de l'interaction de l'accélérateur de la demande et du multiplicateur d'investissement).

La **période** de **1975 à 2015** vit l'hégémonie de l'ENL américaine, en même temps que le recul des économiques socialiste, marxiste et keynésienne.
Cette hégémonie marqua évidemment une réaction à la crise économique des

Trente Honteuses, caractérisée par une stagflation, c'est-à-dire une inflation combinée avec la stagnation, provoquée par la politique keynésienne. La domination de l'ENL fut également le reflet des changements géopolitiques liés à la fin de la Guerre froide (1990). Cette période connut le recul des partis de gauche en Europe, qui glissèrent vers la droite (n'étant plus attirés vers l'extrême-gauche). Cette période vit enfin la naissance de l'écosocialisme, l'essor des partis verts et un grand développement de l'économique institutionnaliste. L'école néolibérale affirma son orthodoxie, basée sur la microéconomique, la liberté des marchés, la concurrence parfaite, l'équilibre général et la neutralité de la monnaie (Gérard Debreu, Kenneth Arrow, Milton Friedman). L'ENL stimula les privatisations des entreprises, la déréglementation des marchés et la diminution de l'impôt. Robert Lucas prolongea le concept d'Homo Economicus rationnel, par la théorie de l'anticipation rationnelle des acteurs. Les acteurs anticipent, selon lui, les évolutions d'un marché, à condition d'éviter toute politique macroéconomique, qui puisse affecter leur comportement par anticipation. Le domaine d'étude de la microéconomique néolibérale fut étendu vers le comportement électoral (James Buchanan et Gordon Tullock) ou vers des secteurs sociaux comme la famille ou le capital humain (Gary Becker). Robert Barro soutint que la démocratie entretient un lien ambigu avec la croissance économique. Parce que d'une part, elle apporte le marché libre et l'État de droit. Mais d'autre part, elle développe les libertés publiques, stimulant des politiques de redistribution de revenu, qui réduisent l'incitation à entreprendre. L'école socialiste dénonça l'explosion de l'inégalité du capital et du revenu (Thomas Piketty) ou le pouvoir économique concentré lié à la compétitivité internationale (Riccardo Petrella). Des postkeynésiens dénoncèrent les effets néfastes de la mondialisation* (Joseph Stiglitz) ou les imperfections de marché faisant dévier de l'optimum de Pareto (Gregory Mankiw). Du côté marxiste, l'implosion de l'URSS donna lieu à des analyses marxistes de ses dysfonctionnements (Mikhaïl Voslenski). D'autre part, la Chine en 1978, avec Deng Xiaoping, s'engagea dans une réforme économique réussie vers une économie socialiste de marché compétitive. L'urgence écologique provoqua l'apparition du nouveau paradigme de l'écosocialisme après 1990. Barry Commoner, Peter Dickens, montrèrent que les pollutions, la technologie et la consommation sont interdépendantes et dépendantes de variables économiques et sociales. Kate Raworth proposa un modèle économique durable intégrant des frontières écologiques et le respect des droits sociaux. John K. Galbraith, parmi les nombreux apports de l'école institutionnaliste, montra la fausseté de la théorie néolibérale du principe de souveraineté du consommateur et du rôle autorégulateur du marché dans l'économie réelle. Il développa également le concept de *technostructure*, pouvoir des détenteurs de capital et des politiciens, des cadres dirigeants et des experts économistes, soudés autour d'une théorie économique commune et participante à la décision finale. La technostructure peut être en opposition avec l'actionnariat ou la direction politique, mais en général collabore en modelant un environnement social en leur faveur. Oliver Williamson et Ronald Coase théorisèrent les coûts de transaction, concept contraire au postulat néolibéral de l'information parfaite en concurrence. Elinor Ostrom étudia les arrangements institutionnels pour gérer les biens communs, une alternative aux thèses néolibérales de création de droits individuels de propriété et aux thèses socialistes de la propriété publique. Nicholas Georgescu-Roentgen rapprocha l'économique et l'écologie en montrant les contradictions qui naissent d'une économique de la croissance infinie, face à l'équilibre des écosystèmes gouvernés par la thermodynamique. L'économique expérimentale (Esther Duflo) et l'économique comportementale (Daniel Kahneman, Richard Thaler) enrichirent l'étude empirique des comportements économiques notamment par l'apport de la psychologie.

En bref 6.2…
L'histoire des théories économiques distingue six paradigmes. Au centre-droit, le keynésianisme (l'État compense le marché) est en dissidence du néolibéralisme, le plus à droite (laisser-faire, marché). Au centre-gauche, le socialisme (l'État corrige l'inégalité, équilibre entre marché et entreprise publique) et l'écosocialisme (l'État harmonise le Marché, la Société et la Nature) sont en dissidence du marxisme, le plus à gauche (propriété publique des moyens de production, Plan central). Enfin, un sixième paradigme institutionnaliste prône une méthodologie pluridisciplinaire et notamment l'étude empirique des institutions et des comportements.
Le néolibéralisme s'oppose aux autres paradigmes sur la base de postulats : déni d'idéologie, non-intervention de l'État, élections libres, comportement rationnel de l'Homo Economicus, harmonie sociale par laisser-faire, propriété privée des moyens de production et main invisible du marché.

À suivre chapitre 6…
Il faudra se souvenir que les paradigmes de l'économique présentent des noyaux durs idéologisés et concurrents. On verra que l'ENL domine en Occident au XXIe, malgré ses lacunes épistémologiques, parce qu'elle est soutenue par une technostructure. Enfin on verra que l'étude des économies réelles, dans leur diversité géo-historique, présente des économies de nature mixte État/Marché, souvent intermédiaires entre les deux paradigmes extrêmes du Marxisme et du Néolibéralisme. Cette étude montre également les défis sociaux et environnementaux auxquels le XXIe est confronté que l'ENL ne peut pas rencontrer parce qu'elle est hostile à une économie durable.

Chapitre 7

DE LA VALIDITÉ DES THÉORIES ET DES MÉTHODES DANS LES SCIENCES SOCIALES

C'est dans les sciences sociales que le couplage
entre le phénomène observé et l'observateur
est le plus difficile à minimiser.

Norbert Wiener

L'épistémologie des sciences sociales est loin d'être aussi développée que celle des sciences naturelles. Sauf quelques épistémologues comme Karl Popper, ce sont surtout des spécialistes des sciences humaines et sociales, comme Jean Piaget, Claude Lévi-Strauss, Tony Lawson ou Max Weber, qui s'y sont intéressés. Les sciences sociales doivent éviter deux travers : le scientisme naïf, consistant à croire que l'on peut atteindre une rigueur scientifique analogue aux sciences naturelles et le scepticisme destructeur, niant la possibilité d'un discours scientifique dans les sciences sociales (Raymond Quivy).

La section 1 traite des différences entre les sciences naturelles et les sciences sociales. Nous étudions huit spécificités générales des sciences sociales.

Dans la section 2, nous analysons quelques problèmes épistémologiques propres à l'histoire et à la sociologie.

§1. Les spécificités des sciences sociales

Jean Fourastié distingua trois groupes de sciences empiriques : les sciences dans lesquelles l'expérimentation ou l'observation de phénomènes, stables et cohérents, dans le temps et l'espace, est possible (par exemple, la physique classique) ; les sciences dans lesquelles seule l'observation de phénomènes, stables et cohérents, dans le temps et l'espace, est possible (par exemple, l'astronomie) ; les sciences pour lesquelles l'observation ne révèle que rarement l'existence de réalités rigoureusement identiques à elles-mêmes, cohérentes dans le temps et l'espace (par exemple, la sociologie*). Comme le dit Guillaume Wunsch, les spécificités des sciences sociales tiennent surtout au type de phénomène étudié : « les faits humains s'inscrivent dans l'histoire et dépendent fortement de l'époque et du lieu ». Les phénomènes sociaux sont également peu prédictibles, ils présentent une causalité complexe et une structure globale. Ils sont instables à la mesure, présentent des comportements basés sur des valeurs et ne se prêtent qu'à l'observation, quasi jamais à l'expérimentation.

Les spécificités des sciences sociales peuvent être rassemblées en huit thèmes.

Les spécificités des sciences sociales :
1 L'objectivité versus la subjectivité (rapport aux valeurs du sujet chercheur) ;
2 La dépendance philosophique/idéologique (noyau dur de leurs théories) ;
3 L'explication versus la compréhension des faits (cause versus signification) ;
4 La causalité versus la diversité géo-historique (causalité non prédictive versus aspect historique) ;
5 La mathématisation des variables (modélisation de variables difficiles à mesurer) ;
6 La pluridisciplinarité ;
7 La forme du discours (type d'argumentation) ;
8 La performativité sur le réel.

Première spécificité : objectivité/subjectivité. On dira qu'un objet d'étude doit être traité avec objectivité et que le sujet chercheur doit se décentrer de l'objet d'étude. Ainsi Emmanuel Kant sépare du point de vue méthodologie, les sciences naturelles et les sciences humaines, sur la base du statut de l'homme comme objet versus sujet d'étude. La subjectivité du chercheur peut se manifester à travers le jugement de valeur porté par le chercheur sur le comportement de ceux qu'il étudie. Or, le chercheur des sciences sociales, sauf en ethnologie et en linguistique, n'est pas *décentré* par rapport à son objet d'étude, c'est-à-dire la société dans laquelle il vit. Au plus l'objet d'étude est proche de l'existence personnelle du sujet chercheur, au plus il y a un risque de subjectivité. L'objectivité exige la neutralité axiologique, en séparant le jugement de valeur, « ce qui doit être » et le jugement de faits, « ce qui est » (Max Weber). Prétendre se dégager de toute philosophie* et de toute idéologie* dans une science sociale, est irréaliste. Parce que les comportements sociaux et les décisions de politique économique sont guidés par des valeurs. Par conséquent, le chercheur doit expliciter le *rapport aux valeurs* de sa théorie, en identifiant sa position vis-à-vis des objets d'observation. Pour Amartya Sen, l'objectivité est positionnelle, elle n'est pas uniquement l'observation neutre interpersonnelle. L'objectivité positionnelle reflète le relativisme culturel et la notion d'illusion objective. Par exemple, les schémas coutumiers peuvent engendrer une tendance à ne pas observer les discriminations sexuelles, en considérant légitimes certaines privations des femmes par rapport aux hommes. Karl Marx utilisa la notion d'illusion objective pour dénoncer la forme extérieure des choses, comme dans la notion de fétichisme de la marchandise : l'échange de marchandises donne l'illusion qu'il n'y a pas de rapports sociaux derrière cet échange. L'objectivité peut s'atteindre, en présentant des théories idéologiques opposées, rattachées à des rapports aux valeurs différents, pour obtenir une théorie d'ensemble neutre.

Seconde spécificité : philosophique/idéologique. Une théorie valide des sciences sociales est fondée sur un *noyau dur* théorique irréfutable, entouré d'hypothèses réfutables, qui sont liées au noyau dur. Elles sont validées à l'aide d'observations de phénomènes, qui corroborent ces hypothèses théoriques. Le noyau dur se base généralement sur des postulats philosophiques ou idéologiques, concernant l'homme et la société, qui génèrent des concepts scientifiques, à travers lesquels le réel est observé comme phénomène. Ainsi, les sciences sociales adoptent généralement une théorie philosophique holistique du « tout supérieur aux parties avec une organisation hiérarchique par niveau ». Par contre l'ENL s'appuie sur une théorie philosophique atomistique « le tout n'est que la somme des parties ». Des postulats idéologiques sont également à la base du noyau dur des théories des sciences sociales, comme dans l'économique (néo)libérale, marxiste, socialiste, keynésienne ou écosocialiste.

Troisième spécificité : explication/compréhension. L'approche générale des sciences sociales consiste à se situer par rapport à l'opposition entre l'*explication* des faits (la causalité) et la *compréhension* des faits (la signification). Un facteur est cause d'un phénomène s'il modifie ce phénomène, « toutes autres variables demeurant constantes ». Clause difficile à respecter en sciences sociales, parce que l'on ne peut pas isoler les effets de variables multiples. Pour Max Weber, l'explication est une approche typique des sciences naturelles, elle exprime des relations causales et mathématiques entre variables. Par contre, la compréhension est une approche des sciences sociales, elle exprime le vécu et les motifs des faits humains. Autrement dit, les faits naturels sont expliqués à travers l'expérimentation, les faits humains sont compris à travers la conscience. Selon Philippe Van Parijs, il faut dépasser l'opposition entre la causalité (déterminisme) et la liberté (intention). En effet, les croyances, qui expliquent l'intention des acteurs, sont produites causalement. Et la liberté des acteurs n'est pas totale, mais elle introduit des perturbations dans les relations causales. Les théories causales se basent sur la force subie par l'acteur, les théories d'interactions se basent sur la force consciente de l'acteur.

Quatrième spécificité : causalité/diversité géo-historique. On ne peut pas fixer de lois prédictives causales universelles en sciences sociales. Parce que la société est un objet d'étude, qui dépend du degré de liberté des acteurs, qui présente des variables instables et qui présente une histoire & un permanent devenir. Donc, le critère de réfutabilité* poppérien comme critère de validité des sciences sociales ne peut généralement pas porter sur la prédiction, à partir de lois déterministes. La prédiction doit être limitée à une prospective* locale et à court terme, qui tienne compte de la diversité géo-historique des contextes. Entre la sociologie abstraite et l'histoire évènementielle, les sciences sociales doivent distinguer une causalité sociologique (une relation non nécessaire, régulière entre des faits) et une causalité historique (des circonstances uniques pouvant provoquer un évènement). Et les phénomènes sociaux se présentent dans des sociétés ayant des institutions communes, mais avec une forte diversité géo-historique.

Cinquième spécificité : mathématisation des variables. La difficulté de la mesure, de la variabilité des phénomènes et de la complexité des relations entre les variables, entraîne la difficulté de modélisation et de mathématisation des variables. Les sciences sociales de plus, présentent une quasi-impossibilité d'expérimentation. L'économique est relativement favorisée par la valorisation en unités de mesure monétaires, d'une partie des phénomènes qu'elle étudie. Cependant, le nombre élevé de conditions initiales à fixer, la présence d'interactions non linéaires et de bifurcations historiques irréversibles*, sont des obstacles à l'utilisation de modèles mathématiques et prédictifs, en sociologie et en économique. Les économistes orthodoxes mathématisent leurs théories, en postulant le comportement rationnel de l'Homo Economicus*, parce qu'ils pensent que sans modélisation mathématique, on peut difficilement aller au-delà du simple constat statistique ou prouver certaines hypothèses. Toutefois, d'autres économistes et sociologues refusent ce postulat de l'Homo Economicus. Il permet, certes, de facilement modéliser l'économique, mais qui simplifie trop les motivations réelles des individus. La mathématisation est donc, selon eux, un habillage ne permettant qu'une valorisation scientifique de la matière.

Sixième spécificité : pluridisciplinarité. La pluridisciplinarité des sciences sociales est confrontée à une opposition entre des sciences sociales autonomes, étudiant des aspects séparés d'une même réalité sociale fonctionnant de façon globale. Autrement dit, l'économique occupe dans la classification des sciences sociales, une position autonome, en se limitant aux faits économiques, alors que les faits sociaux (dont les faits économiques font partie) forment une globalité. La sociologie revendique d'ailleurs l'étude de ce tout, pour occuper une position centrale dans les sciences sociales. La sociologie et l'ethnologie sont fortement pluridisciplinaires. Au contraire, l'ENL est fortement résistante à l'interdisciplinarité.

Septième spécificité : forme du discours. Les sciences sociales exigent une forme d'argumentation logique, intermédiaire entre le discours de la logique des lois nécessaires et le discours de la persuasion idéologique, dit Chaïm Perelman. Et cette argumentation porte sur des propositions réfutables, ce ne sont pas des propositions de logique pure (sans lien avec le réel) ou des propositions de pure philosophie ou des propositions de pure idéologie (non observables).

Huitième spécificité : performativité* sur la société. Les sciences sociales sont susceptibles de performer, c'est-à-dire que leurs théories peuvent formater, influencer la réalité. Elles peuvent contribuer à la construction de la réalité future qu'elles décrivent, plutôt que d'observer son fonctionnement (Robert K. Merton). Parce que le monde social est en devenir permanent et parce que la science sociale peut être appliquée par le pouvoir politique. Cette performativité introduit une forme de subjectivité, d'après André Orléan, parce que dans ces théories, le seul point de vue de la norme est considéré comme valide et que cette norme est appuyée sur un jugement de valeur.

Dans la section 2, nous étudions quelques problèmes épistémologiques spécifiques de l'histoire et de la sociologie.

En bref 7.1…
Le réel social est peu prédictif, il est soumis à l'histoire et aux valeurs (le réel naturel est prédictif, anhistorique et exempt de valeurs). Les spécificités des sciences sociales portent sur huit thèmes.
La difficulté d'objectivité (rapport aux valeurs du sujet chercheur), le noyau dur philosophique/idéologique, l'opposition entre explication et signification des faits, la causalité non prédictive liée au caractère géo-historique des faits, la difficile mathématisation de variables à relations complexes, la difficile pluridisciplinarité liée à des sciences autonomes face au réel global, le type d'argumentation et la performativité qui formatent le réel au lieu de l'observer.

§2. Quelques problèmes épistémologiques de l'histoire et de la sociologie

Le critère de réfutabilité de Karl Popper est d'application difficile dans les sciences sociales, parce que ce critère entraîne le rejet d'une théorie basée sur la pure observation de faits empiriques. Pour la même raison, elle rejette des théories basées sur de purs faits historiques. La réfutabilité exige une théorie générale, ce que ne serait ni l'étude des faits empiriques ni celle des faits historiques particuliers. C'est pourquoi, pour éviter ce problème, il proposa de construire une théorie sur ce qu'il appela une *analyse de situation*, comme la situation d'acteurs rationnels de l'Homo* Economicus en économique. Cette situation pourrait, dit-il, jouer un rôle comparable aux conditions initiales en physique. Norbert Elias dénonça l'intransigeance de Popper dictant ce que la science doit être, en imposant le modèle de la physique. Il dit avec humour : « tout se passe comme si… on voulait élaborer un modèle des propriétés communes aux mammifères sur le seul fondement de notre connaissance des lions, parce que ces derniers correspondent au mieux à notre idéal du mammifère, ou que leur prestige et leur statut en tant que mammifère seraient plus élevés » ! Contre Popper, Max Weber déclara que la recherche causale dans les sciences sociales, peut s'appuyer sur l'histoire. En effet, il associa les circonstances uniques de la causalité historique à la régularité de faits de la causalité sociologique. Il évita ainsi la contradiction entre la description d'un passé déterminé et celle d'un futur indéterminé. En effet, Raymond Aron, avec humour commentait : « la tendance des historiens est de considérer le passé comme fatal et l'avenir comme indéterminé ! » Jean-Claude Passeron, également opposé à Popper, proposa d'avoir recours à une méthode comparative (comme celle de Max Weber) pour analyser les différences entre les situations géo-historiques. On peut de cette façon, énoncer des lois générales, mais qui ne sont ni universelles, ni prédictives.

Les principaux problèmes spécifiques de l'histoire sont liés à l'objectivité. Raymond Aron expliquait que la notion d'objectivité scientifique en histoire s'applique sans difficulté en ce qui concerne l'établissement des faits et la critique des textes. Mais par contre, dans le discours de synthèse, la notion d'objectivité, de neutralité ou d'impartialité, est problématique, parce que ce discours est sensible aux préférences et aux valeurs individuelles de l'historien. Et comme il n'est pas possible d'entrer dans les consciences des acteurs du passé, on ne peut pas revivre objectivement l'événement humain passé. Et cela, même si l'historien a la volonté de produire un discours de validité scientifique. Il lui est, en effet, impossible d'échapper à une pluralité de systèmes d'interprétation de l'histoire (une pluralité d'historiographies*). C'est ainsi que Jacques Le Goff, parlant de sa biographie de Saint-Louis, disait : « Je crois que le métier d'historien est un métier de vérité, qui met en œuvre des méthodes scientifiques, c'est-à-dire démontrables et vérifiables. Je ne suis pourtant ni assez naïf ni assez vaniteux pour croire que *mon* saint Louis est le *vrai* saint Louis ». Ian Kershaw confirmait ce point : « de manière générale, on peut douter qu'il existe des critères objectifs fondés sur une prétendue neutralité de l'historien. Celui-ci opère une sélection sur la base de choix nécessairement subjectifs. Ses seuls garde-fous sont une méthode critique rigoureuse et la pleine reconnaissance des facteurs subjectifs qui déterminent son évaluation des résultats ». Cependant, la volonté d'objectivité de l'historien est loin d'être toujours présente. Comme le disait Raymond Aron, « chaque époque se choisit un passé en puisant dans l'histoire, en lui donnant un autre avenir et en lui rendant une autre signification ».

La sociologie revendiqua largement une méthode historique et une approche holiste globale. Elle s'opposa à la méthode de l'économique libérale, qui revendiqua une méthode hypothético-déductive et atomistique (conforme à Popper). Les problèmes épistémologiques majeurs de la sociologie sont liés à l'échelle de l'objet d'étude. Alors qu'une étude trop générale sera trop théorique et trop peu empirique. Au contraire, une étude trop spécifique sera trop descriptive et donc trop peu réfutable. Autrement dit, les niveaux extrêmes d'échelle d'étude influencent la réfutabilité. En effet, sachant qu'une hypothèse scientifique doit être suffisamment générale, on dira qu'une hypothèse très locale et sur une très courte durée, est proche d'un fait historique et donc peu réfutable. De même, on dira qu'une théorie trop générale ne permet pas d'être prédictive et validée par l'observation (voire l'expérimentation) et est donc également peu réfutable. Le discours de la sociologie doit, par conséquent, être intermédiaire entre la causalité sociologique réversible et la causalité historique irréversible.

C'est Robert K. Merton qui découvrit un autre problème épistémologique de la sociologie, c'est sa propriété non pas d'expliquer des faits mais de les performer. Il proposa le concept de prophétie autoréalisatrice (*self-fulfilling prophecy*) pour expliquer l'effet d'une théorie des sciences sociales sur des agents. Parce que l'acteur se conforme à une théorie de la sociologie ou de l'économique, le théoricien en conclut que cette théorie représente la réalité. Comme le dit Donald MacKenzie, les concepts de prophétie et de prescription sont applicables à certaines sciences sociales comme la sociologie et l'économique, parce qu'elles étudient les actions d'êtres humains dépendants de croyances et de significations.

En bref 7.2…
La recherche causale dans les sciences sociales doit éviter la contradiction entre la description d'un passé déterminé et celle d'un futur indéterminé. En effet, il faut distinguer d'une part, une causalité historique. Des circonstances uniques pouvant provoquer un évènement. D'autre part, une relation régulière entre des faits reliés à une causalité sociologique.
Même si l'historien a la volonté de produire un discours de validité, il lui est impossible d'échapper à une pluralité d'interprétations de l'histoire.
Les problèmes épistémologiques majeurs de la sociologie sont liés à l'échelle de l'objet d'étude. Une étude trop générale sera trop théorique et peu réfutable. Au contraire, une étude trop spécifique sera trop descriptive, trop historique et également peu réfutable. La sociologie et l'économique peuvent produire des théories qui performent le comportement au lieu de le décrire. Parce que l'acteur se conforme à une théorie, le théoricien en conclut que la théorie représente la réalité.

À suivre chapitre 7…
Il faudra se souvenir des spécificités des sciences sociales lorsque nous traitons de l'épistémologie de l'ENL. En particulier, du rapport aux valeurs du sujet chercheur, des comportements économiques basés sur des valeurs, du noyau idéologique de la théorie, de la globalité du phénomène social, de la différence entre l'explication et la signification des faits, de la causalité non prédictive des lois économiques, de la diversité géo-historique des institutions économiques, du choix du type de mathématiques, de la variabilité des phénomènes et de la performativité de l'ENL sur l'économie réelle.

Chapitre 8

LES RELATIONS ENTRE LES POUVOIRS ET LES SCIENCES SOCIALES

> Alors que la fourmi se comporte comme un idiot individualisé et un génie collectif, l'homme-cigale apparaît comme un génie individuel et un idiot collectif.
>
> Joël de Rosnay
>
> La science doit perdre son respect pour la science.
>
> Edgar Morin

La sociologie et l'économique ont un objet d'étude en devenir, elles peuvent servir de conseil au pouvoir politique et performer le devenir sociétal. Ainsi une science sociale appliquée peut se transformer en morale, qui fixe des fins et des règles d'action. Et la sociologie peut être conservatrice, révolutionnaire ou réformatrice, tout comme les économiques qui peuvent être néolibérale, marxiste ou socialiste, chacune prosélyte de leur idéologie.

La section 1 étudie le lien entre les sciences sociales et les pouvoirs. Les sciences sociales sont influencées par des pouvoirs, à la fois durant le contexte de la recherche et durant celui de la validation des théories. Et la sociologie et l'économique, lorsqu'elles servent de conseil au pouvoir politique, peuvent devenir des savoirs appliqués soumis aux pouvoirs.

Dans la section 2, nous abordons une histoire sociale des sciences, montrant l'interpénétration de la science, de l'économie et de la politique.

La section 3 traite de la domination idéologique du libéralisme sur la société, qui assure une continuité au système capitaliste. Le système économique des sociétés capitalistes offre une vie aisée à un nombre élevé de personnes, mais sans éviter la pauvreté d'une grande partie de la population et de plus, stimule les dégradations environnementales.

§1. Les sciences sociales dans les champs des pouvoirs

Les sciences naturelles pures ne sont pas a posteriori affectées par des facteurs sociaux, parce qu'elles traitent d'un objet d'étude stable et étranger à des valeurs (Chapitre 4). Dans les sciences sociales, non seulement le contexte de la recherche est sous l'influence de pouvoirs politique et économique, mais de plus, la validation a posteriori du contenu de ces sciences l'est également. Ce qui nuit évidemment à l'atteinte de résultats scientifiques valides. Dans une situation de professionnalisation des savants, au sein d'Universités routinières et bureaucratisées, le conservatisme rend l'innovation scientifique plus difficile, selon Norbert Elias. Les rapports de pouvoir au sein de ces établissements et entre eux sont inégaux, basés sur la coopération et la concurrence. Les facultés de sciences comme la physique ou les mathématiques ont un rang supérieur à d'autres facultés. Et dans la faculté d'économique, l'ENL domine l'économique hétérodoxe. De plus, lorsque la sociologie et l'économique conseillent les pouvoirs politique et économique, elles peuvent performer et façonner la société. Jacques Rueff fit remarquer qu'en économique, nous sommes nous-mêmes, un des éléments qui concourent à réaliser les apparences sociales, dont on essaie de prévoir la succession. Parce que l'acteur se conforme à une théorie, le théoricien en conclut que la théorie représente la réalité. Une théorie peut modifier le comportement social réel. Ainsi, on constata que rétribuer le don de sang provoque l'abandon des donneurs gratuits. La théorie selon laquelle les individus donnent du sang pour gagner de l'argent finit par performer, en écartant les donneurs fonctionnant selon la théorie du don ! Autre théorie modifiant le comportement économique réel : le libre-échange, ouvrant un marché national aux produits internationaux, fait diminuer la consommation de produits locaux. Par conséquent, parce que la société (passée et future) est l'objet d'étude de la science sociale, le savoir est fragilisé par une confusion entre la description et la prescription, lorsqu'une théorie de science sociale performe.

Les applications de la psychologie, de la sociologie et de l'économique d'entreprise au domaine de la gestion d'entreprise, sont nombreuses, dans le recrutement du personnel, dans la formation du personnel et dans le marketing*. D'autre part, l'économique néolibérale appliquée (anciennement appelée économie politique) sert couramment de conseil aux décideurs politiques. L'affirmation de neutralité propre à une théorie scientifique sert de garantie supposée de qualité de ce conseil. Cette neutralité est souvent revendiquée en économétrie*, pour donner l'illusion d'une science mathématique élaborée dans sa tour d'ivoire. Ainsi l'ENL donne l'illusion de ne conseiller que les moyens, de façon scientifiquement neutre, et de laisser au politique le choix des objectifs économiques. En réalité, l'ENL est une activité sociale qui fonctionne à travers une technostructure*, dit John Kenneth Galbraith, liant le pouvoir politique, les lobbys* des entreprises et les spécialistes économiques. Par conséquent, elle influence à la fois le choix des objectifs et des moyens économiques, en liant fortement le secteur privé et le secteur public. Joseph Stiglitz montra le rôle central joué dans le problème de l'inégalité, par le lien entre le politique et l'économie. L'inégalité mine l'économie nationale, dit-il, parce qu'elle diminue les chances d'ascension sociale et provoque le manque de confiance du citoyen dans le système politique-économique. Angus Deaton montra de son côté que la classe riche peut bénéficier d'une meilleure attention politique, de meilleurs soins de santé et d'éducation, que la classe pauvre. Le progrès matériel provoque à la fois de la croissance et de l'inégalité, parce que le pouvoir politique laisse confisquer par une minorité riche, la croissance bénéfique pour la masse.

De même que pour l'économiste, lorsqu'on demande au sociologue de s'occuper de problèmes sociaux, il devient conseiller du pouvoir politique et interprète son conseil en fonction de valeurs voulues par le pouvoir commanditaire. Par conséquent, les sciences sociales appliquées sont orientées vers le résultat pratique, plutôt que vers la rigueur scientifique. Et les sciences sociales appliquées produisent des discours de validité relative, qui se construisent sur un *rapport de pouvoir*. Ce que certains chercheurs construisent dans des articles scientifiques, d'autres peuvent le déconstruire. Comme le disait Bruno Latour : « les sciences ne parlent pas du monde, mais en construisent artificiellement des représentations ».

De plus, le programme d'enseignement des sciences sociales fait l'objet d'enjeux entre le pouvoir politique et divers groupes de pression, venant des enseignants et du patronat, comme le montra Pascal Combemale. La stratégie utilisée par le monde des entreprises pour infléchir la politique de l'enseignement selon ses vues fait appel à la presse, au sondage et au politique. Elle débute par une offensive via la presse, contre le contenu des manuels scolaires. Ensuite, à l'aide de quelques sondages pour rassembler des avis, elle valide son point de vue. Enfin, elle demande une commission politique pour changer le programme. Ainsi au niveau de l'enseignement du lycée en France, les cours de sciences sociales et économiques furent réformés en 2010 (sous la présidence de Nicolas Sarkozy). La réforme visait un objectif idéologique, former les jeunes à l'économique dominante d'aujourd'hui. C'était changer d'objectif par rapport à la direction prise depuis les années 60, qui visait à développer chez les étudiants une perspective critique face aux réalités sociales. Le nouveau programme d'enseignement de l'économique privilégie l'acquisition d'une théorie toute faite, plutôt qu'un questionnement scientifique sur les rapports aux valeurs de diverses représentations sociales. L'enseignement est en effet pour l'ENL, un instrument de socialisation et de continuité du système.

C'est pour réagir à cette dérive, face à la domination de l'économique orthodoxe à l'Université, que des mouvements d'étudiants et d'enseignants apparurent. Des forums universitaires, comme le *Forum civique Créatopia* 1996, animé par Jean Philippe Cornélis et qui souligne les valeurs d'humanisme et d'altruisme face aux valeurs utilitaristes. Également déjà depuis les années 1980, la revue *Alternatives économiques* défend l'hétérodoxie. Et bien sûr, le *mouvement ATTAC* (Association pour la taxation des transactions financières et pour l'aide aux citoyens) créé en 1998 (notamment avec Jean Gadrey, René Passet). Des mouvements comme

Autisme-Économie 2000, *Les Économistes atterrés 2011*, *Econosphères*, *Rethinking economics* ou *PEPS-Économie 2011*, font pression sur le pouvoir politique. Ils revendiquent une économique avec davantage de pluridisciplinarité, de pluralisme* et de réflexion pratique face aux crises. S'y ajoutent les conférences critiques d'experts comme ceux d'Inès Trépant concernant la politique UE sur la biodiversité ou la politique belge 25 ans après la déclaration de Rio de Philippe Defeyt. Enfin, citons la *campagne Tam Tam 2018* en Belgique, un collectif d'experts (comme Pascale Vielle), de 72 associations de citoyens, visant à sensibiliser aux dégâts sociaux de la politique néolibérale menée par le gouvernement fédéral. L'opinion publique appuie certainement ce point de vue puisqu'une enquête de 2010, posant la question « la libre entreprise et l'économie de marché sont le meilleur système pour le futur » ne donne en France que 31 % de votes favorables, aux États-Unis 59 % et en Allemagne 68 % (Nicolas Eber).
La section 2 étudie le mythe de la science sociale incontestable. Parce que certains discours médiatisés interpénètrent de façon cohérente la science économique, l'économie et le pouvoir politique.

En bref 8.1…
Des pouvoirs influencent tant le contexte de la recherche que celui de la validation du résultat final des sciences sociales. Les sciences peuvent être sous l'influence du pouvoir politique et à son tour, performer la société en devenir. Lorsqu'on demande à l'économiste de s'occuper de problèmes économiques ou au sociologue de s'occuper de problèmes sociaux, il devient conseiller du pouvoir politique et interprète son conseil en fonction de valeurs voulues par le commanditaire.
La science sociale est un discours qui se construit sur un rapport de pouvoir. La technostructure, c'est-à-dire le lien entre le pouvoir politique, le pouvoir des entreprises et les spécialistes économiques, lie fortement le secteur privé et le secteur public.
Le programme d'enseignement des sciences sociales fait l'objet d'enjeux entre le pouvoir politique et des groupes de pression, venant d'enseignants et du patronat. Parce que l'enseignement est un instrument de socialisation et de continuité du système capitaliste. Face à la domination de l'ENL à l'université, des mouvements d'enseignants et d'étudiants revendiquent une économique avec davantage de pluridisciplinarité, de pluralisme et de réflexion pratique face aux crises.

§2. Science, économie et politique, la médiatisation du mythe de la science incontestable

Certains concepts des sciences sociales acquirent un statut de vérité incontestable et de nature mythique*. Ainsi, pour la plupart des citoyens (économistes ou pas), l'efficacité du marché en laisser-faire* ou celle du libre-échange, sont des vérités absolues qu'aucune critique sérieuse ne pourrait atteindre. La représentation sociale du fonctionnement bureaucratique de l'État, opposée au dynamisme de l'entreprise privée, constitue une version de ce mythe. Mariana Mazzucato montra cependant la fausseté de ce mythe. En effet, dans plusieurs technologies de pointe, comme l'écran tactile ou le réseau internet, le secteur privé n'a investi qu'après la haute prise de risque des frais de recherche fondamentale et appliquée de l'État. Ce mythe de l'État inefficace et du dynamisme de l'innovation privée, dit-elle, permet de justifier la socialisation des coûts de recherche publique et la privatisation des bénéfices des entreprises privées. Il s'accorde en théorie avec l'ENL, qui ne concède à l'État qu'un rôle de gardien ou de correcteur du marché. Alors qu'en réalité, l'État peut être créateur de marché par l'innovation.

Pour un média, dire qu'une pratique est scientifique, veut dire qu'elle est basée sur un critère incontestable. Les lois du marché sont souvent utilisées comme une imposture intellectuelle, au nom de la science, par des économistes abusant de leur autorité d'experts. En effet, la perception sociale du statut de la science peut donner du pouvoir aux scientifiques. Parce que pour de nombreuses personnes, la science est une structure neutre. Elle contiendrait des connaissances positives, indépendantes de la culture, de l'idéologie ou des préjugés. Paul Feyerabend dénonça avec fougue cette conception faussée de la science. Les grands pontes, les Prix Nobel, dit-il, l'utilisent pour se protéger des masses de profanes, « c'est ainsi que les scientifiques se sont abusés, et ont abusé tout le monde sur leur métier, mais sans y perdre aucun avantage ». Au XXIe, la croyance dans les textes sacrés est remplacée par la croyance dans les théories scientifiques !

Bruno Latour proposa d'analyser l'interpénétration entre la science, l'économie et la politique, par une *histoire sociale* des sciences. Il montra que la théorie scientifique, les intérêts économiques et les valeurs politiques peuvent être traduits dans un langage les rendant compatibles entre eux et rendu intelligible pour tous les citoyens dans les médias. Autrement dit, le langage médiatique rend compatibles, à la fois, les valeurs idéologiques du champ politique, les intérêts économiques des entreprises et des éléments scientifiques du champ académique. Il l'expliqua à l'aide d'une remarquable étude de cas, le projet de 1939 de fission de l'uranium. Projet français associant le physicien Frédéric Joliot, au ministre de l'Armement Raoul Dautry et à l'entreprise privée Union Minière. La médiatisation de ce projet dans un langage commun unissait un objet d'étude scientifique (objectif physique), avec un objectif de politique militaire et avec les intérêts économiques (volontairement gardés discrets) d'une entreprise privée. L'histoire sociale de ce projet permet de voir les influences réciproques, que ne permet pas de voir son étude séparée par l'histoire politique, l'histoire économique et l'histoire des sciences.

L'*histoire sociale* du projet de Traité TTIP* de 2013, portant sur le libre-échange, montre un même type de lien entre les conseillers économiques, le pouvoir exécutif de l'UE (objectif économique), s'exprimant dans le champ médiatique et le lobby du syndicat des entreprises privées (volontairement discret). Les médias communiquèrent dans un langage, alliant le discours scientifique de l'ENL aux intérêts économiques des multinationales, agissant via leurs lobbies et à la politique de l'Union européenne. Cette technostructure* médiatisait le mythe néolibéral du libre-échange. Bruno Poncelet montra, à la lecture du projet, qu'il visait à la création d'un espace juridique favorable aux intérêts des multinationales. En effet, celles-ci cherchent à pouvoir fonctionner en toute liberté, même sur les marchés publics nationaux, en pouvant recourir en cas de différend, à un arbitrage international pour s'opposer à un État. Autrement dit, la médiatisation de ce projet de traité abuse d'une référence à une théorie scientifique du libre-échange en général, pour proposer un contenu d'accord particulier, en faveur d'intérêts économiques propres aux multinationales, mais au détriment du pouvoir démocratique politique des États membres de l'UE. Ce même type de lecture s'applique aux sommets pour la protection environnementale, qui peuvent difficilement éviter d'adopter un principe de précaution, en se basant sur l'opinion scientifique majoritaire (le paradigme dominant), dit Claude Allègre. Il y a danger de rechercher un consensus établissant à tout prix une vérité officielle, parce qu'une procédure de vote par des politiques, appuyés sur des données de scientifiques ambitieux et influencés par des lobbys privés, est antiscientifique (la validité scientifique ne relève pas de la démocratie politique).

En conclusion, on peut dire que la notion de lois économiques peut être utilisée comme une imposture intellectuelle, au nom de la science déclarée incontestable par des économistes abusant de leur autorité d'experts. L'économique n'est pas uniquement l'étude des échanges. Mais aussi l'étude des rapports de force dans une économie, entre les pouvoirs politiques, les syndicats, les lobbies de défense de l'environnement, les lobbies des entreprises et les facultés universitaires.
Dans la section 3, nous analysons les principales raisons de la continuité idéologique du libéralisme dans la société occidentale.

En bref 8.2…

Certains concepts de l'ENL ont un statut de vérité incontestable et de nature mythique. Le fonctionnement bureaucratique de l'État, opposé au dynamisme de l'entreprise privée, est un mythe dont on démontra la fausseté. Pour un média, dire qu'une pratique est scientifique, veut dire qu'elle est basée sur un critère incontestable. C'est pourquoi les économistes, abusant de leur autorité d'experts, utilisent l'argument scientifique comme une imposture intellectuelle.
L'histoire sociale des sciences montre que l'interpénétration entre la science, l'économie et la politique dans un discours médiatisé, rend compatibles les valeurs idéologiques, les intérêts économiques et la théorie

scientifique. Le Traité TTIP de 2013, portant sur le libre-échange, montre un lien entre les conseillers économiques, le pouvoir exécutif de l'UE, s'exprimant dans le champ médiatique et le lobby du syndicat des multinationales. L'économique n'est pas uniquement l'étude des échanges, mais aussi l'étude des rapports de force dans une économie, entre les pouvoirs politiques, les syndicats, les lobbies et les facultés universitaires.

§3. La continuité et la domination idéologique du libéralisme sur la société

La société capitaliste manifeste un retard des sciences sociales, par rapport aux sciences naturelles. Ce retard se traduit par un retard de l'éthique sociale et de l'éthique écologique, par rapport à la technique de production. Herbert Marcuse expliqua que les conquêtes technologiques ont, théoriquement et socialement, rendu possible l'affranchissement des besoins de base du peuple dans les sociétés industrielles avancées. Mais en réalité, dit-il, cette société d'abondance n'éradique pas la pauvreté, alors même qu'elle finance un énorme budget d'armes militaires destructrices. Le système capitaliste génère un gaspillage par une création de nouveaux besoins, nécessaires à sa reproduction, à travers la publicité. Konrad Lorenz donna une explication éthologique* des raisons probables de ce retard. En effet, l'étude des relations *intra espèce* (chez les hommes comme chez les primates) montre que le comportement orienté vers l'environnement extérieur à l'espèce est facile à modifier. Mais au contraire, le comportement orienté vers le congénère de même espèce, est fortement inné et donc difficile à modifier. Ce qui explique que l'homme jouit d'une technologie remarquable, mais d'une lamentable ingénierie sociale. En effet, le système économique des sociétés industrialisées offre une vie plus aisée à un nombre élevé de personnes. Et cette perception d'une rationalité technologique le met à l'abri de critiques massives, assurant la continuité de l'idéologie libérale. Néanmoins, l'irrationalité sociale de la rationalité technologique s'illustre par l'extension des conflits militaires, les dégradations environnementales et la persistance de la pauvreté. La gestion de la technique moderne demande une éthique sociale de la responsabilité, parce que la soumission de la nature constitue une menace. Comme le dit Hans Jonas, l'enjeu est de « préserver pour l'homme l'intégrité de son monde et de son essence contre les abus de son pouvoir ».

La domination de l'idéologie capitaliste est continue dans l'Occident du XVIIIe au XXIe, grâce à sa capacité de s'adapter à différents contextes. La bourgeoisie s'adapta aux mouvements socialistes de contestation, en concédant des droits du travail, des droits syndicaux et la sécurité sociale aux travailleurs. Elle le fit dès le début du XXe, pour autant que la légalité protège l'ordre économique établi. Et ce, contre les menaces à la propriété privée du communisme. Et le libéralisme adapta également son message politique, mais conserva intact son noyau dur idéologique. Ainsi, les campagnes électorales, après les années 1970, diluèrent le concept de lutte des classes, en ciblant un électorat large et flou de classe moyenne. Dans ces campagnes, tant le riche rentier, le boulanger indépendant, le délégué commercial que le petit cadre d'entreprise, se retrouvent dans la classe moyenne, symbole de richesse. D'après Adam Smith, la raison pour laquelle l'idéologie libérale se propagea vers la petite bourgeoisie, est que les riches sont nécessairement intéressés à appuyer un ordre des choses, qui seul peut assurer leurs avantages. Or, des hommes de richesse inférieure se lient à la défense de la propriété de ceux qui leur sont supérieurs en richesse, afin que ces derniers à leur tour, se lient à la défense de leurs petites propriétés. C'est sur leur subordination envers les gros capitalistes que repose, dit-il, le pouvoir de la classe moyenne, de tenir leurs inférieurs dans une pareille subordination envers eux-mêmes. Ainsi le capitalisme traversa le XXe avec continuité, malgré les révolutions sociales et communistes, malgré l'acquisition du suffrage universel par les travailleurs et les crises économiques majeures répétées. Le groupe social dominé accepte spontanément une structure d'inégale répartition des moyens et de hiérarchie des rôles. Parce qu'il est imprégné dans l'idéologie capitaliste, subissant une illusion objective (Chapitre 7). En effet, il accepte cet ordre des choses, parce qu'il préexistait à leur arrivée et parce que l'éducation l'y a préparé. C'est que le groupe social dominant transmet des croyances idéologiques conformes à ses intérêts, aux autres groupes. Les discours idéologiques tendent à reproduire l'ordre social, dit Philippe Van Parijs, en diminuant chez les dominés, la perception entre le vécu et la croyance. Cette transmission n'est pas basée sur la « conspiration des capitalistes », mais sur le manque de symétrie d'information entre les groupes sociaux.

L'orthodoxie économique défend le groupe dominant et dispose d'un plus grand nombre d'occasions d'être écoutée via les médias. Elle dispose aussi d'une autorité plus grande des messages transmis. Ainsi, la théorie orthodoxe considère que les échanges économiques sont des contrats entre égaux. Et elle a réussi à faire vivre ces mythes de liberté et d'égalité jusqu'au XXIe. Le système permet également au groupe dominé, soit de survivre, soit d'accéder à une certaine aisance, en tout cas de se protéger ainsi contre l'extérieur.

L'ENL est validée par le processus de confrontation social, elle se maintient à travers les grands médias et se diffuse à travers l'enseignement. Depuis la création, en 1969, du Prix Nobel d'économie, huit dixièmes des lauréats sont américains et surtout de tendance orthodoxe. Ces Prix Nobel orthodoxes défendent la globalisation financière, l'indépendance des banques centrales et l'efficacité du marché, face à la prétendue nocivité de l'État. Et comme le dit Renaud Lambert, ils entourent l'ENL d'une aura de respectabilité, donnant l'illusion d'un consensus des experts. Ils occupent l'espace des médias publics et idéalisent l'économie de marché de type américain. Ils diffusent également leurs idées dans les institutions internationales (FMI, Banque mondiale, Banque européenne...). Yanis Varoufakis, à propos de l'hégémonie de l'économique anglophone, déclara que « le succès des idées en économie est davantage lié à l'exercice d'une puissance culturelle, économique et financière qu'à leur propre pertinence ». Et au niveau académique, ces économistes orthodoxes s'efforcent de contrer l'économique hétérodoxe. Ainsi Jean Tirole, usant de son poids de Prix Nobel, bloqua avec d'autres professeurs orthodoxes, la création d'une seconde section d'économie. Cette section fut proposée par le gouvernement en 2015, à la suite d'une enquête française de l'AFEP (Association française d'économie politique), révélant que seulement 5 % des nouveaux recrutements de professeurs d'université d'économie étaient hétérodoxes. Face à la domination de l'ENL, Frederic Lee proposa de défendre l'économique hétérodoxe par une série d'actions aux États-Unis : publications, organisation de séminaires, promotion de professeurs hétérodoxes, partenariats avec des syndicats, manifestations contre la nomination de professeurs orthodoxes, protestations dans les conférences des économistes orthodoxes.

En conclusion, la société contemporaine de consommation de masse intègre les individus dans un système idéologique. Dans le capitalisme, subtilement accepté, à cause du niveau de vie qu'elle fournit à la majorité. L'idéologie capitaliste aligne culturellement le citoyen sur un mode de vie. Elle anesthésie (quasi) tout esprit critique et rend une majorité de citoyens indifférente aux inégalités sociales et aux dégradations environnementales.

En bref 8.3…

Parce que le système économique de la société industrielle avancée, offre une vie aisée à un nombre élevé de personnes, il assure la continuité de l'idéologie libérale. Le capitalisme donne la perception d'une rationalité technologique, malgré l'irrationalité sociale, des dégradations environnementales et de la persistance de la pauvreté.

La théorie orthodoxe présente les échanges économiques, comme des contrats entre égaux. La continuité d'un libéralisme, idéologiquement dominant en Occident, s'explique parce que le groupe dominé y est préparé par l'éducation et que ce groupe espère faire partie de la classe moyenne riche. Le groupe social dominant transmet des croyances idéologiques conformes à ses intérêts aux autres groupes, en disposant d'un plus grand nombre d'occasions d'être écouté via les médias et d'une autorité plus grande des messages transmis. La bourgeoisie s'adapta en concédant des droits syndicaux et la sécurité sociale aux travailleurs, pour autant que la légalité protège l'ordre établi et la propriété privée.

De nombreux prix Nobel entourent l'ENL d'une aura de respectabilité et donnent l'illusion d'un consensus des experts. Ils occupent l'espace des médias publics et idéalisent l'économie de marché de type américain. L'hégémonie de l'économique anglophone est liée à l'exercice d'une puissance économique plutôt qu'à leur pertinence.

À suivre chapitre 8…

Il faudra se souvenir que l'économique n'est pas uniquement l'étude des échanges de biens, mais aussi l'étude des rapports de force dans une économie entre divers pouvoirs.

L'ENL appuie son orthodoxie universitaire sur son pouvoir de domination idéologique dans la société. Et réciproquement, l'économie capitaliste appuie sa domination sur la reconnaissance universitaire de l'ENL.

L'ENL appuie également sa domination académique en contrant l'économique hétérodoxe dans les Facultés, malgré des problèmes majeurs de pertinence scientifique de l'économique orthodoxe.

PARTIE III

LA DIVERSITÉ ÉCONOMIQUE D'UN SIÈCLE D'HISTOIRE DE QUELQUES PAYS OCCIDENTAUX

> L'histoire économique est de façon notoire une scène où s'affrontent des intérêts contradictoires, c'est-à-dire précisément ce dont les économistes néoclassiques ne veulent pas discuter.
>
> Joan Robinson

> Les idées dominantes d'une époque n'ont jamais été que les idées de la classe dominante.
>
> Karl Marx

Cette partie historique documente l'interpénétration entre la pensée économique, l'économie et la politique des pays. L'ENL n'est pas une théorie économique universelle, elle n'est pertinente ni pour les économies planifiées ni pour les économies des sociétés traditionnelles. Elle ne l'est même pas davantage pour l'économie capitaliste. Car elle ignore la diversité géo-historique des institutions économiques. L'histoire de quelques pays du bloc occidental permet de comprendre la diversité des contextes, des institutions et des environnements économiques. Cette histoire sociale et économique contraste avec le point de vue d'une ENL abstraite, anhistorique et monolithique. L'histoire de la pensée économique montre des sauts de paradigmes concomitants (et non pas simplement successifs comme dans les sciences naturelles) et engendrant cette diversité géo-historique des économies. L'ENL prescrit et performe un modèle économique unique, qu'elle prétend idéal en déniant ses problèmes (Partie IV).
Nous décrivons sur un horizon d'un siècle pour l'Occident, les faits politiques, les caractéristiques du processus électoral, les mouvements sociaux, les économies et l'état écologique.

Nous voyons en Chapitre 9, un siècle de contexte politique, social et économique de l'Occident, en général.

Au Chapitre 10, l'histoire économique, sociale et politique de la Belgique et de la France, au dernier siècle.

Au Chapitre 11, celle de l'Allemagne toujours durant ce dernier siècle et enfin, au Chapitre 12, celle des États-Unis d'Amérique.

Notre but sera de donner une idée de la diversité et de la spécificité de l'histoire sociale, politique et économique de ces pays. La comparaison entre ces sociétés révèle les *régularités* structurelles, côtoyant les *singularités* nationales. Les singularités entre l'Allemagne, la Belgique, la France et les États-Unis, concernent surtout les institutions, les formes d'inégalité et d'intervention de l'État. Les principales régularités de ces pays sont l'hégémonie universitaire de l'économique orthodoxe et la mondialisation de leurs économies.

Chapitre 9

HISTOIRE ÉCONOMIQUE, SOCIALE ET POLITIQUE DE L'OCCIDENT EN GÉNÉRAL, AU DERNIER SIÈCLE

> L'aspiration de la nature humaine vers la liberté est invincible,
> elle peut être écrasée mais elle ne peut pas être anéantie...
> La contrainte et la violence continuelle, directes ou masquées,
> sont des fondements du totalitarisme (Hitler ou Staline).
>
> Vassili Grossman

> L'unification européenne progressera dans les domaines
> où les États membres constateront l'insuffisance
> des seuls moyens nationaux pour faire face
> aux défis de la mondialisation.
>
> Pascal Fontaine

L'histoire de l'Occident du dernier siècle peut dramatiquement se décrire par l'avant et l'après-Grande Guerre, par l'avant et l'après-Révolution russe et par l'avant et l'après-Seconde Guerre mondiale. Alors que la douloureuse histoire politique de la première moitié du XXe menaça la démocratie occidentale, celle-ci est à nouveau au XXIe, sérieusement affaiblie par l'indifférence citoyenne, par le manque d'éthique des dirigeants politiques, par le terrorisme, par le pouvoir des maffias et par le lobbying des multinationales.

La section 1 étudie un siècle d'histoire politique et militaire de l'Occident. Cette histoire du XXe est marquée par la violence des idéologies. L'Europe entreprit d'autre part, en 1950, une unification surtout économique, difficile et inachevée, des pays membres sous une souveraineté supranationale.

La section 2 décrit l'histoire sociale et démographique occidentale. L'histoire des mouvements socialistes, insuffla largement sa dynamique à cette histoire. L'histoire démographique combina les effets des guerres et ceux de la transition démographique.

La section 3 étudie l'histoire économique et de l'état écologique occidentale. Une histoire ponctuée de crises et de changements de paradigmes économiques qui performèrent l'économie. L'Occident permit une prise de contrôle de l'oligarchie économique des multinationales sur la démocratie politique.

Il a atteint un haut développement économique, mais a également provoqué un désastre écologique.

§1. Un siècle d'Histoire politique et militaire de l'Occident

La Grande Guerre éclata dans un contexte de conflits entre des nationalismes (allemand, russe et français), entre des idéologies (fascisme, communisme, libéralisme) et entre des empires coloniaux (français, anglais, belge et allemand). La bataille de Verdun de 1916 fit tomber 700 000 soldats, dont 306 000 morts. 163 000 soldats Français moururent et 53 millions d'obus s'abattirent sur ce territoire qui laisse au XXIe des paysages de bataille (Isabelle Masson-Loodts). Le terrible bilan de la Grande Guerre en Europe, avec plus de 8 millions de morts militaires, entraîna une crise morale. Après l'hécatombe, « plus jamais la guerre » devint le slogan d'un monde aspirant à la paix. Mais le Traité de Versailles, avec une Société des Nations privée d'armée, ne put gérer efficacement une Europe d'après-guerre, peu pacifique dans les faits. Ainsi la question de la réparation de guerre de l'Allemagne prolongea les hostilités avec la France et la Belgique. Pierre Miquel parla d'ailleurs du conflit France-Allemagne comme « d'une guerre de trente ans ». De plus, en Europe, la révolution russe de 1917 avait créé un bloc communiste, avec une Ire Internationale, suscitant une IIe Internationale socialiste, idéologiquement opposés au reste de l'Occident.

Selon David Shub, l'héritage de Vladimir Oulianov Lénine est certainement d'avoir fondé un État communiste (de 1917 à 1921) sur des fondements marxistes, à travers un Parti bolchevique représentant l'élite révolutionnaire et une organisation politique très centralisée. Il était convaincu que le régime soviétique ne pouvait se maintenir sans que la révolution s'étende en Europe. Il justifia la suppression de la démocratie représentative par le fait que seule une « dictature du prolétariat » par prise du pouvoir des socialistes pouvait vaincre le pouvoir de la bourgeoisie. Rosa Luxembourg dès 1918, critiqua cette position en disant que sans liberté d'opinion et de vote, un gouvernement n'est pas une dictature du prolétariat mais « la dictature d'une poignée de politiciens ». Et l'URSS se transforma après lui, en un État totalitaire qui envoya des millions de personnes au goulag. En effet, Joseph Staline installa à partir de 1930, grâce à la propagande mensongère et par la terreur, un pouvoir absolu et personnel. Le Traité de Versailles en 1919, imposa à l'Allemagne de lourdes réparations et des limitations territoriales. Et la crise économique de 1929, née aux États-Unis puis étendue à l'Europe, accentua l'instabilité politique de l'Occident. La Guerre civile espagnole de 1936-1939 fut le prélude à la Seconde Guerre mondiale. Après la victoire des socialistes en Espagne aux élections de 1936, sur fond de crise économique et politique le général Francisco Franco organisa un coup d'État. Aidé par les armées de Benito Mussolini et d'Adolf Hitler, son armée professionnelle s'opposa à des milices populaires, aidées par l'URSS et les

Brigades internationales. Cette guerre civile opposa le fascisme (clan rural, nationaliste, catholique) au communisme (clan citadin, républicain, laïc).

La Seconde Guerre mondiale déchaîna la violence idéologique raciste du fascisme sur des Alliés, idéologiquement divisés en un bloc libéral et un bloc communiste. Comme le dit Ian Kershaw, la dictature hitlérienne « a montré comment une société moderne, avancée, cultivée, peut si rapidement sombrer dans la barbarie, dont le point culminant fut la guerre idéologique ». En 1941, Hitler envahit l'URSS. Il présenta l'opération Barbarossa comme une croisade contre le peuple slave bolchevique, espérant unir le reste de l'Europe contre l'URSS. Mais les armées russes obtinrent la victoire à la bataille de Stalingrad. L'attaque japonaise sur Pearl Harbor (1941) provoqua l'entrée en guerre des États-Unis. En 1944, le débarquement allié en Normandie annonça la fin du conflit. Mais la résistance de l'Allemagne et du Japon prolongea la guerre jusqu'en 1945. Le bilan de la Seconde Guerre mondiale se solda par plus de 50 millions de morts, provenant de 61 nations. Et elle initia par le lancement des bombes atomiques américaines sur Hiroshima et Nagasaki, une nouvelle menace pour la sécurité mondiale, l'arme nucléaire. Les États-Unis comme les principaux belligérants de la Seconde Guerre mondiale bombardèrent des cibles de civils vivant dans des villes.

Pour certains, ces bombardements atomiques de 1945 ouvrirent l'ère de la Guerre froide, en cherchant à intimider l'URSS. On peut dire que dès la fin de la Seconde Guerre mondiale, la Guerre froide s'installa entre l'URSS communiste et les États-Unis capitalistes. Contrairement à la SDN, l'Organisation des Nations Unies (l'ONU) créée en 1945, fit la distinction entre les grands et les petits États, en accordant aux grands, selon Georges Gysels, un droit de veto exorbitant face à l'avis de la majorité. L'URSS et les États-Unis bloquèrent, par leur droit de veto, toute décision du conseil de sécurité de l'ONU. Jusqu'en 1991, l'Europe et particulièrement l'Allemagne furent divisées par un *rideau de fer*, séparant deux idéologies politico-économiques opposées et concurrentes (bloc démocratique de l'Ouest et bloc communiste de l'Est).

L'histoire des pratiques électorales occidentales présente quelques points communs, comme la perte d'influence du parlement sur le pouvoir exécutif, l'influence grandissante des lobbys* sur le pouvoir exécutif et la dépolitisation des citoyens, qui affaiblit l'État démocratique. Elle présente également de nombreuses différences, comme les modes de scrutin et les durées de mandats politiques. Les États membres de l'UE conservèrent les formes politiques diverses, héritées de leur histoire (monarchie constitutionnelle, République, État fédéral, systèmes mono- ou bicaméral, systèmes électoraux majoritaire ou proportionnel). Le marketing* politique, à partir des années 1960, stimula une inquiétante dépolitisation du citoyen, en poussant une stratégie du pouvoir, au détriment de celle de l'information du citoyen. Le populisme et l'institutionnalisme accentuèrent l'indifférence du citoyen pour la politique. Le populisme politique a recours à des idéologies superficielles. Et il fait référence à une (fausse) identité commune du leader avec les citoyens. L'institutionnalisme politique canalise les revendications de différents groupes de citoyens, dans les institutions rigides du système existant.

Par ailleurs, le terrorisme* transnational (très visible et à objectif politique) ainsi que la mafia* (très discrète et à objectif économique) affaiblissent le pouvoir exécutif et menacent la sécurité de plusieurs États occidentaux. La nécessité d'augmenter les mesures de sécurité dans les États démocratiques à la suite du développement du terrorisme international se heurte aux libertés du libéralisme politique. Asafa Jalata fit remarquer que tant l'État, que des groupes spécialisés pratiquent une violence terroriste à l'encontre de civils innocents. Ainsi la guérilla des peuples colonisés répondit au génocide de l'État colonial, à l'encontre de ces mêmes peuples colonisés. Enfin, selon Florent Guénard, la démocratie représentative, dès le XIXe, a détourné la démocratie (le citoyen acteur politique, tiré au sort) vers le droit de vote (le citoyen électeur, délègue à une aristocratie politique réputée compétente). Ce type de démocratie provoqua l'accaparement du pouvoir à long terme par la classe politique et conduisit à l'indifférence politique du citoyen d'aujourd'hui. Alexis de Tocqueville, en anticipant (en 1840) sur le danger potentiel de la démocratie représentative, la qualifia de « despotisme démocratique ». Comme le dit Michel Onfray, cette démocratie dépossède le citoyen de son pouvoir par « la dictature d'un pouvoir insoucieux du peuple bien qu'il prétende agir pour lui ».

L'histoire de l'unification européenne débute après la Seconde Guerre mondiale. Les difficiles négociations des années 1950 de la Communauté européenne du charbon et de l'acier (CECA) et du Traité de Rome, sur fond d'harmonisation d'intérêts économiques et de valeurs politiques, préfigurèrent l'Union européenne (UE) à géométrie variable d'aujourd'hui. L'unification européenne débuta dans le contexte de domination mondiale des deux blocs antagonistes, les États-Unis et l'URSS. Et dès 1970, la formation du bloc européen rendit le monde moins bipolaire, dit Robert O. Paxton. L'UE choisit un modèle d'économie sociale de marché, compensant le marché par la protection sociale et le dialogue social. Parce que la protection sociale est un facteur de résilience* durant les crises économiques, l'UE vise à réaliser à la fois une union économique, monétaire, fiscale, sociale et politique. Mais, après l'implosion de l'URSS en 1991, la construction de l'économie européenne s'aligna davantage sur le modèle américain de compétitivité et de libéralisation. C'est-à-dire que la politique européenne se laissa progressivement inspirer par le néolibéralisme. Elle préconise aujourd'hui une libéralisation, une déréglementation des marchés et une flexibilisation du marché du travail pour assurer les conditions structurelles de la croissance et du plein-emploi. Et l'UE du XXIe étend l'intégration économique, mais avec des carences de politique sociale. Officiellement, l'UE du XXIe a pour mission d'unifier l'Europe, de favoriser le développement économique, d'assurer la sécurité militaire, de respecter la diversité des peuples européens, de faire rayonner les valeurs européennes de droits de l'homme, de développement durable* et d'économie sociale de marché.

Au bilan, l'UE est davantage qu'une confédération d'États, mais elle est moins qu'une fédération. L'intégration européenne repose sur un processus qui n'a jamais rompu avec son passé, elle prolonge la diplomatie interétatique. Contrairement à l'intégration des États-Unis, qui reposa d'emblée sur un processus fédéral, à partir d'une confédération. C'est un système politique supranational nouveau, en constante évolution. Elle ne forme pas un peuple, mais un grand marché et une communauté de droit qui perfectionne les démocraties nationales. Les États membres délèguent une part de leur pouvoir de décision à des institutions communes. Pour Paul Magnette, l'Europe restera divisée et compliquée ; elle continuera à résoudre ses conflits principalement par le compromis. Nous percevons l'inadéquation à l'objet européen de la démocratie classique, dit-il, mais sans parvenir à concevoir nettement son dépassement. Le concept politique de l'UE reste incertain. Il oscille entre le schéma fédéral-parlementaire et le schéma intergouvernemental-présidentiel. Le rejet de la Constitution en 2004 et le Brexit du Royaume-Uni en 2016, confirmèrent une baisse de confiance des citoyens dans le projet européen. Le déficit d'information de l'UE au citoyen suscite l'indignation. Alors qu'elle influence de façon croissante leur vie de façon tangible. Ce déficit est davantage responsable de l'éloignement grandissant du citoyen que le davantage décrié déficit démocratique, d'après Nicholas Moussis. L'élargissement de l'UE à un nombre élevé d'États (en 2017, elle compte 28 États membres) atteint ses limites d'efficacité, surtout devant l'objectif d'union politique. L'unification économique européenne par l'élargissement progressif aux pays membres aboutit à des progrès bien différents de ceux liés aux efforts d'unification politique, militaire et sociale et en montrent les contradictions.

La section 2 décrit quelques généralités de l'histoire sociale et démographique de l'Occident durant le dernier siècle.

En bref 9.1…

Deux guerres mondiales et une révolution russe ponctuèrent l'histoire occidentale contemporaine, de violences basées sur des idéologies : nationalisme, colonialisme, libéralisme, fascisme et communisme. L'après-guerre connut une longue période de Guerre froide opposant l'URSS aux États-Unis.

La démocratie représentative occidentale provoqua l'accaparement du pouvoir à long terme par une classe politique. Elle conduisit à l'indifférence politique du citoyen d'aujourd'hui, qui affaiblit l'État démocratique.

Les États membres de l'UE conservèrent les formes politiques diverses, héritées de leur histoire. L'UE forme un bloc, par une unification surtout économique et monétaire, à l'aide d'une structure politique, intermédiaire entre la confédération d'États et l'État fédéral. Au XXIe, le projet européen connaît une baisse de confiance des citoyens.

§2. Un siècle d'Histoire sociale et démographique de l'Occident

Les configurations politiques de l'Occident du XXe résultèrent largement, selon Gérard Duménil, de l'interaction entre trois classes : les capitalistes, les cadres et les employés/ouvriers. Une connivence entre les capitalistes et les cadres assura une dynamique de droite. Face à une alliance de gauche entre les employés/ouvriers et d'autres cadres. Le capitalisme* vigoureux du début du XXe provoqua un prolétariat déraciné, entassé dans les villes et donc réceptif au syndicalisme et au socialisme. Le mouvement socialiste répondit au besoin constant de corriger les dysfonctionnements sociaux de l'économie de marché. L'histoire du mouvement socialiste insuffla largement sa dynamique à l'histoire sociale de l'Occident du XXe.

Durant la période de 1919 à 1929, la classe ouvrière parvint, à l'aide de mouvements sociaux et au moyen du suffrage restreint, à conquérir des droits sociaux du travail et des droits syndicaux face à un capitalisme féroce. En 1918, à la 3e Internationale communiste en Occident, le socialisme se scinda en socialisme réformateur et en communisme révolutionnaire, marquant l'échec de Vladimir Lénine de fédérer les mouvements prolétariens autour de l'URSS.

Les États capitalistes européens des Trente Glorieuses de 1945 à 1975 réformèrent les lois sociales, créèrent une sécurité sociale universelle et prirent des politiques keynésiennes de plein-emploi. Les syndicats et les partis socialistes adoptèrent une attitude positive vis-à-vis de l'État et de l'unification européenne. Parce que, comme le dit Jacques Droz, ils espéraient réformer le capitalisme à travers l'économie sociale de marché européenne. Au lendemain de la libération en 1945, les deux gauches ne se rapprochèrent guère en Europe, malgré leur lutte commune contre le nazisme. La Guerre froide divisa le monde en deux blocs opposés et le vote à l'ONU de la Déclaration universelle des droits de l'homme de 1948 fut suivi d'obligations juridiques différentes dans les deux blocs. La définition constitutionnelle de la démocratie du bloc communiste privilégiait les droits économiques, sociaux et culturels, celle du bloc occidental privilégiait les droits civils et politiques.

L'Occident présente plusieurs modèles sociaux différents du capitalisme. Le modèle anglo-saxon dominé par le rôle du marché et avec peu de médiation syndicale ; le modèle allemand-rhénan, avec un important rôle des institutions et de la médiation syndicale ; le modèle français, avec un rôle central de l'État et des syndicats à affiliation politique ; enfin le modèle suédois, avec des accords tripartites (syndicats, État, patronat) et un rôle majeur du syndicat. La protection sociale et la fiscalité firent l'objet de réformes d'une grande diversité, après 1945 dans les États occidentaux. L'introduction de la sécurité sociale fut financée soit par des cotisations, soit par l'impôt, selon Gilles Caire. C'est-à-dire que les allocations sociales, soit faisaient appel au versement de cotisations, soit étaient payées via l'impôt. En fait, trois conceptions de l'État-providence coexistent : conservatrice, socialiste et libérale, selon Gosta Esping-Andersen. L'Allemagne, la Belgique et la France adoptèrent un système conservateur. Ces pays disposent d'une sécurité sociale universelle et indiscriminée, mais l'État-providence n'y provoque qu'une redistribution moyenne à faible des revenus. En effet, l'État y compense le déficit éventuel des cotisations qui sont versées par l'employeur et par le salarié. Dans ce système conservateur, on tient compte de la profession et du revenu du bénéficiaire, ce qui tend à maintenir en place la hiérarchie sociale traditionnelle. Dans les pays scandinaves, par contre, existe un système socialiste. Ces pays disposent d'une sécurité sociale étendue et ils allouent des prestations universelles, qui ne dépendent pas du revenu. Ce système socialiste est géré par l'État à travers l'impôt et présente une forte redistribution des revenus, ce qui développe une grande classe moyenne. Aux États-Unis, sans surprise, le système libéral prévaut. La sécurité sociale est activée par le marché, elle est discriminée et limitée à certaines catégories de population. Ce système est géré par l'État et par les organisations caritatives. Il accorde le minimum vital à des personnes démunies ou à des travailleurs en incapacité. L'État n'intervient qu'en dernier recours et de façon temporaire, en attendant le retour au travail du bénéficiaire. La protection sociale de l'Europe occidentale, contrairement à celle des États-Unis, associe la sécurité sociale à des services publics, ce qui renforce la cohésion sociale et réduit drastiquement la pauvreté.

À partir des Trente Honteuses de 1975 à 2005, une crise de l'État-providence s'installa. Elle serait une crise financière et une contestation de l'efficacité et de la légitimité de la sécurité sociale, d'après Pierre Rosanvallon. En effet, le problème financier fut lié au vieillissement de la population. Et au contexte économique morose des Trente Honteuses, qui donna un chômage élevé, que des impôts impopulaires doivent financer. Après 1990, la gauche perdit de son pouvoir politique et la classe des employés/ouvriers se dépolitisa. La diminution de la conscience de classe et les fragilités du modèle politique démocratique des économies modernes découlent de l'hétérogénéité sociale, de la diversité d'intérêts non économiques, non liés à la classe sociale (sexe, race, religion) et des limites de l'État (mondialisation de l'économie). L'hétérogénéité découle de l'évolution d'une classe de travailleurs, au départ fortement soudée, vers une fragmentation. Cette fragmentation diminue l'efficacité démocratique et la motivation de la classe des travailleurs à voter pour des valeurs de solidarité. La classe des travailleurs agit désormais davantage selon un comportement égoïste, d'intérêt personnel, que selon une conscience de classe, d'après John E. Roemer.

À partir du XXIe, l'Occident entretient une culture compétitive et méritocratique du travail. Elle active une forme de bonheur social, malgré la dégradation des conditions de l'emploi et du travail (précarité, instabilité, flexibilisation). L'exaltation du concept de liberté dans cette société, dominée par l'idéologie néolibérale, essaie de faire passer l'incertitude de l'emploi comme le prix à payer pour l'avènement d'une société libre, dit Wolfgang Streeck. Et elle traduit le déclin du pouvoir de l'État, comme l'avènement du fonctionnement libre du marché, qui mettrait fin à l'irrationalité des décisions politiques.

L'histoire des femmes occidentales montre que ce n'est qu'à partir de la fin du XIXe que des mouvements féministes cherchèrent à obtenir l'égalité juridique des sexes dans la vie privée. La participation des femmes au travail et dans le combat durant les deux guerres fit évoluer leurs droits électoraux. En Europe et aux États-Unis, le droit de vote des femmes fut acquis entre 1918 et 1920 (Allemagne, Pays-Bas, Pologne, Royaume-Uni, États-Unis). Mais en France et en Belgique, il faut attendre entre 1944 et 1948 pour obtenir le vote des femmes. À partir des années 1970, le nombre de femmes au travail et en demande de travail augmenta nettement. L'émancipation des femmes s'explique largement par l'augmentation du travail féminin, par la contraception et par la diminution de l'influence morale de l'Église. Comme le dit Olivier De Schutter, en Europe plus que la concurrence internationale et la crise économique, c'est la crise politique de légitimité du pouvoir public qui peut affaiblir le respect scrupuleux de la Charte sociale européenne.

L'histoire démographique de l'Occident présente une série complexe de causes vitales, sociales, économiques, politiques et géographiques. La population du XXe fut impactée par les guerres, par l'immigration et par la transition démographique. La transition démographique explique le passage d'un régime traditionnel (à natalité et mortalité élevée) à celui du régime de transition (avec mortalité puis natalité en baisse). Et enfin, elle aboutit à un régime moderne (à natalité et mortalité faibles). La croissance de la population est élevée en période de transition démographique, mais faible en régimes traditionnel et moderne. Et le vieillissement s'élève en régime moderne. La transition démographique est un processus d'évolution historique propre à chaque pays, qui est lié à l'atteinte d'un certain niveau de développement économique. Les migrations sont influencées par des facteurs sociaux, économiques et politiques, tant dans la région d'origine que dans celle de destination, selon Michel Schooyans. Elles sont également influencées par les échanges d'informations et par les moyens de transport. La démographie mondiale est un élément fondamental des enjeux économiques, politiques et environnementaux du futur. Entre des régions du monde qui doivent faire face au vieillissement de leur population et d'autres qui doivent freiner leur explosion démographique, devant des disparités alimentaires et sanitaires importantes, il faut trouver une gestion économique durable pour changer notre pression sur l'environnement, d'après Olivier David. Les différences démographiques entre les pays et les disparités alimentaires et sanitaires importantes exigent une gestion économique durable pour changer notre pression sur l'environnement et sur les peuples. L'économique orthodoxe n'est guère pluridisciplinaire avec la démographie et la sociologie. C'est pourquoi elle n'est pas un guide pertinent pour gérer ces enjeux.

La section 3 étudie l'histoire économique et écologique occidentale, de 1875 à nos jours.

En bref 9.2…

L'histoire sociale doit largement sa dynamique aux mouvements socialistes qui apportèrent d'abord des droits syndicaux et des droits du travail. Après 1945, la création de l'État-providence apporta une sécurité sociale universelle en Europe (contrairement aux États-Unis) ainsi que des politiques keynésiennes de plein-emploi. L'ONU vota en 1948, une Déclaration des droits de l'homme. Après 1990, la classe des travailleurs perdit son homogénéité d'intérêts, ce qui diminua la solidarité de classe.

À partir du XXIe, l'Occident entretient une culture compétitive et méritocratique du travail, entraînant une dégradation des conditions de l'emploi. L'exaltation de la liberté, dans cette société dominée par l'idéologie néolibérale, justifierait l'incertitude d'emploi et le déclin du pouvoir de l'État.

L'histoire démographique de l'Occident doit sa dynamique aux guerres, aux migrations et à la transition démographique (qui dépend du niveau économique). La démographie mondiale est un élément fondamental des enjeux économiques, politiques et environnementaux du futur.

§3. Un siècle d'Histoire économique et écologique de l'Occident

La Grande Dépression de 1875 à 1895 désigne une série de crises économiques qui affectèrent les États capitalistes de la Première Révolution industrielle (charbon, acier, machine à vapeur). Elle annonça le relatif recul de la puissance industrielle du Royaume-Uni et de la France, par rapport aux États-Unis et à l'Allemagne, au début du XXe. La Seconde Révolution industrielle (chimie, pétrole, électricité, moteur à explosion), à partir des années 1910, s'accompagna d'une concentration du capital financier, ainsi que d'une phase intense de colonisation. Ainsi, alors que les Européens détenaient 10 % de l'Afrique en 1875, ils en détenaient 90 % en 1902 ! Les intérêts financiers, industriels et coloniaux stimulèrent les rivalités concurrentielles et militaires, qui déclenchèrent la Grande Guerre.

La période de 1919 à 1929 vit d'abord aux États-Unis, le début de la consommation de masse et de la production de masse de produits non essentiels. Comme le cinéma, la radio, la voiture (du moins pas essentiels à cette époque !). C'est l'époque du développement de systèmes de production industriels inédits, avec le montage à la chaîne d'Henry Ford et le système de rationalisation du travail de Frederick Taylor. L'internationalisation de la crise américaine de 1929 en Europe, provoqua l'effondrement du système bancaire, de la production industrielle et une inflation élevée. Elle suscita également un chômage d'une ampleur précédemment inconnue. Elle fut l'un des terreaux du fascisme européen, qui déclencha la Seconde Guerre mondiale. John Kenneth Galbraith montra que cette crise américaine se déroula en trois étapes. D'abord, des spéculations et une crise boursière ; puis une crise économique ; et enfin une crise bancaire. La spéculation éleva les prix du marché. Et l'euphorie des gains financiers, conséquence d'un sentiment de prospérité économique, s'écroula quand les prix des actions chutèrent. L'effondrement boursier de Wall Street marqua le début d'une longue dépression économique, de faillites, de fermetures et de licenciements. La perte du pouvoir d'achat liée au chômage empêcha le remboursement des dettes, entraîna la fonte de l'épargne et donc les faillites des banques.

Les Trente Glorieuses de 1945 à 1975 furent une période de croissance économique, sans précédent historique. Elle était basée sur une forte hausse de la productivité agricole et industrielle. Grand bond économique du capitalisme, l'Europe renforça ses liens avec le bloc américain, face au développement économique du bloc URSS. En Europe de l'Ouest, le plan Marshall (1947) et l'alliance militaire de l'OTAN (1949) nous lièrent aux États-Unis. Le contexte géostratégique occidental permit aux États-Unis de promouvoir, en Europe, leur modèle idéal de société de consommation, via leur politique économique et leurs multinationales. En Europe, la catastrophe de la guerre et l'aiguillon du communisme russe, géographiquement proche, stimulèrent l'État-providence. Celui-ci introduisit une sécurité sociale universelle et une politique de plein-emploi keynésienne, qu'une période favorable d'économie croissante permit de financer. Aux États-Unis, les programmes de conquête de l'espace servirent notamment de terrain de rivalité entre les deux blocs idéologiquement opposés. Ainsi, au premier vol spatial habité en 1961 de Iouri Gagarine, les États-Unis répondirent par le premier pas sur la lune en 1969 de Neil Armstrong. Cette période de Guerre froide connut également une progressive décolonisation du tiers-monde, remplacée par une internationalisation du capital privé. L'histoire monétaire occidentale montre la difficulté de stabiliser un système monétaire et bancaire, ainsi que l'enjeu de domination économique que la monnaie représente. En effet en 1944, les États-Unis créèrent à Bretton Woods, un Système monétaire international lié au dollar et à l'or, avec des monnaies nationales convertibles de façon fixe en or. Mais en 1971 (à la suite de l'accroissement de leur dette publique sous la Guerre du Vietnam), les États-Unis abandonnèrent cette convertibilité, ce qui incita l'Europe à concevoir un espace monétaire.

Les Trente Honteuses de 1975 à 2005 furent une époque de longue crise économique en Occident, avec le ralentissement de la croissance, l'inflation sous l'effet des chocs de hausse du pétrole brut, la hausse du chômage conjoncturel et structurel et la désindustrialisation (délocalisation) du textile et de l'acier. La crise du pétrole mit fin au pétrole bon marché (le prix du baril passa de 2,54 $ en 1972 à 35 $ en 1982 !). La crise s'accompagna du ralentissement des rentrées fiscales et d'une augmentation de la dette publique, devant la croissance des dépenses sociales de l'État-providence. C'est pourquoi la crise économique fut d'abord imputée à la politique keynésienne interventionniste. Les hausses du pétrole provoquèrent la *stagflation*, c'est-à-dire une hausse de l'inflation, du chômage et de la dette publique, combinée avec une stagnation de la production (qui condamnaient les politiques keynésiennes). Les changes flottants introduits en 1973, puis la déréglementation financière, en 1980, entraînèrent le développement de la finance internationale. Dans les années 1980, apparut une Troisième Révolution industrielle (biochimie, électronique-informatique, énergies renouvelables). La recherche militaire pointue aux États-Unis propulsa ce pays à la tête mondiale de l'industrie de l'informatique et des communications. Comme le dit Pierre Miquel, les entrepreneurs américains « se sont habitués à l'idée qu'ils ne pouvaient prospérer sans envisager le monde entier comme horizon ». Le secteur des multinationales se développa considérablement, stimulant la mondialisation* du commerce et les flux de capitaux. Alors que le chiffre d'affaires des 200 premières multinationales mondiales représentait 17 % du total en 1960, il en représentait 31 % en 1995, selon Michel Beaud. Les multinationales se présentent comme des organisations capables de mettre en place des stratégies mondiales. En l'absence de coopération efficace des États et d'influences décisives des organisations internationales ou syndicales, elles renforcent leur pouvoir de domination sans rencontrer de contrepoids compensateur, dit René Gendarme. En 1999, l'instauration de l'euro marqua une collaboration économique plus étroite des pays membres de l'Union économique et monétaire. L'OMC (Organisation mondiale du commerce) fut créée en 1995 sur la base d'accords multilatéraux entre États, étendus aux autres États membres. L'institution s'emploie à libéraliser le commerce (des marchandises, des services, de la propriété intellectuelle, de l'agriculture et des investissements) et à régler les différends. Elle est la source juridique fondant le fonctionnement du commerce international. L'écroulement du communisme soviétique de 1991 supprima la bipolarité du monde. La pression que l'utopie* communiste exerçait sur le capitalisme des Trente Glorieuses fut salutaire pour stimuler une économie mixte et des droits sociaux. Comme le dit Guy Spitaels, « l'ennemi communiste dissous, la nature intrinsèque du capitalisme réapparaît dans toute son âpreté, telle que l'exprime le néolibéralisme ».

Durant la période de 2000 à 2008, le capitalisme soutint un néolibéralisme de flexibilisation du marché du travail, de réduction des coûts du travail et de dérégulation du marché. L'internationalisation de la finance et la sophistication de l'ingénierie financière constituent des faits économiques majeurs, à partir de la fin du XXe. La croissance du montant des transactions d'argent, par comparaison avec les transferts de marchandises, fut dans un rapport de 1 à 40, en 1999, comparé à un rapport de 1 à 8, en 1982 ! Fondé sur le principe de la croissance, le système monétaire occidental résiste mal à la décroissance. En effet, les prêteurs tiennent pour acquis que leurs clients vont générer davantage d'argent que le capital emprunté (pour rembourser le capital et les intérêts). Le système est fortement inégalitaire puisque ± 20 % des gens engrangent l'intérêt payé par les ± 80 % autres. Ce développement plus intense de l'économie financière, par rapport à celui de l'économie réelle, généra des crises financières. À partir de la crise de 2008, le niveau de la dette publique des pays occidentaux prit des proportions qu'elle ne connut qu'en période de guerre. Ainsi, la dette publique de l'UE représente aujourd'hui 80 % du PIB. En conséquence, les banques occidentales ne peuvent plus guère prêter à l'État. C'est davantage l'histoire économique que la science économique qui peut nous aider à comprendre la situation. En effet, le taux dette/PIB n'est qu'un indicateur du risque de crise, qui dépend de facteurs politiques comme, la capacité de l'État à tenir sa parole, le % de la dette financée par l'épargne interne nationale, la capacité des recettes fiscales à servir les intérêts de la dette… Tout revient à se demander : peut-on faire payer aux générations futures une dette publique irresponsable ? La crise financière de 2008 se déroula en quatre étapes. D'abord, une crise financière aux États-Unis (dettes titrisées et assurées contre le risque) ; puis, la diffusion des titres par la finance internationale ; ensuite, le financement par la dette publique des faillites bancaires (à la suite de la chute des valeurs des titres) ; enfin, une récession économique par la politique d'austérité (pour réduire la dette publique). Selon Bruno Marcel, elle mit en évidence les déséquilibres internes des États (endettement, hypertrophie de la finance et inégalités) et externes (relations économiques internationales et limites écologiques). Paul Jorion trouve légitime de comparer les crises de 1929 et de 2008, dont les causes fondamentales furent la spéculation et le manque de régulation du secteur financier. Pour Jacques Attali, la crise de 2008 est susceptible de se répéter parce que les pouvoirs publics n'ont pas d'autorité contre le marché et qu'ils ne contrôlent pas les acteurs financiers. Ceux-ci peuvent s'enrichir grâce à l'endettement exagéré de leurs clients. Et en prélevant une part importante du profit des entreprises, grâce aux informations dont ils disposent. Le mécanisme de cette crise peut se reproduire : explosion spéculative d'actifs, effondrement des banques, endettement privé transféré en dette publique et menace de défaut de la dette publique entraînant l'austérité. La crise de 2008 entraîna peu de remises en question keynésiennes, malgré l'importance du rôle de l'État pour réguler le système financier et pour recapitaliser les faillites. Au contraire, elle vit un renforcement néolibéral de la réduction des dépenses publiques, au détriment de la croissance économique, ainsi qu'au détriment de politiques sociales et écologiques. Devant une économie à très faible croissance et un chômage élevé, la classe des travailleurs fit face à la critique de l'assistanat, à la flexibilisation des conditions de travail, à la réduction de son pouvoir d'achat et surtout à la réduction des dépenses publiques. Cette logique de politique à l'emploi en économie stagnante, transforme des chômeurs de longue durée, en travailleurs temporaires de courte durée ! Par conséquent, elle réduisit les statistiques nationales du chômage mais elle provoqua l'apparition d'un nouveau type de pauvreté, celui des travailleurs !

En bilan, l'histoire économique occidentale est dominée par une oscillation entre une forte puissance publique centralisée et un marché très libre. D'après Paul De Grauwe, parce qu'État et marché sont tous deux déstabilisés par la démocratie. En effet, un État totalitaire est déséquilibré par la contestation. Un marché est contesté par son incapacité à autoréguler l'inégalité et la pollution. L'actualité de l'esclavage reflète la violence du système de production et de la répartition des biens. Ainsi, en France en 1990, quelque trois cents cas d'esclavage domestique furent relevés. L'ONU en 1999 estima à vingt millions le nombre d'individus soumis à des formes de servitude et d'esclavage dans le monde. Ainsi en Europe, en est-il de l'exploitation des immigrés clandestins comme saisonniers (Christian Delacampagne).

L'histoire écologique de l'Occident montre une société fonctionnant de façon de plus en plus entropique*. Alors que certaines modifications écologiques sont très anciennes en Europe, comme la domestication (depuis la préhistoire) ou la déforestation (depuis le Moyen Âge). Ce n'est cependant qu'à partir du XIXe que les changements environnementaux (liés à l'industrie) sont passés du niveau local visible au niveau global par des effets systémiques et cumulatifs (comme les émissions de gaz à effet de serre ou la pollution des sols par les pesticides). Et ce qui caractérise l'anthropocène* après 1950, c'est la complexité, la fréquence et l'amplitude des impacts écologiques. De nombreux indicateurs écologiques, d'après Andrew Goudie, changèrent davantage, depuis 1950, que durant toute l'histoire humaine précédente ! Selon l'étude Global Footprint de 2005, l'humanité a dépassé vers 1986 la capacité de support de la planète. La période des Trente Glorieuses fut ainsi également celle des premières conséquences environnementales de la croissance, en ouvrant la liste des catastrophes écologiques.

Quelques catastrophes écologiques occidentales :
1954 – retombées radioactives, en Micronésie, de la bombe H américaine Castle Bravo
1967 – marée noire, au Royaume-Uni, du Torrey Canyon
1969 – pollution du Rhin, en Allemagne, par le pesticide endosulfan
1976 – pollution à la dioxine, à Seveso, en Italie
1978 – marée noire, en Bretagne, de l'Amoco Cadiz
1979 – accident nucléaire et pollution radioactive, aux États-Unis, à Three Mile Island
2011 – accident nucléaire, pollution radioactive et surchauffe de piscine, au Japon, à Fukushima

Le réchauffement climatique est un cas emblématique de mauvaise gestion du bien public mondial. Malgré des faits historiques accablants (comme ceux fournis pour la Conférence de Stockholm de 1972, la Commission Brundtland de 1987 ou la Déclaration de Rio de 1992), il est considéré comme une externalité*, une défaillance de marché que l'Occident espère, avec peu de conviction, pouvoir gérer par des mécanismes de marché et la technologie. L'illusion technologique montre des progrès de productivité, alors que le problème est la croissance continue.

Le pétrole est entré, à peine depuis deux siècles, dans l'histoire économique de l'Occident et le concept de *pic du pétrole* nous rappelle qu'il n'est pas renouvelable (point dans le temps où 50 % des réserves ont déjà été épuisées). Il semble avoir lieu dans les années 2010. La dépendance aux carburants fossiles caractérise nos sociétés et est responsable du réchauffement climatique. D'après Rob Hopkins, le réchauffement est lié à la consommation énergétique, parce que le danger existe que nous remplacions le pétrole par des carburants ayant des effets pires sur le climat. Le rapport américain de Robert Hirseh (2005) allait dans ce sens en conseillant de continuer la croissance, en utilisant des sables bitumineux, la liquéfaction du charbon ou le biocarburant. Autrement dit, les États-Unis, en réponse au pic pétrolier, proposent un capitalisme du « *business as usual* » de la croissance.

D'autre part, le développement de l'agriculture industrielle depuis l'après-guerre génère des pollutions et des réductions de la biodiversité. L'UE développa une agriculture industrielle dans le prolongement de la « révolution verte » de l'après-guerre, en libéralisant davantage les marchés agricoles. Or l'OMC interdit toute discrimination au libre-échange, même pour une raison écologique ou de responsabilité sociale. L'UE sous la pression des lobbies de multinationales de pesticides et d'engrais, se laisse progressivement influencer par une conception américaine du risque. Le principe de précaution, exigé avant le lancement d'un pesticide et à apporter par l'entreprise, cède la place à un principe de preuve crédible de risque rétroactivement et à apporter par l'autorité publique. Pour réagir aux attaques environnementales de son agriculture, l'UE entreprit diverses politiques de développement durable au XXIe. Cependant, ces politiques sont compartimentées et ne tiennent pas compte de la dynamique des écosystèmes. Inès Trépant montra qu'elles échouent dans leurs objectifs de protection de la biodiversité. En effet, 70 % des espèces européennes sont en danger d'habitat en 2015. Parce que ces politiques sont dominées par l'idéologie de la croissance néolibérale et parce qu'elles ne sont pas systémiques. La capacité de l'UE à donner l'exemple en matière de protection de l'environnement est réduite par sa priorité pour la croissance, la compétitivité et l'emploi. La législation européenne concernant les semences, les biotechnologies, les engrais et les pesticides convient aux multinationales, mais rompt l'équilibre écologique. L'agriculture industrielle déverse ses engrais dans le sol, pour compenser la mort biologique des sols. Ce qui pollue les zones non agricoles via les eaux de ruissellement et réduit la biodiversité. Le programme de développement de biocarburants et de biomasse échoue pour la même raison. Ainsi, l'insuffisance des surfaces agricoles européennes force l'UE à importer du biocarburant. Ce qui signifie qu'elle stimule les monocultures OGM, cultivées avec des pesticides, sur des terres gagnées par la déforestation dans les pays du tiers-monde ! Et une plantation d'arbres OGM en monoculture n'a rien en commun avec l'écosystème diversifié d'une forêt naturelle, bien que d'un point de vue économique, les deux produisent de la biomasse ! L'ENL soutient une mentalité distinguant les espèces utiles et nuisibles et ignore le concept d'*antagonisme* entre espèces dont l'interdépendance apporte l'équilibre.

D'autre part, l'opacité qui entoure l'industrie nucléaire cache les risques environnementaux qu'elle fait courir, par l'absence de solution réelle pour le traitement des déchets radioactifs non recyclables. Également, par le manque de sécurité des sites de production, face au terrorisme, selon Laure Noualhat. Les déchets radioactifs les plus dangereux (ceux à haute activité et à longue vie) restent actifs durant de nombreuses années. Leur option de stockage actuelle, à court terme, est l'immersion en piscine d'eau et à long terme, l'enfouissement géologique profond !

La catastrophe nucléaire de Fukushima, 11 mars 2011. Un exemple de catastrophe écologique…
Le Japon, un pays de capitalisme occidentalisé, se fit surprendre par l'effet d'un tsunami. La catastrophe aura des effets sur la santé publique et sur l'environnement durant plus de quarante ans. Ce qui questionne surtout, c'est l'impact sociétal et environnemental d'un modèle de gestion de l'énergie, confiant à une entreprise privée Tepco une activité sans prise en compte démocratique préalable des risques. Une illustration de la gestion irrationnelle de la rationalité scientifique. La centrale de Fukushima comprend six réacteurs situés en bord d'océan et d'une plaque tectonique ! Pourtant, les systèmes de sécurité cédèrent les uns après les autres devant l'effet du tsunami. Ainsi, les générateurs auxiliaires d'électricité, étant situés sous le sol, furent noyés. Ce qui priva la centrale de tout contrôle du refroidissement des réacteurs, d'après Julien Balestrier.

En conclusion, le capitalisme se heurte aux limites de nos écosystèmes, tout en étant ancré à une gestion économique de la croissance infinie. La société occidentale contemporaine fonctionne de façon entropique et désordonnée. Elle manque de régulation collective des crises, de limitation de l'inégalité, de protection de l'exploitation exagérée du travail, de l'environnement et de la monnaie. Pour se fixer un ordre de grandeur de l'inégalité créée par l'Occident : face au reste du monde, l'Europe, l'Amérique du Nord et le Japon représentent 15 % de la population mondiale, mais 66 % de la production mondiale et 85 % du pouvoir d'achat mondial en 1990 ! Le mécanisme des intérêts financiers explique une logique de croissance économique ininterrompue, selon André Peters. Ce qui a pour conséquence de creuser l'inégalité, de détruire l'environnement, de sous-financer le secteur non marchand et les politiques de transition écologique. Une *histoire sociale de l'économique orthodoxe* (concept de Bruno Latour) en Occident montre comment l'ENL, portée par l'économie-monde* américaine, s'est académiquement légitimée au XXIe, par l'efficacité des partis politiques libéraux à imposer des économies de marché fortement libéralisées, légitimées par les économistes officiels, au profit du secteur des multinationales.

En bref 9.3…

L'histoire récente économique de l'Occident fut ponctuée de crises alternant avec des périodes de prospérité. Dans les années 1945, l'État-providence européen introduisit une sécurité sociale universelle que les Trente Glorieuses permirent de financer. Les crises économiques des Trente Honteuses furent imputées à la politique keynésienne. Ce qui, à la fin du XXe, aboutit à un néolibéralisme renforcé, de flexibilisation du marché du travail et de dérégulation de marché. La crise financière mondiale de 2008 provoqua un renforcement de la rigueur budgétaire, au détriment de la croissance économique, ainsi qu'au détriment des politiques sociales et écologiques. La surexploitation de l'environnement naturel est devenue catastrophique après 1950. Et de nombreux indicateurs écologiques changèrent davantage depuis lors, que durant toute l'histoire humaine précédente. Les politiques européennes agricoles rompent l'équilibre écologique, au détriment de la biodiversité. Parce qu'elles sont dominées par l'idéologie néolibérale.

À suivre chapitre 9…

L'histoire montre des fluctuations de valeurs et de représentations idéologiques du monde. Cependant le jeu des pouvoirs permit au libéralisme d'assurer sa domination avec continuité. Seuls des paradigmes idéologiques opposés (marxisme, socialisme, keynésianisme) ont jusqu'à présent réussi à réformer le libéralisme. L'aisance matérielle acceptable d'une classe moyenne au XXIe assure un pouvoir politique conservateur aux États capitalistes. Elle anesthésie la conscience citoyenne, malgré le caractère non durable de l'économie, la violence des guerres, le niveau d'injustice sociale et la dégradation environnementale.

Une histoire sociale de l'ENL permet de comprendre sa continuité à travers l'interpénétration entre les économistes universitaires, les intérêts des multinationales et la politique des conservateurs. Le contexte géo-historique occidental après 1945 permit aux États-Unis de promouvoir leur modèle idéal de société de consommation via leur puissance économique et leurs multinationales. L'économique orthodoxe se forgea ainsi en Occident, une légitimité politique, qu'elle transforma (erronément) en légitimité épistémologique. On voit que l'histoire diversifiée des économies nationales en Occident contraste avec l'ENL abstraite, anhistorique et monolithique (et plaide pour une Nouvelle économique intégrant les aspects économiques, sociaux, démographiques et écologiques).

Chapitre 10

HISTOIRE ÉCONOMIQUE, SOCIALE ET POLITIQUE DE LA BELGIQUE ET DE LA FRANCE, AU DERNIER SIÈCLE

> Je n'ai pas de tradition, je n'ai point de parti, je n'ai point de cause, si ce n'est celle de la liberté et de la dignité humaine.
>
> Alexis de Tocqueville

La Belgique passa d'un État unitaire à un État fédéral, voire confédéral, pour un problème linguistique. Et ce petit pays se distingua par l'importance de son engagement politique pour l'unification européenne. Le régime présidentiel français conduisit à une bipolarisation de la vie politique, parce que le vote à deux tours force les partis à se regrouper avant les élections.

La section 1 traite de l'histoire politique de la Belgique, embourbée dans un problème linguistique. L'histoire politique de la France montre l'importance de la fonction présidentielle.

La section 2 aborde l'histoire sociale de la Belgique et de la France. Ces pays disposent, depuis l'après-guerre, d'une sécurité sociale universelle et complète. Mais l'État-providence y est critiqué depuis la fin du XXe.

La section 3 traite de l'histoire économique de la Belgique et de la France. Ces pays sont passés, durant la seconde moitié du XXe, par une phase de croissance économique. Ensuite, par une phase de stagnation économique. Mais le concept d'économie mixte y recouvre des réalités différentes.

§1. Un siècle d'Histoire politique de la Belgique et de la France

La Belgique politique contemporaine se singularise par le rôle joué par la question linguistique. Cependant, les conflits communautaires cachent également une opposition socio-économique. En effet, la Flandre est néerlandophone, nationaliste et de droite, face à la Wallonie qui est francophone, laïque et de gauche. Selon André Leton, le fédéralisme est un moyen pour la Flandre de gérer ses ressources économiques et pour la Wallonie, de résoudre ses problèmes économiques. Depuis 1945 déjà, trois thématiques dominent la vie politique : le philosophique, le socio-économique et le linguistique. Un clivage linguistique divisa tous les partis en deux groupes, à partir de 1968. La langue en Belgique relie l'identité linguistique à l'identité nationale, au-delà de l'identité sociale, professionnelle ou idéologique. Depuis 1970, la Belgique passa d'un État unitaire à un État fédéral et est au XXIe quasi sur la voie d'un État confédéral. Elle fonda un fédéralisme à trois Régions (compétences économiques) et à trois Communautés (compétences culturelles). Mais sous la pression du nationalisme flamand, exigeant aujourd'hui le confédéralisme, les tensions linguistiques et institutionnelles ne baissèrent pas au XXIe. Le passage à l'État fédéral ne s'est pas accompagné d'une culture politique du fédéralisme, ce qui d'après Xavier Mabille n'écarte pas le risque d'éclatement de l'État.

Les socialistes belges, comme Émile Vandervelde, malgré leurs convictions pacifistes, soutinrent l'effort de guerre, par solidarité nationale, mais en revendiquant le suffrage universel à la fin de la guerre. Le suffrage universel pour les hommes fut introduit dans la Constitution en 1921. En 2017, le Parti socialiste en nette perte de vitesse ouvrit son programme à l'écosocialisme avec Paul Magnette. Petit pays, la Belgique fut une puissance coloniale : le Congo belge devint une colonie officielle en 1908 et en 1960 accéda à l'indépendance.

Le système électoral et politique belge est celui d'une monarchie constitutionnelle, avec un roi à pouvoirs formels et un gouvernement nommé par la majorité du Parlement. C'est une démocratie représentative, à vote obligatoire et à scrutin proportionnel. Ce système favorisa la multiplication des partis et des gouvernements de coalition. Depuis 1990, le Premier ministre est devenu le centre de gravité, personnalisant le jeu politique via des stratégies de communication et l'influence des médias, dit Jean-Michel De Waele. Le modèle d'harmonie sociale belge s'appuie sur la concertation permanente entre le gouvernement et les partenaires sociaux (les syndicats et les fédérations des employeurs). Ce système d'harmonie se développa dans toutes les institutions publiques du secteur social, autour des grands partis politiques. Ce système des « trois piliers » catholique, libéral et socialiste donna lieu à au népotisme et à au clientélisme. Depuis les années 1990, de nombreux scandales politiques ébranlèrent la confiance du citoyen belge dans les grands partis et dans les politiciens. Le déficit d'éthique du monde politique porte surtout sur des enrichissements (de parti et personnels) et des cumuls de mandats (privés et publics) de la part des membres des grands partis. Ainsi l'affaire Publifin (2016), scandale politique portant sur des élus cumulant de nombreux mandats, dans un montage de sociétés publiques via une intercommunale. Le politologue François Gemenne n'hésita pas à affirmer que ce scandale politique possède les caractéristiques d'une mafia*. Comme le dit Xavier Mabille, le mauvais fonctionnement des partis politiques, le malaise dans le fonctionnement des institutions judiciaires et policières et les tensions entre les pouvoirs judiciaire et législatif provoquèrent une déception collective de la vie politique.

Dès la période de 1919 à 1940, l'histoire politique de la France du XXe montre une assez grande instabilité. Georges Clemenceau signa le traité de

Versailles pour la France (1919). Pour de nombreux poilus englués dans la boue des tranchées, la Grande Guerre dès 1916 était une guerre absurde. Et l'histoire des hommes, c'est aussi celle de la guerre monstrueuse qu'Henri Barbusse décrivit : « … il ne reste plus que l'infinie fatigue… deux armées qui se battent, c'est comme une grande armée qui se suicide ! ». En 1920, Léon Blum scinda le Parti socialiste de l'Internationale communiste. Pour combattre la grande crise, il réussit à unir les socialistes et les communistes autour d'un programme social, le *Front populaire* de 1936, avec la nationalisation du chemin de fer et des usines d'armement. Le Front populaire commença par le débordement d'une grève générale spontanée avec occupation d'entreprise, puis lança des droits sociaux et de grands travaux publics. Mais il ne put pas maîtriser une forte inflation annuelle de 29 %. Les problèmes économiques et monétaires, en même temps que les menaces guerrières de l'Allemagne (réoccupation de la Ruhr) et de l'Espagne (Guerre civile), amenèrent la démission du gouvernement Blum en 1938. Et en 1940, c'est un régime de dictature, le gouvernement de Vichy (Philippe Pétain) qui représenta le gouvernement officiel d'une France divisée. En effet, une autre France, libre fut proclamée par Charles de Gaulle depuis Londres.

Durant la période de 1940 à 1969, la France connut des mouvements de décolonisation en Indochine, en Algérie et en Afrique. En 1941, Ho Chi Minh pensa que l'heure avait sonné de déclarer l'indépendance du Vietnam, puisque la France de Pétain était alliée du Japon. Il lança la lutte anticolonialiste et s'allia en 1945 avec les États-Unis, qui avaient libéré l'Europe du fascisme. Malheureusement, la Guerre froide changea les alliances, les États-Unis ne soutinrent plus Ho Chi Minh communiste. D'autant plus que la France lança la guerre d'Indochine en réoccupant le Vietnam. Cette période de 1940 à 1969 fut dominée par la figure de De Gaulle, qui forma un gouvernement provisoire à la Libération. Puis il fut à nouveau rappelé comme sauveur en 1958, pour résoudre la crise de la Guerre d'Algérie. Il modifia la constitution en Ve République, avec un pouvoir présidentiel renforcé. Il gouverna au-dessus des partis et au-dessus du Parlement, en pratiquant largement le référendum et se retira en 1969 après un référendum.

Le mouvement de Mai 68, animé notamment par Daniel Cohn-Bendit, fut une crise de grande gravité faite de révoltes politique (contre le pouvoir gaulliste autoritaire), culturelle (contre l'impérialisme américain et le consumérisme) et sociale (pour la liberté sexuelle et contre des mesures économiques libérales). Elle éclata d'abord chez les étudiants (opposition idéologique), puis s'étendit chez les ouvriers (revendications salariales et syndicales). D'après Roger Garaudy, Mai 68 devint un mouvement de masse gauchiste, vite dilué par une superficialité d'actes de provocation et d'utopie que le pouvoir stigmatisa pour intervenir contre le désordre. D'autres pays, comme la Belgique, l'Allemagne, les États-Unis et la Tchécoslovaquie, connurent des émeutes principalement étudiantes en 1968.

La période de 1969 à 2012 connut l'alternance politique entre la gauche et la droite. La victoire de la gauche de François Mitterrand (1981-1995) lança une vague de nationalisations (secteur bancaire, secteur industriel, armement), de décentralisation (du pouvoir central vers les collectivités locales), de législations sociales (congés payés augmentés, heures de travail/semaine diminuées) et de suppression de la peine de mort. Robert Badinter, ministre de la Justice, considéra que cette suppression mettait fin au pouvoir présidentiel de grâce qui faisait de la Cour d'assises un organe proposant une peine de mort que le président décidait. Cette période d'alternance conduisit même à des cohabitations. Ainsi en 1986, François Mitterrand (gauche) gouverna avec un Premier ministre Jacques Chirac (droite). Puis en 1997, le président Jacques Chirac gouverna avec un Premier ministre Lionel Jospin (gauche). Les présidences de Nicolas Sarkozy et de François Hollande, tous deux non réélus pour un second mandat, connurent des niveaux record d'impopularité, qui profitèrent à la montée de l'extrême-droite. Et les élections présidentielles de 2017 risquaient d'être une nouvelle confrontation de la gauche, de la droite et de l'extrême-droite. Mais Emmanuel Macron réussit à mettre en échec tous les partis traditionnels, en présentant un projet au-dessus des partis. Il recourut à un programme de renouveau de la démocratie, moralisant la vie publique et stimulant la participation civile par des comités locaux.

Au XXIe, la France comme la Belgique furent touchées par un mouvement islamique. Ce mouvement fut renforcé par le djihadisme international qui choisit l'Europe comme lutte contre l'Occident. En instrumentalisant la jeunesse mal intégrée issue de l'immigration. Sachant que la population musulmane en France représente 8 % du total. Elle est plus jeune, plus pauvre et à plus forte natalité que la moyenne, on conçoit son potentiel de dangerosité, dit Gilles Kepel.

Le système électoral et politique français est celui d'un régime semi-présidentiel, avec un pouvoir exécutif formé d'un président élu et d'un gouvernement. Le Parlement est bicaméral (Assemblée nationale et Sénat). Le président est élu au scrutin majoritaire à deux tours, il ne peut pas être renversé par le Parlement. Le régime présidentiel conduisit à une bipolarisation gauche/droite de la vie politique. Le vote à deux tours force les partis à se regrouper avant les élections, ce qui augmente la transparence démocratique. En effet un système à un tour, comme en Belgique, provoque des coalitions après les élections, pour former une majorité. Cependant, le vote présidentiel à deux tours engendre des effets pervers. Pour espérer passer le premier tour, le candidat doit faire naître des attentes. Mais ensuite, l'impuissance à pouvoir les satisfaire dans l'action gouvernementale fait passer la popularité du président d'élevée à basse. Il s'ensuit un vote de sanction aux législatives, qui provoque l'alternance et la cohabitation. La cohabitation désigne la coexistence d'un président élu sur un programme et d'un Premier ministre s'appuyant sur une majorité parlementaire pour soutenir un programme opposé. Elle pourrait impliquer que le président est vu comme un chef de l'opposition, dit Jean-Philippe Derosier. La Ve République renforça le pouvoir exécutif sur le Parlement. Le Parlement dispose d'une compétence très limitée d'initiative des lois et de budget, et il a peu de moyens de rejeter un projet de loi du gouvernement. Le vote en France n'est pas obligatoire et l'abstention devint élevée depuis la fin du XXe. La crise de confiance des citoyens, vis-à-vis des acteurs politiques au XXIe, se décline en problèmes d'éthique (corruption et collusion d'intérêts), de distance entre l'élu et la masse des électeurs et de déficit de représentativité de certains groupes sociaux. La crise politique du régime présidentiel français est partagée par d'autres États occidentaux (comme la Belgique). C'est une crise de la place de l'État, impuissant devant le pouvoir des fortunes et des multinationales. Impuissant devant les délocalisations, la poussée des précarités et la fin des solidarités. La défiance du citoyen pour la politique provoque l'abstention du vote des jeunes, la méfiance à l'égard des partis, le vote pour l'extrémisme et le populisme, dit Alain Garrigou. La crise institutionnelle se manifeste aujourd'hui dans l'impuissance à gérer la crise économique, la résurgence de l'extrême-droite et l'indifférence citoyenne, d'après Gilles Le Chatelier. L'exécutif bicéphale fonctionne mal, dit-il, le président dispose d'un pouvoir de monarque républicain, face à un Parlement affaibli.

La section 2 traite de l'histoire sociale de la Belgique et de la France, durant le siècle passé.

En bref 10.1…
Malgré l'unification européenne, la Belgique et la France gardent des systèmes politiques très différents, liés à leur histoire. Un État fédéral à scrutin obligatoire, proportionnel, en Belgique ; un régime semi-présidentiel, avec un président élu au scrutin majoritaire, à deux tours, en France. Dans un contexte international commun, les deux pays présentent des singularités historiques, comme la longue crise institutionnelle d'origine linguistique en Belgique ou la forte bipolarisation gauche/droite en France. Mais les deux pays partagent aujourd'hui un contexte politique intérieur, que caractérisent une carence d'éthique politique et une profonde défiance du citoyen pour le monde politique.

§2. Un siècle d'Histoire sociale de la Belgique et de la France

L'histoire sociale de la Belgique du début du XXe s'est écrite surtout en *Wallonie*, parce que l'industrie y était concentrée. La Wallonie commença dès le XVIIIe sa Révolution industrielle, mais la réforme des conditions sociales de travail y fut lente. En effet, c'est seulement en 1899 qu'on réglementa le travail des femmes et des enfants. Et l'instruction primaire obligatoire ne fut votée qu'en 1914. En 1945, les syndicats se réorganisèrent en Confédération des syndicats chrétiens (CSC) et en Confédération générale du travail de Belgique

(FGTB). Par fusion des syndicats socialistes et communistes. En 1946, le patronat créa la Fédération des industries de Belgique (FIB). Puis en 1947, la Belgique créa des délégations syndicales et des conseils d'entreprise, comme premier stade de démocratie économique, mais ce système évolua peu. Au début du XXe, quelques organisations syndicales installèrent des caisses de chômage, financées par les travailleurs membres. Comme le patronat critiqua d'emblée la mainmise syndicale sur cette assurance chômage, l'État commença à financer une partie de cette assurance. Ce système de caisse d'assurance chômage belge se diffusa en Europe.

La colonisation illustra des relations sociales entre le colon blanc et l'indigène congolais, marquées à la fois par des situations de travail dégradantes et par la destruction de la culture indigène. L'occupant blanc obligea l'occupé à travailler sans rémunération, durant un certain nombre de jours par an, à des corvées pour l'État. La communauté indigène fut déracinée de sa culture traditionnelle. Certains ne pouvaient pas s'adapter au changement, alors que d'autres « évolués » adoptaient la culture de la société blanche, qui pourtant leur en interdisait l'accès, dit Hilde Eynikel. Les autorités coloniales affirmaient vouloir protéger la culture africaine, tout comme les missions catholiques, dans leur tâche de coopération au développement. Ils distillaient goutte à goutte les savoirs de l'instruction de base, des soins médicaux et des techniques pour qu'ils puissent s'intégrer à la culture d'origine. Ainsi, la civilisation plus avancée qu'on « offrait » à ces sociétés détruisait leur culture traditionnelle.

La période des Trente Glorieuses de 1945 à 1975 commença dans un remarquable élan social. En effet, le gouvernement belge, réfugié à Londres durant la guerre, en avait profité pour définir un État-providence. Et en 1945, la sécurité sociale devint obligatoire, gérée par l'État à travers l'Office national de sécurité sociale (ONSS) et financée à la fois par le patronat et les salariés. L'État comblerait l'éventuel déficit de la sécurité sociale. Elle portait sur la maladie-invalidité, les allocations familiales, le chômage, le pécule de vacances et la pension.

La Belgique eut recours à l'immigration pour compenser des insuffisances de main-d'œuvre après la libération, notamment pour la bataille du charbon. Un accord italo-belge de 1946 garantissait du charbon à l'Italie. Et ce, en échange d'un transfert temporaire de 50 000 travailleurs dans les mines belges. Cet accord comprenait une promesse de logements convenables et d'une nourriture conforme aux habitudes des immigrés. Néanmoins, parce que les sociétés charbonnières (qui étaient privées) ne disposaient pas de logements suffisants, on exigea que les Italiens viennent sans famille, en attendant la construction de logements sociaux. Des cantines furent créées, sorte de dortoirs gérés par des cantiniers pas toujours honnêtes, qui prélevaient un loyer, des frais de chauffage, d'entretien, de repas et de lessivage de draps. Claude Favry montra qu'il fallut même une commission politique italo-belge en 1948, pour faire évoluer cette situation dégradante. L'Italie suspendra l'immigration vers la Belgique à la suite de la catastrophe du Bois du Cazier qui fit 262 morts (dont 136 Italiens). De

1964 à 1970, des accords d'immigration furent ensuite conclus avec le Maroc et la Turquie, portant sur une population masculine, avec une perspective de retour au pays, après une période de travail. On considéra que la tradition musulmane de cette immigration devait être confinée à la sphère privée, sans disposer de lieu de culte public.

La crise économique des Trente Honteuses de 1975 à 2005 mit fin à la politique d'immigration et d'essor économique, en Belgique. Et pour intégrer la population musulmane stabilisée dans le pays, on commença à reconnaître le culte islamique. Dès les années 1980 en Belgique (et dans d'autres États européens), la population musulmane afficha progressivement son identité par le port du voile, elle multiplia les mosquées et les premières tendances islamistes surgirent. Durant cette période de basse conjoncture économique, l'État belge créa des emplois publics, parce que le secteur privé n'en ouvrait pas suffisamment. Pour stimuler l'embauche des jeunes, il offrit au secteur privé des réductions de charges sociales d'entreprise, ainsi que pour les travailleurs vieux, des prépensions. Le déficit de la sécurité sociale financé par la dette publique fut constant durant cette crise.

À cause du vieillissement de la population (santé, pensions) et du manque d'emplois (chômage), la vie sociale belge de la seconde moitié du XXe refléta les conflits d'intérêts opposant l'initiative privée à l'initiative publique. Entre un libéralisme qui reconnaît le rôle du syndicat et un socialisme qui reconnaît le rôle du secteur privé, l'autorité économique fut partagée entre l'entreprise individuelle et la décision collective, selon John Bartier. Au début du XXIe, l'État lança les titres-services, ce qui transféra dans le circuit formel de nombreux emplois manuels, travaillant précédemment en noir. Des indemnités sociales croissantes furent accordées aux salariés, passant de 25 % de bénéficiaires en 1986 à 30 % en 2009, selon Guy Vanthemsche. Le travail devint instable, ce qui se traduisit par des contrats croissants à durée déterminée, à temps partiel ou intérimaires, ainsi que par une flexibilisation du droit du travail. Ainsi, la part des travailleurs à temps partiel passa de 8 % en 1983 à 26 % en 2013 ; le travail intérimaire s'accrut ; et des salariés furent poussés à un statut d'indépendant. Durant les années 2010, les décrets d'accueil pour primoarrivants en Belgique reflètent les débats politiques antagonistes de l'Occident concernant l'intégration des migrants. Les pressions à l'intégration demandées à l'immigré sont comparables à celles à l'insertion des chômeurs, dans une logique de responsabilité individuelle et de marché (Sylvie-Anne Goffinet). La Belgique dispose d'une sécurité sociale considérée parmi les plus complètes au monde mais depuis 2014, elle est dénoncée et érodée par une politique néolibérale, poussant à l'assainissement de la dette publique et à l'assurance privée.

L'histoire sociale de la France d'avant 1914 est marquée par le mouvement syndical qui espérait représenter l'unité des travailleurs. La Centrale générale des travailleurs (CGT) défendit un principe d'anarcho-syndicalisme et de grève générale, pour détruire le capitalisme. Jean Jaurès (assassiné en 1914) rechercha inlassablement l'unité politique et syndicale du socialisme démocratique. D'après lui, le rapport des classes s'exprime à travers l'État, et l'action en faveur des travailleurs peut se faire à travers le Parlement, plutôt que par la révolution. Des tensions sociales s'installèrent après 1918, dans le secteur minier du nord de France, devant le paternalisme, l'automatisation et l'autoritarisme.

Pour répondre à la croissance d'emploi de mineurs, la France fit appel à l'immigration de Polonais et d'Italiens. Des mineurs polonais furent engagés. Avant la Grande Guerre, mais surtout dans les années 1920, les Polonais vinrent en France avec leur famille, avec leurs prêtres et leurs instituteurs, payés par les compagnies charbonnières. L'État construisit pour eux des corons, sans les inviter à s'intégrer aux Français. D'ailleurs, en période de crise, ils furent renvoyés par train en Pologne, sans dédommagement. En 1946, les charbonnages français furent nationalisés et des conventions collectives assurèrent aux travailleurs une bonne sécurité sociale, devant le défi de relancer la production de charbon. La principale région minière (située dans le Nord) subit une forte crise économique et de l'emploi à partir des années 1970, avec le déclin combiné des mines, des industries sidérurgiques et textiles.

L'histoire de l'État-providence en France trahit l'évolution des concepts de solidarité, d'égalité et de responsabilité. L'idée que le paupérisme et les risques d'accident industriel ne relevaient pas d'une responsabilité individuelle fonda l'État-providence sur le principe de la responsabilité sociale. Et l'assurance sociale fut au début du XXe, de type contributif (le bénéficiaire paie des cotisations) et visa la continuité du revenu lors d'interruptions d'emploi. L'assistance sociale pour lutter contre la pauvreté (non contributive) fut financée par l'impôt et fut sélective, soumise à des critères de revenu, suivant une logique de besoin. Le traitement des allocataires chômeurs (employables) fut organisé à un niveau moindre (inférieur au minimum salarial du marché du travail) que celui des personnes ayant un emploi, résultat de la tension entre le minimum de besoin et la logique de mérite. La sécurité sociale de 1946 reposa sur un objectif d'absence de discrimination (égalité) et une entraide obligatoire (solidarité), portant sur tous les facteurs d'insécurité et sur toute la population.

La France réforma ses allocations sociales, durant les Trente Honteuses, introduisant le Revenu minimum d'insertion, puis le Revenu de solidarité active. Le Revenu minimum d'insertion (RMI) de 1988 concernait les personnes pauvres, durablement sans emploi. Il instaurait à la fois une allocation de revenu, des droits sociaux (maladie, logement), un contrat d'insertion et un intéressement au travail. Le RMI français se diffusa dans le reste de l'Europe. Il marqua le passage d'une conception socialiste à une conception néolibérale. Le résultat de cette politique néolibérale fut que 17 % de la population active française en 1998, occupait un emploi à temps partiel. René Passet fit remarquer que cela n'augmenta ni l'emploi total, ni la dignité au travail, mais améliora uniquement les statistiques du chômage, tout en augmentant la pauvreté (avec l'apparition de travailleurs sans logis fixe). À partir de 2007, la France introduisit le Revenu de solidarité active (RSA) financé par un impôt sur le capital. Revenu minimum alloué à tout bénéficiaire (ayant la capacité de travailler ou pas) avec en contrepartie l'obligation de choisir un projet professionnel. Le principe du RSA est d'être versé de façon complémentaire pour les travailleurs pauvres (à temps partiel) ou comme minimum social à ceux qui ne travaillent pas. Mais en veillant que tout chômeur, prestant un temps partiel, gagne au total davantage que s'il ne travaille pas. Thomas Piketty fit remarquer que le RSA est une forme de subvention au temps partiel, qui précarise les travailleurs. Il augmente l'offre d'emplois mal payés, à temps partiel et temporaires. C'est typiquement l'application de la théorie néolibérale controversée du plein-emploi grâce à un marché libre, qui s'opposerait au chômage volontaire des assistés. En France après 1990, l'État-providence est contesté parce qu'il serait un obstacle à l'efficacité économique. D'où une politique de frein des dépenses publiques, de dénonciation de l'assistanat exagéré du citoyen, de réduction du coût du travail, de flexibilisation du travail et d'incitation à l'embauche. À propos de l'essoufflement de l'État-providence au XXIe, Paul Ricœur fit remarquer qu'il doit être corrigé parce qu'il développa une multiplication des assistés (parfois des fraudeurs de l'assistance), mais qu'il doit aussi être renforcé parce qu'il n'évite pas certains pauvres d'en être privé.

La section 3 traite de l'histoire économique de la Belgique et de la France, au siècle dernier.

En bref 10.2…

L'histoire sociale retient les tensions au sein de la main-d'œuvre immigrée (Polonais, Italiens, Marocains, Turcs) des mines en Belgique et en France.

Au début du XXe, l'idée de responsabilité sociale fonda une assurance sociale de type contributif (les caisses d'assurance financées par les travailleurs à l'initiative des syndicats). La sécurité sociale de 1946 repose sur un principe d'universalisme (d'égalité) et d'entraide obligatoire (de solidarité). Elle est obligatoire, gérée par l'État et financée par le patronat, les salariés et l'État (déficit de la sécurité sociale). À la fin du XXe, une politique néolibérale dénonça l'État-providence (dette publique, assistanat). En France, le concept de Revenu minimum d'insertion puis celui de Revenu de solidarité active furent associés à des politiques de flexibilisation du travail, d'obligation de choisir un projet professionnel et d'incitation à l'embauche. Ces concepts marquent le passage d'une conception socialiste à une conception néolibérale de l'emploi, avec une précarisation de l'emploi, par la pratique du temps partiel et temporaire.

§3. Un siècle d'Histoire économique de la Belgique et de la France

La Belgique économique de la période de 1900 à 1918 profita de la Première Révolution industrielle (charbon, acier) et de la Seconde Révolution industrielle (pétrole, électricité) qui lui assurèrent une enviable place de cinquième puissance économique du monde. La puissance économique et financière était concentrée dans des holdings comme la Société Générale (qui détenait 39 % des actifs bancaires belges) ou Solvay. Cette concentration aboutit à la formation de cartels hostiles à la concurrence, s'entendant sur les prix, hostiles aux syndicats et pratiquant du lobbying. La Flandre commença à développer son industrie au début du siècle, via le port d'Anvers et la découverte des mines du Limbourg. De 1865 à 1927, la Belgique participa avec la France à l'*Union monétaire latine*, un système basé sur le bimétallisme. La guerre de 1914-1918 entraîna la thésaurisation de l'or et de l'argent ainsi que la suspension de la convertibilité en or du billet.

La gestion économique de la période de 1919 à 1939 fut dominée par la croyance que l'Allemagne payerait les indemnités de guerre et que l'inflation serait passagère. Pour réagir au désastre de l'épargne des ménages suivant la crise de 1929, la Belgique innova par la réforme bancaire de 1935, qui scinda les banques en banques de dépôt et en banques d'affaires à portefeuille.

Durant la guerre de 1940-1945, le gouvernement confia au gouverneur de la Société Générale (le principal groupe financier) le rôle de préserver le contrôle sur l'industrie belge. Celle-ci commerçait avec les Alliés, par le biais de ses entreprises au Congo, tout en commerçant en Belgique avec les Allemands. L'industrie en Belgique tournait à 60 % dont 2/3 pour l'exportation vers l'Allemagne.

La période de 1945 à 1975 de reconstruction des Trente Glorieuses débuta par la relance de l'industrie charbonnière et métallurgique, aidée par le plan Marshall. La rudesse du travail dans la mine, dangereux pour la santé, et la politique de bas salaires s'ajoutèrent à la pénurie d'hommes jeunes après la guerre. La Belgique ne nationalisa pas ses entreprises en 1945 et ne connut d'ailleurs pas de véritable nationalisation durant son histoire. L'économie belge d'après-guerre se caractérisa par une concentration de l'emploi dans les grandes entreprises : 2 % des entreprises occupaient plus de 60 % du personnel. Par l'effectif occupé, les charbonnages restaient l'activité économique principale de l'après-guerre, mais ils souffrirent d'un manque de modernisation des méthodes, des équipements et de qualification de main-d'œuvre. L'Exposition universelle de 1958 fit de Bruxelles une capitale internationale, mais elle accentua également la bruxellisation (promotion immobilière sauvage). À partir de 1958, le vieillissement de l'équipement minier wallon entraîna leur fermeture progressive. Tandis que l'industrie commençait à se développer en Flandre. Le secteur des entreprises publiques dans les années 1970 ne représenta que 4 % (contre 30 % en France et 40 % en R. F. A). La petite taille du secteur public belge s'explique par l'opinion de la Fédération des entreprises, qui ne lui reconnut qu'un rôle supplétif. La dette publique ne cessa de grandir, de 1939 à 1968, passant de 59 à 570 milliards de francs. D'après Fernand Baudhuin, le pouvoir d'achat passa, de 1900 à 1968, de 89 à 4 135 (moyenne annuelle des prix de détail base 1913=100). Les Trente Glorieuses connurent une croissance économique. Celle de la consommation de masse de voitures, d'équipement électroménager, le développement du réseau routier et du câblage télévisé. À partir de 1960, l'économie belge fut ébranlée par la crise du Congo. Le Congo belge, colonie officielle depuis 1908, prit brusquement conscience d'un souhait d'indépendance. Il secoua la gestion coloniale, orchestrée par les missions catholiques, par l'administration coloniale et par les grandes entreprises, deux ans avant d'acquérir son indépendance en 1960.

La période des Trente Honteuses de 1975 à 2005, faisant suite à la crise du pétrole, fut une longue récession économique. Cette période mit fin au pétrole bon marché : le prix du baril passa de 2,54 $ en 1972 à 35 $ en 1982 ! La période de 1972 à 1978 connut une nette inflation de 4 à 12 % et un fort chômage de 3 à 11 %. Durant la période de 1989 à 2003, la Belgique restructura ses entreprises publiques. Elle répondit ainsi aux contraintes de l'UE, d'extension des règles de concurrence à de nouveaux secteurs d'activité et d'assainissement de la dette publique, qui l'incita à privatiser des actifs publics. La dette publique belge entre 1980 et 2013, passa de 80 % à un pic de 140 %, puis redescendit à 105 % du PIB (la Belgique n'entrait pas à l'origine dans les critères du pacte budgétaire européen mais était un État fondateur de la CEE). De 1910 à 1999, le secteur tertiaire augmenta en importance, passant de 30 % à 72 %, au détriment des deux autres secteurs. Sa structure par secteurs est typique d'une société postindustrielle et proche de celles des États-Unis. Le secteur agricole belge est en crise au XXIe, ayant perdu, entre 1980 et 2016, 68 % des exploitations et subissant une concentration des terres. Face à cette agriculture industrialisée et mondialisée, l'agriculture bio (avant tout wallonne) augmente de 10 % par an, depuis 2010. Le pourcentage d'agriculture bio en surface est de 5 % (Flandres 1 %, Wallonie 8 %) en 2015. À comparer à la moyenne Europe de 6 %, France 5 %, Allemagne 6 %, Italie 12 %. La Belgique en 2017 occupe le 25e rang économique mondial. La production d'électricité belge actuellement est pour 49 % d'origine nucléaire, 34 % fossile et 13 % renouvelable.

La France économique du début du XXe connut un essor industriel. Grâce à des innovations technologiques dans les secteurs de l'automobile (2e producteur mondial), de l'avion (1er producteur mondial), du cinéma et de l'électricité. Elle connut une Révolution industrielle précoce, mais moins intense qu'au Royaume-Uni ou en Belgique. L'agriculture y resta durablement un grand pourvoyeur d'emplois.

La France de la période de 1918 à 1940, fut marquée par une mentalité économique *malthusienne*, d'après Alfred Sauvy. Elle visait à limiter la production, pour faire monter les prix. Elle chercha à garder le travail en

France et freina le progrès technique, parce que les machines augmentaient la production et diminuaient l'emploi. Cette politique fut défavorable au pays et provoqua l'inflation.

Durant les Trente Glorieuses, la France pratiqua une planification économique (Jean Monnet) pour moderniser les secteurs de base, construire des logements et développer l'État-providence. La IVe République (1946-1958) mit en place un régime d'économie mixte, avec un vaste secteur de grandes entreprises nationalisées, durant la période de 1945 à 1948 (assurances, banques, charbonnages, automobile, électricité et gaz). Durant les années 1950 à 1980, la part des impôts passa de 30 % à 45 % du PIB (pour comparaison en 1980, la Suède était à 55 %, la RFA à 38 % et les États-Unis à 30 %).

La crise économique des Trente Honteuses en France était due à une combinaison de facteurs surtout extérieurs : le dérèglement monétaire international, l'inflation, la hausse du pétrole et l'émergence de pays en voie de développement, selon Raymond Barre. La France pratiqua, durant la période de 1986 à 2000, une politique de contrôle de l'inflation, de rigueur salariale et budgétaire (conforme aux directives du pacte budgétaire européen). Elle recourut également à une politique structurelle de dérégulation du secteur bancaire, ainsi que de déréglementation du marché du travail, d'abandon de l'interventionnisme d'État dans l'industrie (conforme aux directives de concurrence de l'UE) et de privatisation de services publics, qui causa des destructions d'emploi. Cependant, les dépenses publiques (y inclus les transferts sociaux) par rapport au PIB de la France n'ont cessé d'augmenter du XIXe à nos jours. 1872 = 11 %, 1920 = 33 %, 1947 = 41 %, 1970 = 35 %, 1990 = 52 %, 2017 = 56 % (Vincent Manniez). Et la dette publique française passa, de 1979 à 2015, de 5 % à 100 % du PIB. La France disposa, proportionnellement à la Belgique, davantage d'entreprises publiques durant le XXe. Alors que l'État privatisa de nombreuses entreprises publiques à partir de 1986 (pour essayer de diminuer la dette publique), l'influence du secteur public sur l'économie reste forte, en France.

Enfin, la France adossa une charte de l'environnement à sa Constitution en 2001. Elle plaça les droits environnementaux au même niveau que les droits de l'homme politiques, économiques et sociaux. La production d'électricité en France (2014) est à 78 % d'origine nucléaire, 1 % fossile et 16 % renouvelable. EDF est le plus grand producteur mondial d'électricité nucléaire avec 58 réacteurs français répartis sur 19 sites. La Loi française de transition énergétique de 2015 prévoit de passer de 75 % à une part de 50 % pour 2025 de l'électricité nucléaire, alors qu'à fin 2017, aucune mesure n'a été prise, selon Mycle Schneider. La Conférence de Paris sur le climat (présidée par Laurent Fabius) aboutit au premier accord universel signé sur le réchauffement climatique.

En bref 10.3…

La Belgique et la France sont des pays membres de l'UE, géographiquement voisins, mais présentent cependant des institutions économiques différentes. Les deux pays connurent des périodes de croissance économique (Trente Glorieuses) et de stagnation économique (Trente Honteuses) similaires ; le développement de l'État-providence y provoqua après 1980, une augmentation du pourcentage d'imposition fiscale et de la dette publique.

Mais en France, le secteur des entreprises publiques et la planification économique jouèrent des rôles importants, contrairement à la Belgique. La Belgique ne connut pas de nationalisations d'entreprises, contrairement à la France, ce qui donne des économies mixtes de type différent.

Enfin, la France est engagée dans l'industrie énergétique nucléaire de façon beaucoup plus importante que la Belgique.

Chapitre 11

HISTOIRE ÉCONOMIQUE, SOCIALE ET POLITIQUE DE L'ALLEMAGNE, AU DERNIER SIÈCLE

> Pour les Allemands, l'idée de "nation allemande" est liée à l'appartenance à un espace culturel et linguistique ; mais sur le plan politique, on se sent bavarois, rhénan ou saxon avant d'être un citoyen allemand.
>
> Henry Bogdan

> L'Allemagne, qui avait engendré Adolf Hitler, qui avait reconnu son avenir dans sa vision et l'avait si volontiers servi, bref, qui avait pris part à son hubris (arrogance), dut aussi partager sa némésis (juste colère).
>
> Ian Kershaw

À elle seule, l'Allemagne sur une période d'un siècle, constitue un objet d'étude présentant une telle diversité de contextes, que l'étude de son économie ne peut se réduire à une analyse par la seule ENL.

La section 1 étudie l'histoire politique d'une Allemagne du XXe, unifiée, divisée puis réunifiée, en passant par une étonnante diversité d'idéologies politico-économiques.

La section 2 aborde l'histoire sociale de l'Allemagne. Pour apaiser les tensions sociales entre patronat et salariés, elle se donna de façon précoce un système d'État-providence. D'autre part, elle inventa la cogestion, un système original d'harmonisation du droit du travail et du droit du capital.

La section 3 étudie l'histoire économique de l'Allemagne. En plus de sa vigoureuse position économique au sein de l'UE, l'Allemagne se donna récemment un ambitieux plan de production d'énergie verte.

§1. Un siècle d'Histoire politique de l'Allemagne

L'Allemagne du XXe a connu une grande diversité d'idéologies politico-économiques. En effet, les valeurs politiques du nationalisme, du fascisme, du communisme, du socialisme de marché et du néolibéralisme se partagèrent ou se succédèrent dans le champ politico-économique.

La période impériale de 1871 à 1918, correspondant au IIe Reich allemand, fut dominée par le pouvoir exécutif autoritaire de l'empereur. Et cela malgré l'existence d'une Chambre du peuple et d'une Chambre des États, élues au suffrage universel. Le pays développa un nationalisme raciste et un impérialisme colonial, maritime et industriel qui conduisirent à la Grande Guerre. Le pays, confronté à une guerre de fronts stabilisés, entreprit en 1917, une guerre sous-marine contre la Grande-Bretagne, après avoir conclu la paix de Brest-Litovsk avec la Russie révolutionnaire de Vladimir Lénine. L'entrée en guerre des États-Unis en 1917 et la Révolution spartakiste de Rosa Luxembourg précipitèrent la défaite et l'écroulement de l'Empire.

La République de Weimar de 1919 à 1933 connut une forte instabilité gouvernementale, du fait d'une situation économique dégradée. D'une part, à l'intérieur du pays par les réparations de guerre, définies par les Alliés dans le traité de Versailles. D'autre part, à l'extérieur par la crise de 1929, provoquant le rapatriement des fonds américains investis en banque. « Ce traité de Versailles, dit Pierre Miquel, avait humilié l'Allemagne sans lui enlever son unité et réduire sa puissance industrielle ». Les Allemands refusèrent la culpabilité de la guerre et l'accusation de criminels de guerre de leurs dirigeants. Les frustrations et le désespoir d'une Allemagne défaite incitèrent à dénoncer une paix de vengeance. Et à contester à la baisse le montant des réparations. Des ligues se créèrent, comme la ligue d'extrême-droite bavaroise d'Adolf Hitler, imprégnées d'un esprit revanchard, nationaliste et antisémite. Hitler exploita habilement le mécontentement des travailleurs et de la bourgeoisie pour former un parti d'extrême-droite, en s'appuyant sur le climat d'instabilité. En effet, la ruine des épargnants ayant investi en titres d'emprunts de guerre et le prélèvement des réparations de guerre suscitèrent une forte inflation qui perturbèrent la relance économique. La petite bourgeoisie aimait entendre que les vrais responsables de la défaite étaient les révolutionnaires, les Juifs et le capitalisme étranger. Après une victoire aux élections de 1933, il devint chancelier. Les changements vécus par la société allemande de l'entre-deux-guerres semblent davantage expliquer le nazisme que la personnalité d'Hitler. Il exerça une « autorité charismatique » (Max Weber) sur le peuple allemand, parce que ses partisans projetaient sur lui l'incarnation d'une mission de salut national. Son pouvoir n'était pas institutionnel, mais généré par ses partisans qui lui prêtaient des qualités héroïques, selon Ian Kershaw.

La dictature nazie du IIIe Reich de 1933 à 1945 se mit en marche par une dissolution progressive de l'État de droit, par la suppression des syndicats, de la liberté de la presse et des partis de gauche. En 1939, Hitler signa le Pacte germano-soviétique avec Joseph Staline, en préparation de la guerre sur le front occidental. Mais en 1941, il envahit l'URSS par l'opération Barbarossa, espérant unir le reste de l'Europe contre l'URSS. Et une résistance russe accrue, exploitant le climat sibérien, renversa le cours de la guerre. L'attaque japonaise sur Pearl Harbor (1941) provoqua l'entrée en guerre des États-Unis. Et le débarquement allié en Normandie (1944) annonça le début de la défaite allemande.

La période de 1945 à 1990 fut préparée par les accords interalliés de Yalta et de Postdam (1945) qui organisèrent l'administration de l'Allemagne en quatre zones. L'impuissance des Alliés à s'entendre à Postdam aboutit au refus de traiter l'Allemagne comme une unité économique. Chaque allié dans sa zone imposa les réparations qu'il exigeait. Ce qui en zone soviétique se traduisit par le transfert d'équipements industriels et de ressources agricoles en URSS (Dennis L. Bark). La dénazification de la zone russe porta sur tous les dirigeants et tous les propriétaires. Dans la zone ouest, elle porta sélectivement sur la hiérarchie politique (Tribunal allié de Nuremberg 1945). Le procès de Frankfurt, initié par les Allemands en 1950, jugea les dirigeants du camp d'Auschwitz, mais statua sur une version (contestée par le procureur) de culpabilité morale d'une minorité d'Allemands anormaux. Cette version prévalut sur celle (historiquement fondée) d'une majorité d'Allemands antisémites sans qui le nazisme n'aurait pu naître. La République fédérale d'Allemagne (RFA) fut admise au bénéfice du plan Marshall en 1950, parce que les États-Unis voyaient désormais ce pays comme la barrière en Europe contre le communisme. Et dès 1951, la RFA, animée d'une volonté d'unification européenne, fut un pays membre fondateur de la CECA. Elle développa une économie sociale de marché et installa la cogestion (1951) avec les syndicats, pour collaborer dans les entreprises en partenariat, plutôt que par la lutte des classes. Staline transforma la République démocratique d'Allemagne (RDA) en pays satellite de l'URSS. Le pays installa une Staatssicherheitsdienst (Stasi), vaste police de sécurité de l'État, qui infiltrait le citoyen. Sans participer à l'une des organisations du Parti communiste, il devint impossible de s'élever socialement et d'obtenir certains produits. Sandrine Kott montra qu'à partir de 1970, la mobilité sociale se réduisit fortement, du fait que les études ne donnaient pas nécessairement un niveau social pour accéder à une consommation plus élevée, réservée à l'élite. Le citoyen de RDA était à l'abri du chômage et bénéficiait de services sociaux étendus, mais il travaillait dans des entreprises peu rentables et vivait dans des logements médiocres bien que bon marché. Selon Peter Bender, la RDA présentait sept facettes, c'est : un satellite de l'URSS ; un État socialiste allemand ; un État policier ; une dictature d'éducation par le Parti communiste ; un État-providence pour le logement, l'enseignement et l'art ; une économie de planification centralisée et une communauté de citoyens dressée contre le poids mort du parti et l'appareil d'État.

Durant la période de 1959 à 1963, sous le chancelier Konrad Adenauer (CDU Christlich Demokratische Union), s'installèrent la cogestion, le règlement de l'indemnisation des Juifs victimes des persécutions nazies, la participation à la création de la défense armée occidentale, l'extension de la sécurité sociale, l'intégration dans la CECA et la fin du régime d'occupation. Le réarmement allemand fut l'objet d'un ultime combat politique contre Kurt Schumacher (SPD Sozialdemokratische Partei Deutschlands). Adenauer refusa le traité de paix proposé par Staline en 1952 (une énigme pour les historiens), avec une Allemagne réunifiée. De Gaulle et Adenauer cherchèrent à se lier dans les domaines économique et militaire, afin de contrebalancer l'influence américaine en Europe, d'après Dennis L. Bark.

La période de 1966 à 1969 connut une contestation citoyenne, animée par des personnalités gauchistes des médias, d'universitaires (comme Herbert Marcuse) et d'étudiants, cherchant à transformer la société par une agitation continue. Un des chefs de file en était Rudi Dutschke avec le mouvement APO (opposition extraparlementaire) et le groupe terroriste d'Andreas Baader.

La période de 1969 à 1974 du chancelier Willy Brandt (SPD) s'engagea dans la détente des relations avec l'Est communiste. La reconnaissance de la RDA revenait à renoncer à l'idée de la seule RFA légitime représentante du peuple allemand.

L'Allemagne de la période de réunification de 1989 à 2015 fut paradoxale pour le citoyen d'ex-RDA. En effet, celui-ci connaissait précédemment l'ennui et la médiocrité, mais aussi la sécurité. Par contre après la réunification, comme le dit Joseph Rovan, il connut une offre diversifiée de produits et de divertissement, mais aussi l'insécurité, l'exclusion, l'inflation et la hausse des taux d'intérêt et des impôts. Sous Helmut Kohl (CDU) chancelier de 1982 à 1998, la sensibilisation aux problèmes d'environnement gonfla l'électorat des écolos. De 1998 à 2005, l'Allemagne fut gouvernée sous Gerhard Schröder (SPD) par une coalition gauche-écolo, après vingt ans de parti libéral. Angela Merkel (CDU) devint chancelière en 2005, se basa sur une coalition gauche-droite ; ensuite en 2009, sur une coalition centre droite ; puis en 2013 et en 2018, sur une grande coalition. Merkel, figure de l'hégémonie allemande sur l'Europe, fut perçue comme la personnalité politique la plus puissante de l'UE.

Comme système électoral et politique, l'Allemagne de 1990 adopta la Constitution de la RFA, sans grand changement. La Constitution allemande, tirant les leçons de l'histoire de 1933, écarte le danger d'élection directe d'un président, comme chef des armées et chef de gouvernement, en cas de coalitions parlementaires instables. C'est un État parlementaire, avec un gouvernement fédéral responsable devant un Parlement national élu (Bundestag) et 16 États fédéraux avec des pouvoirs décisionnels, représentés au niveau fédéral par une seconde Chambre (Bundesrat) qui codécident le niveau national. Le chancelier est le chef de l'exécutif, il est élu par une majorité parlementaire dans les deux chambres. L'initiative législative appartient surtout au gouvernement et au Bundestag. Le Bundestag ainsi que les partis d'opposition disposent d'importants moyens de contrôle parlementaire. L'exécutif contrôle peu l'agenda des sessions parlementaires et l'opposition peut d'ailleurs largement défier publiquement le gouvernement.

La section 2 étudie l'histoire sociale de l'Allemagne, durant le dernier siècle.

> ***En bref 11.1...***
> *L'Allemagne impériale du IIe Reich allemand (1871-1918) entreprit une guerre catastrophique. Mais l'entrée en guerre des* États-Unis *et la Révolution spartakiste firent écrouler l'Empire. La République de Weimar (1919-1933) connut une forte instabilité gouvernementale. La dictature nazie du IIIe Reich (1933-1945) diffusa un esprit revanchard, nationaliste et antisémite. Les accords interalliés de Yalta (1945) partagèrent le pays en RFA, admise au bénéfice du plan Marshall en 1950, et en RDA, transformée en pays satellite de l'URSS. Elles se réunifièrent dès 1990, en adoptant la Constitution de la RFA. C'est un État fédéral parlementaire et dirigé par un chancelier, chef de l'exécutif, élu par les chambres.*

§2. Un siècle d'Histoire sociale de l'Allemagne

L'industrialisation intense de l'Allemagne de la fin du XIXe provoqua la croissance d'un prolétariat urbain, donc d'un terrain favorable au socialisme. La création du parti social-démocrate (SPD) en 1875, décida Otto von Bismarck à contrer les socialistes. C'est pourquoi il lança des réformes sociales et un État-providence financé par des cotisations des travailleurs, dans les années 1880. Il introduisit une sécurité sociale pour les ouvriers, avec une assurance accident, invalidité et vieillesse. À la veille de la Grande Guerre, le socialisme allemand était uni autour d'un parti puissant, poursuivant la réforme du statut de l'ouvrier par la voie parlementaire et pacifique.

Dans une Allemagne autoritariste, impérialiste et antisémite, l'annonce de la guerre en 1914 fut accueillie par toute la population dans l'exaltation. Dans cette société, l'aristocratie et l'armée formaient l'élite.

Le déficit démocratique de la République de Weimar s'exprima par les scores en 1932 : un parti nazi avec 37 % et un parti communiste avec 16 %. En effet, ces scores constituent, selon la formule de Christian von Krockhow, la majorité négative d'un système parlementaire condamné. Le manque d'identité nationale de l'Allemagne dans la démocratie la motiva à chercher un sauveur fasciste. Les intellectuels et les universités étaient pénétrés d'opinions antidémocratiques, nostalgiques d'un nationalisme allemand et de la raison d'État, au-dessus du système des partis et de la démocratie. Elle préféra chercher les responsables de l'échec de la guerre dans la démocratie de Weimar que dans les dirigeants du IIe Reich impérial.

Le IIIe Reich nazi installa une ingénierie sociale de sujétion de la population à une idéologie totalitaire, qui permit par sa progressivité, d'appliquer un génocide, sans résistance majeure de la population. La vision idéologique d'un ordre nouveau nazi pouvait combiner l'idée de rationalisation de la production industrielle et de la mobilité sociale, avec l'idée génocidaire de pureté biologique de la race, comme le dit Ian Kershaw. Les citoyens furent poussés à former une communauté, à travers des réunions de masse et les associations hitlériennes. Et ce, sous l'autorité inconditionnelle du Führer. Le culte du Führer évitait la division en factions du nazisme. L'idée sociale d'Hitler était simpliste et tenait de la manipulation. Elle visait à rallier les travailleurs au nationalisme et à détruire le marxisme, par la création d'une communauté nationale, fondée sur la pureté raciale et dépassant l'antagonisme entre une bourgeoisie nationaliste et un prolétariat marxiste. Cette fascination du peuple pour le guide s'accompagna également de la disparition de la responsabilité politique et morale de l'individu. Le guide prenait toute la responsabilité sur lui et suscitait l'identité de l'obéissance et du devoir. Et la très grande majorité de la population accepta la barbarie nazie, parce qu'elle se réfugiait dans une vie civile normale.

Durant la période de 1945 à 1950, la fascination populaire pour le IIIe Reich s'évanouit presque du jour au lendemain devant la défaite. Le traumatisme de la découverte de l'horreur des camps suscita un besoin impérieux de chasser sa responsabilité personnelle. D'autant plus que la lutte pour la survie dans une Allemagne dévastée, mobilisa toutes les énergies. Les jeunes Allemands subirent d'emblée la fascination pour la culture américaine dans ce monde de disette. La priorité pour les valeurs de performance économique, technique et sportive caractérisa l'après-guerre, tant en RDA qu'en RFA. Le Deutsche Mark et les médailles d'or olympiques furent au cœur de l'identité nationale !

Durant la période de 1951 à 1970, la RFA étendit progressivement la cogestion dans les entreprises, en plus de la négociation collective entre les organisations syndicales et patronales (fixation des salaires et conditions de travail, par branche). La cogestion, codécision de gestion dans l'entreprise, est un pilier de l'économie sociale de marché allemande. La confédération des syndicats allemands, sous Konrad Adenauer (CDU) en 1951, décida la cogestion à 50 % de parité dans les grandes entreprises du charbon et acier et à 30 % dans les autres grandes entreprises. Même si la grande cogestion ne permet pas d'influencer la stratégie d'un groupe, elle permet une concertation stratégique et l'expression des intérêts des salariés. Les entreprises fonctionnent ainsi dans un climat de proximité entre le patronat et la base, via les représentants des conseils. Cette institution d'équilibre entre le droit du travail et le droit du capital est une construction unique en Occident. L'absence d'organe paritaire, dans le statut juridique de la société de droit européen, laisse craindre la perte en Europe d'une institution géo-historique, porteuse de démocratie économique et d'harmonie entre l'individu et le marché. Dans les années 1970, des initiatives citoyennes d'opposition aux centrales nucléaires aboutirent à la création d'un parti des Verts.

La section 3 étudie un siècle d'histoire économique de l'Allemagne.

En bref 11.2…
L'Allemagne connut dès la fin du XIXe un État-providence avec une sécurité sociale. Après la fascination pour un régime nazi, elle s'engagea après 1945, dans la performance économique, technique et sportive, tant en RDA qu'en RFA. En RFA, elle innova en Europe, en créant la cogestion, institution d'équilibre au niveau de l'entreprise, entre le patronat et les salariés.

§3. Un siècle d'Histoire économique de l'Allemagne

Durant la période de 1871 à 1914, l'Allemagne devint la seconde puissance économique et militaire mondiale. En 1911, tous les parlementaires (même l'Internationaliste socialiste) votèrent le budget de guerre, dans un élan d'expansionnisme. Elle devait sa prospérité économique à la richesse de son sous-sol (charbon, métaux) et au système de grandes banques finançant par prise de participations. Également à un réseau de communications (voies fluviales et chemin de fer) et à l'état de son développement universitaire des sciences et des techniques.

La République de Weimar connut une spirale d'inflation et une économie affaiblie par l'annonce des réparations de guerre. Le Reichsmark de 1918 avait bien résisté, puisqu'il s'échangeait à 8,9 RM pour 1 $ (face à 4,25 RM en 1914), mais il passa à 60 RM en 1921. Hjalmar Schacht mit fin à l'hyperinflation en 1923 (entre 1918 et 1923, le taux de change passa à 4 200 milliards de Marks pour 1 $!). Les victimes de cette inflation furent les personnes à revenu fixe (rentiers, propriétaires, retraités, travailleurs) qui ainsi se dirigèrent vers des partis d'extrême-gauche ou d'extrême-droite.

Durant la période de 1933 à 1945, l'économie nazie, malgré la planification économique, le contrôle des crédits et des devises, resta une économie capitaliste, qui favorisa les grosses entreprises, en supprimant les syndicats. Le milieu des affaires et les cadres de l'armée, qui avaient porté Hitler au pouvoir, s'inquiétèrent des violences perpétrées par les SA (*Sturmabteilung*), d'autant plus que leur chef insistait sur le côté *socialiste* du parti national-socialiste nazi. C'est ce qui décida Hitler (1934, la Nuit des Longs Couteaux) à éliminer leurs cadres pour éviter une guerre civile. L'adhésion massive de la population au nazisme s'explique en partie, par la politique économique nazie. Les chômeurs furent embrigadés dans les grands travaux publics (autoroutes, aérodromes) et le réarmement. Dès 1935, ce programme réduisit le chômage à 0,5 %, en tenant compte des chômeurs recrutés pour le service militaire (500 000 recrues) et le service d'ordre nazi (un million de membres). Le régime installa une planification souple d'État, en s'appuyant sur la paix sociale et la propagande, pour obtenir l'adhésion des travailleurs. Pour limiter les importations, il pratiqua une politique d'autarcie, de limitation du taux de dépendance, en accordant des aides à la recherche de produits de rechange dans l'industrie et l'agriculture. Cependant en 1939, le taux de dépendance restait encore à ± 60 %. Pour payer les importations, afin de compenser l'insuffisance d'or allemand, on imposa des compensations ou *clearings* avec des États des Balkans. C'est-à-dire des paiements des biens importés en RM bloqués sur des comptes bancaires, pour prix des exportations de produits allemands. Hjalmar Schacht ministre des Finances, lança un protectionnisme défensif, des mesures offensives d'exportation et d'industrialisation en émettant des bons d'État.

Durant la période de 1945 à 1989, l'Union soviétique chercha d'emblée à faire payer par l'Allemagne les destructions causées à son économie par l'armée nazie. Les autres Alliés se montrèrent davantage préoccupés par la future politique allemande. Se montrant partagés, entre la peur du nazisme et celle du communisme. En effet jusqu'en 1947, les États-Unis cherchèrent à réduire la production allemande. Mais devant l'expansion soviétique, conscients de la faible reprise européenne, ils proposèrent avec Charles Kindleberger un plan Marshall massif d'aide à l'Europe étendue à l'Allemagne, qui fut le début de la reconstruction. Ce plan fut généreux en RFA (à partir de 1949), par crainte du communisme de la RDA et il permit au PIB de doubler entre 1950 et 1960. La RDA, sous domination soviétique, lança une réforme agraire, expropria les grands propriétaires terriens et les criminels de guerre, afin de redistribuer la terre aux paysans. Les paysans se regroupèrent entre 1952 et 1960 en coopératives. Elle instaura une planification centrale, avec priorité à l'industrie lourde nationalisée, inféodée à l'URSS et ouverte en partie au secteur privé. Elle développa un enseignement public et gratuit, fortement idéologisé. La RDA fut une exécutante docile et rigide du communisme soviétique. Le niveau de vie y était supérieur à celui de l'URSS, mais inférieur à la RFA. Elle manifestait une insuffisance de logements et de produits de consommation. En RFA, le miracle économique allemand joua le rôle de mythe (face à une RDA communiste), pour assurer la continuité de son économie sociale de marché. Mais d'après Alain Lattard, il faut relativiser ce *miracle* de la croissance, puisqu'elle fut en RFA après 1960, inférieure à celle de la France et ne paraît miraculeuse qu'au vu de la catastrophe de la guerre ! La renaissance d'un sentiment citoyen fut accompagnée d'américanisation et d'un essor de la consommation de masse. Ce qui éclipsa le problème de la dénazification (1,2 million d'amnistiés dans les années 1950) et de la culpabilité.

La réunification allemande de 1990 s'appuya sur une union monétaire et une politique sociale. L'union monétaire impliqua que le Mark ouest fut adopté par les deux Allemagnes à la même valeur et que la conversion, favorable à l'Est, se fit à 1,8 Ost Mark contre 1 Deutsche Mark. La consommation de l'Est s'en trouva augmentée, mais les exportations de l'Est furent freinées par cette réévaluation. D'où une période de chômage qui précéda le traité de réunification. La politique sociale décida l'alignement des salaires de l'Est sur l'Ouest en quatre ans, malgré une plus faible productivité. Ces mesures augmentèrent fortement le chômage et l'inflation par la demande, sans mettre en question le principe de l'unification politique. La réunification fut accompagnée d'un régime de transition, qui fit passer l'Allemagne de l'Est d'une économie planifiée vers une économie libérale. Ce qui provoqua une série de difficultés, liées à la privatisation des entreprises de l'Est et au chômage massif. En effet la privatisation des ex-entreprises publiques s'accompagna de fraudes. Certains repreneurs reçurent des subventions gouvernementales pour restructurer des entreprises, dont ils licencièrent le personnel. En 2002 Gerhard Schröder (SPD), confronté à une hausse du chômage, lança une politique centriste de réduction des contributions de l'État et de responsabilisation individuelle. Cette politique de compromis fut étendue par Angela Merkel (CDU) en 2005 par une approche néolibérale, qui flexibilisa le marché du travail. Et certes elle réduisit le chômage, mais pour sept millions de travailleurs, en multipliant les petits boulots à temps partiel mal payés, dit Johan Chapoutot. Durant la période de 1990 à 2015, l'Allemagne de l'Est connut une situation particulièrement difficile dans les régions frappées d'un chômage de plus de 30 %.

Le système économique allemand orienté vers la sécurité de l'entreprise peut se montrer adversaire de l'innovation. Contrairement aux États-Unis où les entreprises font largement appel à la bourse pour se financer. Le système américain orienté vers le profit à court terme peut être adversaire des intérêts de l'entreprise (Michel Albert).

D'autre part, l'Allemagne du XXIe a entamé une ambitieuse transition énergétique durable, réussissant à combiner le développement industriel et la protection de la nature. Elle ambitionne le démantèlement de toutes ses centrales nucléaires pour 2022 et prévoit de consommer 50 % d'énergie renouvelable pour 2030. En 2015, l'Allemagne couvrit 28 % de ses besoins énergétiques par l'énergie verte (contre 5 % en France). Elle investit massivement dans des parcs éoliens (9 % du total) et des centrales voltaïques par panneaux solaires (6 % du total). Elle multiplia les initiatives de cités à production autonome locale d'énergie. Certes dans cette transition, aujourd'hui le charbon représente encore 43 % du total, le nucléaire 16 % et le pétrole 10 % (Roland Théron).

En bref 11.3…

L'Allemagne unifiée il y a à peine 150 ans, connut en moins d'un siècle deux guerres. Elle connut ainsi deux périodes d'économies planifiées de guerre, avant de fonctionner selon une économie communiste (RDA) et une économie sociale de marché (RFA). Après une division en deux États aux régimes idéologiquement opposés, elle revint à l'unité du pays, durant ce même siècle. La réunification allemande fit évoluer son économie progressivement, sous la supranationalité de l'UE, vers un capitalisme néolibéral. À elle seule, l'Allemagne illustre la diversité géo-historique des économies et des paradigmes de l'économique. Elle est de plus la première puissance économique de l'Union européenne. Enfin, son investissement volontariste dans la transition énergétique écologique, la différencie nettement de la France, de la Belgique et des États-Unis.

Chapitre 12

HISTOIRE ÉCONOMIQUE, SOCIALE ET POLITIQUE DES ÉTATS-UNIS D'AMÉRIQUE, AU DERNIER SIÈCLE

L'effondrement de l'Union soviétique
et du communisme a privé l'Amérique non seulement
d'un ennemi, mais aussi...
d'une figure de l'autre claire par rapport à laquelle elle
pourrait se définir.

Samuel Huntington

Les États-Unis vivent sous la plus ancienne Constitution écrite du monde et sont la plus ancienne démocratie existante. Le texte de 1787, à l'origine ratifié par treize États confédérés sous George Washington, fut ultérieurement modifié par vingt-sept amendements.

La section 1 étudie l'histoire politique des États-Unis. L'aile gauche du parti démocrate et l'aile droite du parti républicain présentent des différences aussi fortes que celles existant entre le Parti socialiste et le parti d'extrême-droite en Europe.

La section 2 aborde l'histoire sociale des États-Unis. Malgré la conquête des droits civils et l'interdiction de la ségrégation raciale, les États-Unis répercutent l'inégalité raciale d'hier dans l'inégalité socio-économique d'aujourd'hui.

La section 3 traite de l'histoire économique des États-Unis. L'économie-monde* américaine étendit sa puissance économique à partir de 1945.

§1. Un siècle d'Histoire politique des États-Unis d'Amérique

Selon Allan Nevins, la mentalité américaine se forgea à travers la Conquête de l'Ouest, encourageant l'initiative individuelle et l'exploitation de ressources naturelles illimitées. Le droit du port d'armes et la peine de mort y sont associés. Le droit de port d'armes permet de disposer de milices d'autodéfense. La peine de mort procède d'une conception expéditive de la justice. Le mythe américain de la Conquête de l'Ouest repose sur une dure réalité, dit Sophie Bruneau. Celle du pouvoir colonisateur façonnant le monde capitaliste, par des clôtures de fil de fer barbelé pour s'approprier l'espace, les animaux et les hommes. La mentalité américaine se forgea aussi dans la guerre de Sécession par l'abolition de l'esclavage (1865) et l'opposition entre le républicain du Nord et le démocrate du Sud. Elle développa une société de consommation, mais aussi de concentration des richesses, de violence, de génocide des Indiens, de mal-être des Noirs et de gaspillage écologique.

La période de 1901 à 1912 commence avec la présidence républicaine de Theodore Roosevelt (1901-1909). Il pratiqua une politique de fermeté (politique du gros bâton), prenant le contrôle du canal de Panamá et protégeant les intérêts américains en Amérique latine. Ce fut le début d'un impérialisme américain sur les pays à économies fragiles de monocultures et de ressources minières de l'Amérique du Sud. Par ailleurs, il fut le premier président à se soucier de la conservation de la nature, en créant le premier parc naturel (Dakota du Nord).

La période de 1912 à 1920, sous la présidence démocrate de Woodrow Wilson, se distingua par une diplomatie de la paix. Il fut néanmoins contraint d'entrer en guerre contre l'Allemagne en 1917 et développa une économie de guerre. Dans les « Quatorze Points » (1918), il proposa une *paix juste* et la création de la Société des Nations (SDN), mais le Congrès républicain ne ratifia ni la SDN, ni le traité de Versailles. La Russie et les États-Unis étaient donc absents de la SDN ! Les États-Unis devinrent créanciers de l'Europe après la Première Guerre mondiale et renforcèrent leur puissance économique.

La période de 1920 à 1933, sous présidence républicaine (notamment d'Herbert Hoover), appliqua une politique isolationniste, protectionniste et une campagne anti-rouge. Les fortes réductions d'impôt, la protection contre la concurrence étrangère, la suspension des lois antitrust et le laisser-faire relancèrent l'activité économique. Selon lui, même un barrage hydroélectrique ne pouvait pas rester propriété de l'État, au nom de l'égalité des chances de chaque citoyen, face à la concurrence de l'État ! Malheureusement, cette croissance provoqua aussi la spéculation, la grande crise économique et l'effondrement boursier de 1929.

Durant la période de 1933 à 1945, le démocrate Franklin D. Roosevelt (quatre fois réélu) lança la politique du New Deal, une politique interventionniste (cohérente avec la théorie économique de John Maynard Keynes). En 1933 au plus fort de la crise, il lança de grands travaux d'intérêt général, taxa les grosses fortunes, décida des prêts aux entreprises, prit des mesures de conservation de la nature, aida les chômeurs et lança un programme de sécurité sociale (retraite, santé, chômage). Il soumit les banques à de stricts contrôles des dépôts, abandonna l'étalon-or et dévalua le dollar. Alors que le congrès ne vota qu'en 1940 des budgets d'armement, les États-Unis entrèrent en guerre en 1941. Les bombardements atomiques d'Hiroshima et de Nagasaki mirent fin à la Seconde Guerre mondiale en 1945.

Durant la période de 1945 à 1969 s'amorça la Guerre froide, opposant les blocs communiste et capitaliste, dès la conférence de Yalta. Les Alliés occupèrent l'Allemagne partagée en RFA et en RDA. Les États-Unis occupèrent le Japon jusqu'en 1952, pour soutenir la construction d'un État capitaliste, comme rempart contre le communisme asiatique (1949, proclamation de la République populaire de Chine). Et ils confièrent à Douglas MacArthur la mission de démilitariser, de démocratiser et d'américaniser l'économie. Ils organisèrent le procès de Tokyo qui jugea les criminels de guerre et se limita aux dirigeants (comme à Nuremberg). Et face aux priorités de la Guerre froide et de la guerre de Corée (les États-Unis étouffèrent la responsabilité de l'Empereur). Dès 1948, on décida de remilitariser le Japon.

Durant la guerre de Corée (1950-1953) et la guerre du Vietnam (1955-1975), le Japon servit de base de ravitaillement américaine. Le démocrate Harry Truman (1945-1953) soutint la Charte de l'Organisation des Nations unies (ONU). Il lança le plan Marshall pour l'Europe et appliqua le principe d'aide économique et militaire des États-Unis à tout État menacé dans son indépendance par une minorité communiste (doctrine Truman). En politique intérieure il poursuivit le New Deal, mais soutint aussi l'indigne chasse aux sorcières de Joseph McCarthy. Le général Dwight D. Eisenhower, président républicain (1953-1961), mit fin à la guerre de Corée, noua des alliances pour endiguer le communisme et lança la course à l'espace. Il créa la NASA pour rattraper le retard pris sur les Soviétiques.

Le parti démocrate relança la politique modérée du New Deal avec John F. Kennedy (1961-1963), qui lança une approche innovatrice en politique, en s'entourant de brillants économistes (Paul Samuelson, Walt W. Rostow, John Kenneth Galbraith). Il lança un processus d'abolition législative de la ségrégation raciale. En effet après 1960, la lutte des Noirs pour les droits civils augmenta, dirigée par des leaders remarquables comme James Baldwin et Martin L. King. En 1961, il décida la catastrophique invasion de la baie des Cochons de Cuba, espérant renverser le communiste Fidel Castro qui avait pris le pouvoir. S'ensuivit la crise des missiles de Cuba (l'URSS équipa Cuba de missiles atomiques) qu'il résolut avec fermeté. Mais le monde frôla une guerre mondiale atomique. La présence militaire américaine dans la guerre du Vietnam commença aussi sous sa présidence.

La période de 1969 à 1992 fut républicaine, avec Richard Nixon (1969-1974) qui augmenta le budget de la défense (guerre du Vietnam) au détriment des budgets de logements sociaux. Au printemps 1969, il porta la guerre au point culminant avec 543 482 soldats américains engagés, et déjà plus de 70 milliards de dollars dépensés ! Il retira les troupes du Vietnam en 1973, terminant la guerre sur un échec et une image déshonorante des États-Unis. Il fut destitué dans le scandale du Watergate, programme d'espionnage intérieur illégal. Nixon démontra aux Américains l'énorme ébranlement de leurs institutions démocratiques. Ronald Reagan (1981-1989) lança une politique de droite conservatrice néolibérale. Il défendit le laisser-faire, mais aussi la lutte contre l'avortement, en s'appuyant sur la Bible. Le redressement économique fut cependant soutenu par un programme spatial et militaire, qui éleva la dette publique. Jouant sur le désenchantement de l'État-providence, sa politique de réduction d'impôts nuisit à l'éducation, à l'environnement et aux services sociaux. Dans les années 1980, le déficit budgétaire américain se creusa, ce qui stimula la négociation des accords de désarmement avec l'URSS (1986). Durant son second mandat, il connaîtra d'excellents indicateurs économiques avec un chômage en baisse, une production croissante, un dollar élevé et une inflation jugulée, selon Allan Nevins. La simplicité du ton, l'humour et la maîtrise des moyens de communication, plutôt que le contenu, valurent une forte popularité à Reagan.

La période de 1993 à 2017 alterna présidents démocrates et républicains. Le démocrate Bill Clinton (1993-2001) échoua à réformer le système de santé et de couverture médicale, devant l'opposition du congrès. Son bilan économique fut marqué par une réduction du chômage et un excédent budgétaire. Durant son second mandat, une série de scandales politiques l'éclaboussèrent, concernant le financement de sa campagne et des affaires de sexe (affaire Monica Lewinsky). Le républicain ultraconservateur George W. Bush (2001-2009), dont le mandat débuta par l'attentat du 11 septembre, en présenta l'Irak comme le commanditaire terroriste*. Il mentit à l'ONU et influença l'opinion publique en faveur de la guerre d'Irak. Et il suscita l'hostilité de la plupart des pays à l'encontre de la politique étrangère des États-Unis. D'autre part, la crise financière de 2008 ébranla la légitimité du capitalisme financier américain, basé depuis 1990 sur la dérégulation. Le président démocrate Barack Obama (2009-2017) réforma le système financier, développa une nouvelle politique environnementale et d'assurance-maladie (l'Obamacare). Sa politique étrangère fut récompensée par un prix Nobel de la paix en 2009.

Donald Trump devint le candidat (improbable) des républicains, en 2017. Sa campagne fut marquée par les polémiques et le populisme radical, avec pour thèmes, l'anti-immigration, l'isolationnisme, le protectionnisme et le politiquement (in)correct. Le duel D. Trump contre H. Clinton illustra la dérive d'un système électoral, transformé au fil des générations, en série télévisée superficielle plutôt qu'en sélection d'un sage. Trump manie le verbe vulgaire et direct, se montre indifférent à la réalité des faits et renforce l'influence politique des réseaux sociaux, dit Christine Ockrent. Ses premières décisions furent de casser le principe de solidarité par souscription obligatoire de l'Obamacare et l'accord du climat de Paris.

La guerre du Vietnam (1955-1975) fut une période particulièrement traumatisante de l'histoire américaine. Après une intervention américaine limitée à des conseillers militaires en 1955, l'engagement militaire devint massif, à partir de 1965. Cette guerre se solda par une défaite, provoqua un traumatisme national par ses 58 126 morts et par ses présidences qui bafouèrent l'honneur, la bravoure, l'honnêteté et le patriotisme. Ken Burns montra que depuis 1961, les présidents n'avaient pas d'illusion sur l'échec de la guerre et mentaient à leur opinion publique. Le contexte de Guerre froide explique des opérations, dont 70 % avaient pour but d'arrêter l'humiliation,

20 % de contrer la Chine et 10 % d'aider le Vietnam. Un membre du *Viêt-minh* (Front pour l'indépendance du Vietnam) déclara que la stratégie américaine était de « vider l'eau pour attraper les poissons », c'est-à-dire de tuer la population pour capturer les révolutionnaires ! Stratégie défectueuse, parce qu'au plus les Américains bombardaient le Nord, tuant de nombreux civils, au plus le Viêt-cong (Front national de libération du Sud Vietnam) se renforçait dans sa volonté de réunifier le pays. L'année 1968 marqua le début d'une perte de confiance du citoyen dans la politique et les années 1960 furent animées par la contestation de l'ordre établi (Bob Dylan sortit en 1964 son album *The Times they are a Changin*, mouvement hippies San Francisco). Les sondages révélèrent que 63 % des Américains désapprouvaient la politique du démocrate Lyndon Johnson (1963-1969). Un contexte de violence caractérisa la période, avec les manifestations pour la question noire et la contestation de la guerre du Vietnam, et des assassinats politiques (J. F. Kennedy 1963, Malcom X 1965, R. Kennedy 1968, M. L. King 1968). Durant la Guerre froide, les États-Unis soutinrent les éléments les plus réactionnaires (comme Augusto Pinochet) comme rempart contre le communisme. Loin du discours officiel selon lequel la plus grande arme des démocraties est la sauvegarde de leurs valeurs, dit Guy Spitaels.

Le système électoral et politique des États-Unis est bicaméral, présidentiel et fédéral. Le scrutin présidentiel est majoritaire à un tour (vote pour les Grands électeurs). Le Congrès est l'organe fondamental de l'Union, qui personnifie les États-Unis. Il vote les lois et le budget, ce qui lui permet de juridiquement dominer le président. À la fois chef d'État, chef de gouvernement, chef de l'Administration fédérale, commandant en chef des forces armées et chef de la diplomatie, le président n'est élu que pour un mandat de quatre ans, renouvelable une seule fois. La vie politique américaine est dominée depuis le XIXe par l'alternance entre les deux grands partis. Le parti républicain est de droite conservatrice, à politique économique (néo)libérale et attaché aux valeurs traditionnelles. Et le parti démocrate est *libéral* (au sens américain), c'est-à-dire progressiste en matière de sécurité sociale et à politique économique interventionniste. L'aile gauche des démocrates et l'aile droite des républicains présentent des différences aussi fortes que celles existant entre le Parti socialiste et le parti d'extrême-droite en Europe. Les lobbys agissent sur l'opinion publique et les partis. Ce système politique libéral américain présente des élections qui exigent des montants élevés de financement, ce qui le rend sensible à la corruption et à la richesse du candidat. D'après Joseph Stiglitz et Paul Krugman, les Américains aisés peuvent jouer de leur levier politique, le système de donations permettant d'exercer des pressions sur les candidats. Le système stimule l'usage d'un marketing électoral avec des slogans superficiels. Les scandales politiques, la superficialité de la communication et l'outrance populiste affaiblissent la démocratie et stimulent le désintéressement croissant du citoyen pour le vote.

Or, le système politique américain sert souvent de référence pour les démocraties occidentales et en inspire l'évolution !

La section 2 étudie un siècle d'histoire sociale des États-Unis.

En bref 12.1…
Les États-Unis vivent sous la plus ancienne démocratie. Et ce système politique libéral inspire l'évolution des démocraties occidentales. Le système politique est bicaméral, fédéral et présidentiel. Le président a des pouvoirs étendus, mais est contrôlé par le Congrès qui vote le budget et les lois.
Les élections exigent des sommes élevées, ce qui les rend sensibles à la corruption. Et le système des donations permet aux grosses fortunes d'exercer une pression sur les candidats. La vie politique est dominée par l'alternance entre les républicains (droite) et les démocrates (progressiste). Le marketing électoral stimule la superficialité des messages, ce qui avec les scandales politiques et le populisme, provoque le désintéressement politique du citoyen. Durant la Guerre froide, les États-Unis soutinrent les éléments les plus réactionnaires comme rempart contre le communisme. Loin du discours officiel selon lequel la plus grande arme des démocraties est la sauvegarde de leurs valeurs.

§2. Un siècle d'Histoire sociale des États-Unis d'Amérique

La période de 1900 à 1928 lança la mécanisation industrielle dans les grandes entreprises. Les tensions sociales avant 1918 apparaissaient de façon plus violente aux États-Unis qu'en Europe. Parce que la situation sociale des travailleurs était affectée par la disparition de terres agricoles bon marché, par l'immigration continue augmentant la concurrence sur le marché du travail et par une réglementation décentralisée du travail. Seul un petit groupe de capitalistes profitait du développement industriel. Pourtant, le socialisme ne s'implanta pas aux États-Unis. Parce que le mythe du *self-made-man* s'implanta, à travers les terres libres abondantes et le suffrage universel. Et la fluidité sociale enlevait toute crédibilité à la conception socialiste de la lutte des classes. D'autant plus que le morcellement ethnique de la classe ouvrière créa une aristocratie autochtone ouvrière, qui n'avait aucune raison de contester l'ordre établi, contrairement aux ouvriers noirs et aux immigrés. D'ailleurs dans leur ensemble jusqu'en 1918, les syndicats étaient opposés au socialisme et indifférents au sort des Noirs et des Asiatiques immigrés. Jacques Droz fit remarquer que le bipartisme américain perpétua ce système et ne laissa guère de place pour un parti socialiste influent.

La période de 1929 à 1980 développa une politique sociale pour réagir aux conséquences de la crise. En 1933, le New Deal pratiqua une assistance sociale aux pauvres, avec une logique de mérite du travail, privilégiant les personnes employables. Et une approche par catégories au sein même de la population pauvre. L'allocation était temporaire et conçue comme une rechange à l'emploi. D'ailleurs, les travaux publics évitaient que ne se forme une classe vivant de l'aide sociale. La sécurité sociale américaine créée en 1935 par le président Franklin D. Roosevelt comportait un volet d'assurance sociale (assurance chômage et assurance vieillesse) et des bons d'alimentation pour différentes catégories de personnes indigentes. Une réciprocité prévalait à l'assistance, à travers un devoir de conformité moral du bénéficiaire d'une aide publique. L'éthique du travail et celle du self-made-man sont depuis toujours des valeurs fondamentales de la société américaine. Ce qui explique que le principe de la sécurité sociale universelle y soit perçu comme une réduction des libertés individuelles et un encouragement des pauvres à la paresse ! L'État-providence fut faiblement étendu (bloqué par les Congrès républicains) avec Medicare après 1935 (pour les personnes de plus de 65 ans) et avec Medicaid après 1965 (pour les personnes à faible revenu). Ces programmes ne s'adressent qu'à des segments de population. De plus, la discrimination sociale et économique des Noirs fut élevée durant cette période, provoquant une pauvreté noire avant tout urbaine. À partir des années 1970, une crise morale et démocratique affecta la société américaine. L'identité sociale fut mise au défi par un sentiment de culpabilité devant l'inégalité des minorités (des Noirs, des Hispanos, des Indiens, des homosexuels et des femmes). La séparation de fait des minorités aux États-Unis fut évacuée en interdisant la moindre trace de langage raciste ou sexiste, selon Edward Behr.

La période de 1980 à 2017 confronta encore davantage les Américains avec leur identité multiethnique. Après la suppression de l'esclavage, la discrimination raciale fut jusqu'en 1945 le facteur le plus important expliquant la pauvreté urbaine noire. Depuis 1896, l'usage veut aux États-Unis que les Noirs vivent « séparés mais égaux ». Martin L. King (prix Nobel de la paix 1964) décida de défendre les droits civiques et de mettre fin aux nombreuses ségrégations portant sur l'école, les services publics et le vote (à la suite de l'emprisonnement en 1956 de Rosa Parks, une Noire qui avait pris un bus de Blancs). Il exprima sa déception d'une société américaine sapée par le racisme, l'inégalité économique et le militarisme. Mais la forte dégradation économique des Noirs urbains à partir des années 1980, ne peut s'expliquer uniquement par une discrimination. Cette pauvreté noire est due avant tout au chômage et à des salaires trop bas liés à des emplois peu qualifiés. En effet, la famille, la communauté et l'école reproduisent chez les Noirs urbains un chômage et un manque d'éducation se renforçant mutuellement. Selon Daniel Moynihan, les jeunes noirs qui grandissent sans rien savoir de leur père contrastent avec les familles d'enfants blancs. En effet ces derniers, malgré l'absence du père, transmettent une éthique fondée sur le travail et l'éducation. Par contre, le stéréotype du Noir, du point de vue du Noir lui-même, est d'être bon en sport et pas à l'école ! Ce qui se transforme en préjugé de l'enfant noir, qui ne serait pas fait pour être un intellectuel. À partir de Ronald Reagan, la sécurité sociale pour les Noirs pauvres fut dénoncée, en convainquant la classe moyenne de l'intérêt de la réduction des budgets pour la pauvreté ethnique. Depuis les années 1990, l'assistance sociale passa de *welfare* (octroi de ressources) à *workfare* (aide liée à une recherche d'emploi). Le *workfare* s'associa à une stigmatisation raciste de comportements moralement dégénérés, caricaturés par la « jeune mère célibataire noire ».

En conclusion, l'histoire des Afro-Américains est largement celle d'un déni et celle de la relation irrationnelle que les États-Unis, dominés par les Blancs, entretiennent avec la question raciale noire (tout comme avec les Indiens). Et malgré la conquête des droits civils et l'interdiction de la ségrégation raciale, les États-Unis qui se disent l'avocat des valeurs de liberté, répercutent l'inégalité raciale d'hier dans l'inégalité socio-économique d'aujourd'hui. L'égalité entre Noirs et Blancs est un mythe. L'image du Blanc se confond avec celle du citoyen américain, l'image du Noir ne l'est pas, comme le dit James Baldwin.

Les États-Unis connaissent au XXIe (comme la plupart des pays occidentaux) des défis de cohésion nationale. Par fragmentation multiculturelle et par montée des différences religieuses et sexuelles. Selon Samuel Huntington, le 11 septembre 2001 a remis au premier plan la conscience de l'identité nationale, devant la menace extérieure. En effet, l'immigration aux États-Unis a présenté une histoire d'*américanisation* réussie, mais qui présente une immigration musulmane plus difficile à intégrer. La pratique de la double nationalité, qui sert davantage l'immigrant et son pays d'origine que les États-Unis, témoigne de cette diminution de l'américanisation. D'autre part, l'immigration mexicaine du XXIe, largement clandestine et peu intégrée, introduit dans certains États du sud des États-Unis une situation sociale de culture américano-hispanique. Enfin, l'inégalité sociale, surtout auprès des minorités noire et hispanique, a fortement grandi après 1980, sous l'effet d'une politique économique et fiscale favorable aux gros revenus. De plus, l'inégalité d'accès à un enseignement de qualité et l'esprit de compétition dans la vie professionnelle et privée renforcent un climat de violence, selon Bernard Vincent.

La section 3 aborde l'histoire économique des États-Unis.

En bref 12.2…

Le mythe du self-made-man, l'éthique du travail et la fluidité sociale enlevèrent toute crédibilité au concept de lutte des classes aux États-Unis. Les syndicats et les partis politiques étaient opposés au socialisme, les ouvriers blancs n'ayant pas de raison de contester l'ordre établi. À partir des années 1930, une assistance sociale pour les démunis se créa comme aide temporaire de rechange à l'emploi. À partir des années 1970, l'inégalité des minorités (Noirs, Hispanos, Indiens, femmes) commença à affecter la cohérence sociale américaine. La question raciale noire, après l'esclavage, après la ségrégation raciale, se poursuit avec l'inégalité économique. Les stéréotypes du Noir « bon en sport pas à l'école » et de la jeune Noire « mère célibataire assistée » (par rapport au Blanc « travailleur ») clivent la société américaine. Au XXIe, la cohésion sociale est affectée par la fragmentation multiculturelle.

L'américanisation de l'immigration (qui fut une réussite au XXe) se fait plus difficilement pour l'immigration musulmane et mexicaine clandestine. L'inégalité d'accès à un enseignement de qualité et l'esprit de compétition dans la vie professionnelle renforcent un climat de violence.

§3. Un siècle d'Histoire économique des États-Unis d'Amérique

Durant la période de 1865 à 1920, l'économie américaine se développa fortement par concentration de capitaux. Elle forma des groupes assez puissants pour influencer la politique des États. Theodore Roosevelt s'attaqua aux trusts, mais ceux-ci, une fois dissous, trouvaient d'autres moyens de maintenir leurs monopoles.

Durant la période de 1920 à 1945, les grandes entreprises oligopolistiques américaines mirent en œuvre les méthodes de mécanisation de la production, la fabrication à la chaîne et l'organisation des tâches. Henry Ford lança une forme originale de production capitaliste, des modèles standards produits avec une haute productivité sur une chaîne de fabrication. Un travail épuisant, mais compensé par de plus hauts salaires pour développer la consommation de masse. Ce fut un âge d'or du capitalisme de laisser-faire et de la concentration des grosses entreprises (malgré les lois antitrust). Les États-Unis passaient de première puissance industrielle sur le continent américain à première puissance mondiale. Les grands capitalistes et les petits commerçants se mirent à spéculer sur les actions et avoir recours au crédit. La panique spéculative boursière de Wall Street de 1929 déclencha, par réaction en chaîne, une récession des entreprises et un fort chômage, puis des faillites bancaires. Franklin Roosevelt lança le New Deal, en faisant face aux résistances du patronat, par de grands travaux pour absorber le chômage, en ouvrant le capitalisme à l'intervention de l'État. Les États-Unis adoptèrent une politique commerciale protectionniste durant les années 1920 à 1940. La Seconde Guerre mondiale donna un nouvel essor économique aux États-Unis et au grand capital.

Durant la période de 1945 à 1990, l'économie-monde* américaine se développa, remplaçant l'économie-monde britannique du XIXe et devenant une hyperpuissance mondiale. Elle fut également dominée par la Guerre froide et la décolonisation du tiers-monde. Les États-Unis prirent la tête du bloc capitaliste, face au bloc communiste et au bloc du tiers-monde. Constatant qu'une politique protectionniste aggrava la Grande Dépression de 1929, les États-Unis adoptèrent une politique de libre-échange après 1945, dans le cadre du GATT. Ces accords internationaux négocièrent des réductions de droits de douane entre les pays industrialisés. Aux États-Unis, ils passèrent de 60 % en 1934 à 25 % en 1945. Épargnés des destructions de la guerre, ils détenaient les 2/3 du stock d'or mondial en 1945, et réalisaient la moitié de la production industrielle mondiale. Leur balance commerciale fut largement excédentaire et la suprématie du dollar fut consacrée par les accords de Bretton Woods (1945). Ces accords prévoyaient de rétablir la stabilité monétaire. Le nouveau Système monétaire international reposait sur l'étalon de change-or, la convertibilité des monnaies avec le dollar (monnaie de réserve, seule convertible en or) et la fixité des parités entre monnaies. L'entraide mutuelle était gérée par le Fonds monétaire international (FMI), financé par les États membres (la quote-part des États-Unis représentant 31 %). Le plan Marshall (1947), par le don et le prêt de 13 milliards de dollars de marchandises américaines, ancra la politique des États ouest-européens dans le système américain. La période de 1947 à 1957 vit la mise en place d'une série de procédures pour repérer et sanctionner les sympathisants marxistes aux États-Unis, sous la direction du sénateur Joseph McCarthy. Les conséquences de la chasse aux sorcières furent durables sur la pensée économique des États-Unis. En effet cette mentalité anticommuniste, antisyndicaliste et américaniste restreignit le débat économique dans les universités. Le mode de vie américain s'imposa en Europe, dès les années 1960, notamment à travers la musique et le cinéma des Majors. Et des multinationales comme Coca-Cola ou MacDonald, modifièrent les habitudes alimentaires et culturelles. Mais la suprématie américaine commença relativement à reculer, dans les années 1970. Et le protectionnisme réapparut sous la pression de certains secteurs (acier, textile, automobile). Ainsi ils majorèrent en 1971 les droits de douane de 10 %, face à leur balance commerciale déficitaire. La part mondiale des États-Unis dans la production mondiale passa de 50 % en 1945 à 25 % en 1990. Ils firent face à une forte dette publique (lié aux fortes dépenses militaires de la guerre du Vietnam et à une faible fiscalité) et une dégradation de leur balance commerciale (lié à la reconstruction de l'Europe et du Japon). C'est pourquoi dans les années 1970, ils abandonnèrent la parité or, passèrent au change flottant et augmentèrent les droits de douane. Dans les années 1980, une Troisième Révolution industrielle, basée sur la biotechnologie, et la télécommunication/informatique se développa, qui provoqua un important chômage. Au niveau mondial, l'expansion des multinationales, surtout américaines, monta leur part à 30 % (1988) de la production mondiale.

La période de 1990 à 2015 appliqua une stratégie de privatisation de services publics américains, qui permit l'augmentation de pouvoir des entreprises privées. Ainsi les réformes de santé d'Obama, influencées par les lobbys privés, rejetant toute influence de l'État, aboutirent difficilement à la création d'un système d'assurance santé (partiellement privé, obligatoire et partiellement subventionné). De plus la dérégulation conduisit au développement irresponsable des marchés financiers, durant les années 1990. La dette privée américaine fut multipliée par vingt (de 1979 à 2007) et la dette publique par trois. Puis brusquement en 2008 survint la crise financière, les ménages surendettés ne purent plus rembourser. Les actifs titrisés s'effondrèrent. Et pour éviter les faillites bancaires (sauf la faillite de la banque d'investissement Lehmann Brother), le Trésor américain transféra les dettes privées en dette publique payée par les futurs contribuables. Colin Crouch fit remarquer que le néolibéralisme ne fut pas mis en cause par le keynésianisme durant la crise de 2008. Au XXIe, les États-Unis et l'Europe entretiennent une relation économique qui conditionne le bien-être de leurs populations respectives. Ainsi les investissements américains en Europe (50 % du total) et réciproquement sont plus importants que vis-à-vis d'autres pays. Au niveau du commerce international, cette interdépendance diminua cependant, au profit d'un commerce croissant avec des pays comme la Chine.

Ce qui installa progressivement une multipolarité Chine/États-Unis/Europe. Les États-Unis sont dans ce commerce avantagés vis-à-vis de l'Europe, par une bonne démographie, une forte productivité et un ensemble politique uniforme. Mais par rapport à la Chine, les États-Unis subissent une forte érosion de leur puissance mondiale.

L'économique américaine affirme son orthodoxie, en revendiquant une méthode scientifique, basée sur la neutralité par rapport à des valeurs idéologiques. Cependant, on peut dire que les républicains et les démocrates présentent des orientations de politique économique différentes, bien que tous deux soient opposés à l'idéologie économique socialiste. Les républicains sont davantage proches de l'économique orthodoxe, par des propositions de laisser-faire, de réduction des impôts et d'opposition à l'État-providence. Alors que les démocrates sont davantage proches d'une économique de régulation keynésienne (interventionniste) de l'économie, de mesures fiscales de redistribution, de soutien de la sécurité sociale universelle et de protection de l'environnement. Par conséquent l'histoire économique des États-Unis dément l'unité de la branche économique (ENL comme pensée unique).

La politique environnementale américaine est fortement assujettie à une politique économique néolibérale. Sous Richard Nixon, le gouvernement fédéral créa l'Agence pour la protection de l'environnement (1970). La politique de l'époque visait l'indépendance énergétique pour se soustraire du pétrole, par des mesures d'économie d'énergie et de développement d'énergies alternatives. Bill Clinton (1997) négocia l'accord de Kyoto sur le climat et proposa une taxe sur l'énergie mais le congrès en refusa le vote. Le très influent vice-président Al Gore (prix Nobel de la paix 2007) fortement actif dans la protection écologique, s'engagea dans la lutte contre le réchauffement climatique. Il adopta des normes de réduction de la consommation de carburant dans l'industrie automobile. Il développa le marché des droits de CO_2 et les secteurs d'énergie solaire et géothermique. Le gouvernement de George W. Bush proposa des mesures moins contraignantes que Kyoto. À savoir une réduction des gaz à effet de serre de 18 % sur 10 ans, prétextant que Kyoto était peu contraignant pour les pays en voie de développement. Il réduisit la taxation écologique sur l'industrie chimique et pétrolière, et stimula le développement de l'énergie atomique. Il stimula aussi la production de biocarburants et un fonds pour les technologies propres. Les États-Unis sont le second pollueur du monde, ce qui n'empêche pas Donald Trump d'être un ferme opposant à toute politique de lutte contre le réchauffement climatique. Mauvaise nouvelle pour l'écologie de la planète en 2017, il sortit son pays de l'accord de Paris de 2015 ! Heureusement le développement durable est une préoccupation de certains États fédérés qui pratiquent une politique environnementale plus dynamique que celle du niveau fédéral.

En bref 12.3…
Les États-Unis connurent dès la fin du XIXe une concentration oligopolistique des entreprises que l'État ne parvient pas à contrôler par les lois antitrust. Ils appliquèrent durant le XXe des politiques protectionnistes ou libre-échangistes, de façon très opportuniste. La crise de 1929 suscita une politique keynésienne (interventionnisme de l'Etat), mais la crise de 2008 maintint une politique néolibérale (laisser-faire du marché). La politique environnementale des États-Unis est faible, par sujétion à la politique économique de laisser-faire néolibéral.

À suivre chapitre 12…
Les États-Unis documentent une histoire sociale de la science économique, c'est-à-dire une interpénétration entre l'économique académique, les intérêts économiques des grandes entreprises et le pouvoir politique. En effet depuis les années 1980, l'ENL américaine appuie sa suprématie sur une solide technostructure, dans laquelle les facultés universitaires, le monde politique (surtout républicain) et les lobbys des entreprises s'épaulent mutuellement.
En Occident au XXIe, l'ENL portée par l'économie-monde américaine, s'est académiquement légitimée dans les universités et a imposé des économies de marché fortement libéralisées, via l'efficacité des partis politiques libéraux. Autrement dit, il faudra se souvenir que l'ENL américaine domine au XXIe non pas par sa rigueur scientifique. Mais par son efficacité politique, qui accompagne la mondialisation du modèle idéologique américain du capitalisme, facilité par la chute du communisme et par la force du parti républicain.

Partie IV

PSEUDO-SCIENCE ÉCONOMIQUE ORTHODOXE ET NOUVELLE ÉCONOMIQUE POUR LE XXIe SIÈCLE

La recherche en sciences sociales n'a pas vocation à produire des certitudes mathématiques toutes faites et à se substituer au débat public, démocratique et contradictoire.

Thomas Piketty

En appréhendant la nature sous l'angle de réservoir inépuisable de ressources naturelles, l'homme a façonné un modèle économique de cigales. De réservoir, la nature s'est muée en dépotoir.

Inès Trépant

Cette partie est l'aboutissement de notre quadruple cheminement (que certains qualifient d'encyclopédique) : chronologique (comprendre la construction de la science du XVIe au XXIe siècle), logique (relier les méthodologies des sciences en général à celles de l'économique en particulier), empirique (montrer la diversité des économies) et épistémologique (comparer la scientificité des sciences naturelles à celle de l'économique orthodoxe du XXIe siècle). L'ENL adopte une théorie abstraite, qui ignore la diversité géo-historique des économies réelles. Et elle est davantage une *tyrannie* du marché qu'un choix démocratique *libre* de notre futur.

L'ENL présente dix-neuf problèmes épistémologiques que nous avons regroupés en cinq points : la méthodologie, la conception de la pluridisciplinarité, le problème de l'unité de l'économique, la définition de l'objet d'étude et le rapport au réel économique. Le diagnostic de pseudoscience appliqué à l'économique orthodoxe résulte moins de l'importance de chaque problème séparé que du maillage de ces problèmes (Chapitre 13).

Nous proposons de remplacer l'ENL, non pas par une autre économique idéologique, mais par une Nouvelle économique scientifiquement solide. La NE propose un programme de recherche et d'enseignement, intégrant cinq facettes : l'approche systémique et pluridisciplinaire de la société, les mécanismes économiques de tous les types d'économies, la diversité géo-historique des contextes économiques, la diversité des rapports aux valeurs des économiques et les liens entre les politiques économiques et l'économique appliquée (Chapitre 14).

Nous verrons dans la postface que la Nouvelle économique peut servir de guide démocratique pour une économie néocapitaliste durable, qui équilibre le marché, l'État, la culture, la société civile et la nature.

Chapitre 13

LES PROBLÈMES DE VALIDITÉ SCIENTIFIQUE DE L'ÉCONOMIQUE ORTHODOXE DU XXIe

> Prendre une approche partielle d'une réalité n'est pas la déformer per se, mais l'une n'est pas l'équivalente de l'autre.
>
> Tony Lawson

> Celui qui pense qu'une croissance exponentielle infinie est possible dans un monde fini est soit un fou, soit un économiste.
>
> Kenneth Boulding

L'économique* partage la plupart de ses difficultés scientifiques avec la sociologie : le caractère global de phénomènes sociaux présentant plusieurs dimensions à la fois, la diversité géo-historique, la dualité cause/signification, la performativité* de la théorie, l'instabilité des variables et le nombre élevé des variables (Chapitre 7). Mais elle a l'avantage de présenter un champ scientifique portant sur des variables quantitatives et des unités de mesure monétaires (changeantes mais comparables). Par contre, parce que les comportements économiques et les pouvoirs politiques sont reliés à des systèmes de valeurs, l'économique a le désavantage de devoir théoriser sur la base d'un rapport aux valeurs.

Un courant dominant d'économistes considère l'ENL comme la seule science économique, c'est-à-dire la science orthodoxe. Elle serait fondée, comme toutes les sciences, sur l'obtention d'un consensus des pairs universitaires et sur la publication des travaux dans des revues spécialisées. Ils postulent qu'elle serait exempte d'idéologie, décrivant des comportements économiques liés à des postulats considérés les seuls possibles. Une variante répandue du déni idéologique de l'ENL se lit chez les économistes affirmant que l'opposition politique entre la droite et la gauche est dépassée, devant l'objectivité des mécanismes économiques chiffrés.

Le noyau dur du néolibéralisme peut se résumer par :
L'*Homo Economicus* (un être fictif parfaitement rationnel) inspire des comportements de préférence stables,
de consommateurs, de travailleurs ou d'entrepreneurs, contractuellement libres, individuels et indépendants,
qui suscitent un équilibre social spontané et idéal (menant à un optimum de production),
à travers le mécanisme (naturel) concurrentiel de marché, qui arbitre les choix budgétaires des acteurs par les prix,
et cela, sans intervention de l'État, autre que la protection de la propriété privée.

Pour Karl Popper, l'analyse de situation en économique serait l'équivalent des conditions initiales de la physique. Les modèles économiques seraient des reconstructions de ces situations typiques, où un agent rationnel répond à la situation dans laquelle il se trouve. Cette conception épistémologique, conforme à l'ENL, préfère une approche théorique abstraite, à l'étude de la diversité géo-historique des économies et des comportements économiques réels. Par contre, pour Rein Taagepera, le réel social possède un temps inhomogène. C'est pourquoi, contrairement à la méthode de l'économique orthodoxe, il proposa de combiner l'approche empirique et descriptive des sciences sociales, avec l'approche théorique explicative et prédictive (propre aux sciences physiques). Tony Lawson de plus, fit remarquer qu'on peut identifier des causes en sciences sociales, mais sans pouvoir expérimenter et sans pouvoir fixer les conditions initiales. Les sciences sociales permettent d'appliquer des principes universels, mais à des contextes uniques, disait Kenneth Arrow. D'après Clive Granger, l'évolution des variables économiques doit tenir compte de la double différence. La première différence compare "avant et après" et la seconde compare deux groupes, "l'un soumis à la cause, l'autre groupe pas" ».

L'histoire de l'économique est inséparable de l'histoire des économies et une *histoire sociale de la science* économique orthodoxe (selon le concept de Bruno Latour) montre l'interpénétration entre l'économique* universitaire, l'économie*réelle et le pouvoir politique. L'ENL est une pseudoscience et une monographie ethnocentrique du capitalisme occidental. Elle présente une série de problèmes que nous traitons, séparément et globalement. Ce qui compte est moins l'importance de chaque problème séparé que le maillage de ces problèmes. Nous structurons les dix-neuf problèmes épistémologiques de l'ENL à l'aide du tableau à double entrée ci-dessous. Cinq points (méthodologie, pluridisciplinarité, problème d'unité de l'économique, objet d'étude et économie réelle) sont mis en relation avec cinq tendances (prescription, dogmatisme*, axiologie* idéologique, économisme* et naturalisme*).

Points	Problèmes épistémologiques				
1 Méthodologie	1	2	3	x	4, 5, 6
2 Pluridisciplinarité	x	7, 8	x	9	x
3 Unité	13	10, 12	11	x	x
4 Objet	14	15, 16	x	x	x
5 Économie réelle	17, 19	18	x	x	x
Tendances	**Prescri ption**	**Dogmat isme**	**Idéologi e**	**Économ isme**	**Naturalis me**

Dans la section 1, nous traitons des problèmes de validité de méthodologie et de pluridisciplinarité de l'ENL.

La section 2 étudie les problèmes de validité de l'ENL liés à l'objet d'étude et à la gestion de l'économie réelle.

Dans la section 3, nous montrons que l'ENL est une pseudoscience ethnographique, idéalisée et idéologique du capitalisme.

§1. Les problèmes de validité de l'économique orthodoxe liés à la méthodologie et à la pluridisciplinarité

L'ENL pratique une approche prescriptive de conseils pour le pouvoir politique (problème 1).

L'interaction entre la politique économique et la science économique officielle est un problème majeur de validité scientifique. Paradoxalement, l'approche prescriptive la plus fondamentale de l'ENL est que l'État doit en faire le moins possible. L'ENL conseille davantage qu'elle n'explique le fonctionnement d'une économie. Elle est depuis sa naissance une science appliquée, son ancienne dénomination n'était-elle pas économie politique ? Elle se transforma en une morale, fixant des fins et des règles d'action sur ce qu'il « faut faire » et pas empiriquement sur ce « qui est ». Elle est donc normative et performative, c'est-à-dire qu'elle façonne un devenir sociétal idéal. Autrement dit, c'est une *prescription* et pas une *description.* Contrairement à la méthode du type idéel de Max Weber, basée sur des monographies de cas réels, l'ENL conçoit un *type idéal* dont doit se rapprocher le système réel.

D'autre part, elle considère que les mesures de lutte contre la pauvreté sont économiquement inefficaces parce qu'elles interviennent dans le fonctionnement naturel du marché (ce qui relie le problème de prescription avec le problème 4 de naturalisme).

De plus, elle ignore la diversité des situations économiques de départ et prétend prescrire des conseils universels. Milton Friedman, en faisant la distinction entre le test de validité des postulats et le test de validité des prédictions, déclare qu'il faut négliger la fausseté empirique des postulats, la seule validité est celle des prédictions des prescriptions (le problème de prescription est par conséquent également lié avec le problème 6 de postulats peu empiriques). Comme le disait Mark Blaug, les économistes néolibéraux prêchent l'importance de la soumission aux tests empiriques, mais l'appliquent rarement !

Enfin, les conseils de l'ENL seraient dénués de jugement de valeur (le problème du conseil est aussi lié avec le problème 3 d'idéologie). Mais en économie, les objectifs et les moyens sont tellement dialectiquement reliés qu'il est impossible à l'économiste d'éviter les valeurs éthiques, parce qu'il aborde aussi les objectifs lorsqu'il conseille le pouvoir, dit Daniel M. Hausman.

L'ENL affiche un discours dogmatique de vérités immuables (problème 2). L'ENL affirme être la seule économique valide, contre toutes les autres économiques. Elle assoit des vérités supposées immuables, comme le dogme de l'inefficacité de l'intervention de l'État et celui de l'efficacité du marché. Ainsi, elle trouve les causes des problèmes de pollution ou de pauvreté, dans l'insuffisance de droits de propriété exclusifs et à l'interventionnisme bureaucratique de l'État. L'État ne serait pas plus juste ou plus humain que le marché et l'État-providence coûterait à la nation plus qu'il ne rapporte. Bref l'ENL prône de façon dogmatique le laisser-faire*, passant ainsi du concept de politique économique à celui de politique de l'économique. Selon le néolibéral Henri Lepage : « la meilleure garantie contre l'exploitation c'est le marché, c'est une aberration mentale de faire de l'État le protecteur des exploités…le capitalisme est le rempart de la liberté en démocratie…sur le choix que chacun fait de son propre style de vie ». Le mythe de l'État inefficace et du dynamisme de l'innovation du secteur privé ne concède à l'État qu'un rôle de correcteur du marché. Cependant Mariana Mazzucato montra que l'État peut être créateur de marché par l'innovation. En effet pour plusieurs technologies de pointe, le secteur privé n'a investi qu'après la haute prise de risque des frais de recherche fondamentale et appliquée par l'État. La préférence pour le marché repose sur un choix axiologique privilégiant le secteur privé plutôt que le secteur public, avec des implications sur la nature démocratique des solutions (ce qui relie le problème de dogmatisme au problème 19 de déficit démocratique). Pour John K. Galbraith, le dogme du marché protège l'autonomie et le revenu de la grande entreprise. En effet il sert à dissimuler le pouvoir économique qu'elle exerce, puisque tout pouvoir serait détenu par le marché !

L'aura d'une ENL incontestable est largement diffusée dans la société, à travers les lauréats de prix Nobel d'économie, occupant l'espace des médias publics comme experts, conseillant les institutions internationales et conquérant les postes de professeurs d'université en s'opposant aux économistes hétérodoxes.

L'ENL affiche un discours axiologique de jugement de valeurs idéologiques (problème 3).

L'ENL fixe des normes appuyées sur un jugement de valeurs, c'est-à-dire c'est une axiologie : elle décrète que l'optimum* de production et l'efficacité économique sont des buts scientifiques. L'équité* économique serait un but non scientifique, parce qu'il implique l'intervention de l'État. Selon la conception de Milton Friedman, le marché est la bonne recette à l'état pur, tout comme la nature qui ne pourrait qu'être bonne à l'état pur ! Mais que les interventions de l'État aient aujourd'hui des effets pervers n'est pas la preuve suffisante, qu'ils les auront dans le futur, ni que le laisser-faire n'a pas d'effets pervers. C'est une pratique de vérificationnisme, assurant à une théorie l'immunité contre le contrôle des faits, plutôt que du réfutationnisme, testant une théorie par les faits, dit Marc Lavoie. La confusion permanente entre le discours sur les faits et le raisonnement axiologique est, pour Max Weber, une tare de l'économique. Et Gunnar Myrdal dénonça l'absence d'annonce au début d'une théorie économique, du rapport aux valeurs des économistes.

Enfin l'ENL fait un déni idéologique en se prétendant neutre de toutes valeurs (alors qu'une politique par définition s'appuie sur des valeurs). Elle fait souvent appel à certains procédés de communication, qui rendent difficile le décodage idéologique (Jules Gritti).

L'ENL affirme l'existence de lois économiques naturelles (problème 4). Ce naturalisme introduit un double problème. D'abord, en imitant les lois naturelles de la physique et de la biologie, elle donne à penser que des lois naturelles et spontanées existeraient en économique. Rechercher une causalité directe entre variables (comme dans une réaction chimique où deux corps en forment un troisième) dans une économie, est problématique. Ensuite, appliquer la méthodologie mathématique (hypothético-déductive) de la physique, lui fournit une rigueur formelle qui donne (faussement) à penser qu'elle est exacte. Au XIXe, l'ensemble des sciences sociales fut influencé par le naturalisme. Adolphe Quételet, spécialiste de la statistique, donna pour titre à son traité *Physique sociale* et Auguste Comte voulait nommer de la même façon la sociologie !

L'ENL considère que les mesures de lutte contre la pauvreté sont économiquement inefficaces, sous prétexte que le laisser-faire naturel des mécanismes de marché ne devrait pas être contrecarré par une intervention humaine. En fait, le raisonnement suggère l'abandon du pauvre à la prétendue loi du laisser-faire spontané au lieu de l'usage de la sécurité sociale pour essayer de l'aider. Ce serait comme si en médecine, on restait passif devant l'existence de bactéries (une loi de la nature) au lieu d'essayer d'utiliser des antibiotiques. Le problème du naturalisme de l'ENL tient évidemment à la nature des différences, entre les phénomènes naturels et les phénomènes sociaux. Andrew W. Lo exprima avec humour, cette attirance des économistes pour la physique : « …ils veulent expliquer 99 % des phénomènes observés à l'aide de 3 simples lois comme les physiciens, mais ils doivent à la place s'appuyer sur 99 lois qui n'expliquent que 3 %, ce qui est très frustrant » ! En effet, l'économie est un objet d'étude à l'organisation complexe, sans téléonomie* stable et qui ne se prête guère à l'expérimentation. Et la politique économique peut se donner un but et un devenir. La théorie économique est même susceptible d'influencer et de performer ce devenir. La théorie abstraite des lois économiques générales de l'ENL néglige les fluctuations empiriques qu'introduit le contexte institutionnel géo-historique (voir problème 18 de faiblesse empirique). Pour Jean Piaget, si précise que soit une loi économique par rapport aux faits constatés, on peut toujours se demander quel est le degré de généralité de cette loi. Et pour Isabelle Stengers, assimiler de quelque manière que ce soit, les soi-disant lois du marché avec ce que les physiciens appellent des lois, constitue l'une des impostures intellectuelles de notre époque.

L'ENL fait une utilisation excessive de mathématiques simplistes, dans un modèle hypothético-déductif (problème 5). Supposant l'existence de lois économiques naturelles (voir problème 4), l'économique orthodoxe trouva logique de recourir à la méthode hypothético-déductive mathématique, utilisée avec tant de succès par la physique classique. C'est pourquoi elle adopta des théories universelles, abstraites, mathématisées et anhistoriques. Et elle se donna des concepts (utilité, valeur) comme en physique (masse, force), qui reconstruisent le réel. Les conditions initiales et la clause, toutes autres choses demeurant égales, furent remplacées par une description de situation et par des postulats comportementaux (*Homo Economicus*). Et elle introduisit des concepts fondés sur une conception philosophique de l'homme (individu, créateur de son destin) et de la société (idéologie capitaliste). Cette conception philosophique et cette méthode mathématique structurent une théorie des fins et des moyens de la société globale par la somme des comportements individuels. Comme si l'on passait d'une téléonomie* individuelle à un finalisme* social (le modèle naturel idéal dont il faut se rapprocher).

L'ENL justifia cette approche par la recherche d'universalité qui devait éviter l'inductivisme et l'historicisme. L'inductivisme théorise à partir d'événements empiriques, forcément variables. Il ne produit donc pas de théorie universelle, tout comme l'historicisme, qui interprète des événements uniques. La mathématisation (que permet la simplicité des postulats) fut un habillage, cherchant une validation scientifique de la matière. Le problème de validité scientifique de l'ENL est lié à l'utilisation inadéquate de mathématiques, parfois trop simplistes, selon David Colander. Également de quantophrénie, d'utilisation de l'agent représentatif et de la fascination pour la vérité mathématique. Sheila Dow souligna une tendance à se concentrer sur ce qu'on peut mesurer, à ne choisir que des phénomènes numériques, ceux qui présentent une valeur monétaire. La négligence de sujets importants peut parfois trouver prétexte dans l'impossibilité de les mettre en équation. Pitirim Sorokin parla de quantophrénie pour qualifier la pratique conduisant à ne théoriser que ce que l'on peut mathématiser. Claude Mouchot fit remarquer que la mathématique en économique ne parvient pas à saisir le temps historique. Le devenir économique se crée entre la liberté totale et la nécessité absolue, engendrant une histoire avec des bifurcations. Bertrand Russell confirma que l'histoire est une caractéristique du phénomène économique, que l'on ne peut pas ignorer pour faciliter la mathématisation. Une loi, dit-il, peut bien être scientifique, sans être quantitative. Dénonçant le rôle excessif joué par des axiomes et des structures mathématisées, dans l'économique occidentale du XXe siècle. Pour Claude Meidinger, les économistes orthodoxes semblent parfois oublier que « la certitude des conclusions, formellement déduites des prémisses, ne saurait se confondre avec la certitude des prémisses elles-mêmes » (voir problème 6 postulats). Par conséquent dit-il, ces économistes pratiquent une épistémologie beaucoup plus "vérificative" (Carnap) que "réfutative" (Popper), en cherchant à confirmer la vérité, plutôt qu'à corroborer la validité d'une théorie.

L'ENL utilise des postulats peu empiriques, peu réalistes remplaçant les conditions initiales (problème 6). L'ENL se réfère à une théorie axiomatique* déductive, à l'aide de postulats de départ simplifiés, peu justifiés et même irréalistes. Construire un modèle simplifié de la réalité n'est pas nécessairement falsifier la réalité, mais prendre ce modèle comme l'équivalent de la réalité, c'est volontairement la falsifier, dit Tony Lawson. La formalisation mathématique de la microéconomique* aboutit à un équilibre optimum en recourant à une série de postulats, qui posent de sérieux problèmes. Les principaux postulats sont : les *choix rationnels et individuels de l'*Homo Economicus, les *comportements libres et indépendants*, les *courbes d'indifférence*, le *marché pur et parfait concurrentiel*, l'*autorégulation du marché* et l'*échange libre d'acteurs de force égale*.

La théorie de l'optimum d'Alfred Marshall et de Vilfredo Pareto supposa que le choix du consommateur est la conséquence de purs calculs rationnels, indépendants de toute influence étrangère. Même si le postulat de l'*Homo Economicus* est une bonne approximation du comportement individuel économique, ce postulat n'explique pas tous les comportements d'échange, il oublie la contrainte, le don et l'entraide. Pour François Perroux, « l'élimination par principe de la contrainte et du don évite que l'on s'interroge sur des réalités qui troubleraient l'idéal que la société marchande propose d'elle-même ». Le darwinisme social, avatar de la théorie de l'évolution, justifie l'axiome de l'égoïsme concurrentiel. D'autre part, les grandes décisions de la vie (mariage, profession…) se prennent à la fois sur la base de la rationalité et des émotions (Brian L. Mishara). Pourquoi l'achat d'une maison, d'une voiture, a fortiori d'une sauce bolognaise, reposerait-il sur un processus de rationalité parfaite ?

Au lieu d'utiliser des consommateurs ou des entrepreneurs réels, l'ENL utilise des agents économiques. Des automates hyperrationnels et surdoués en mathématiques. Cette approche néglige le rôle des institutions qui influencent le comportement économique des agents à travers des normes sociales et juridiques (Arnaud Parienty). Les sciences sociales doivent étudier des différences, par conséquent on ne peut pas recourir d'office à un modèle transhistorique de nature humaine basé sur l'*Homo Economicus*, sans risquer de donner pour explication cela même qu'il faut expliquer ! Comme le dit Pierre Bourdieu, une proposition valide sur un phénomène culturel doit s'appuyer sur les relations historiques et sociales dans lequel il s'insère. De plus, sans le postulat d'indépendance des consommateurs, un équilibre de marché n'est jamais un optimum. Or la sociologie a montré que les besoins ne sont pas indépendants mais interdépendants. Ils sont le résultat d'un apprentissage de normes sociales. En effet James Duesenberry montra que la publicité joue un rôle clé de modification des attitudes et des normes sociales du consommateur dans le choix des produits (c'est même l'objectif du marketing enseigné à l'université !). Dans la société de consommation de masse, les objets ont pour fonction de satisfaire des besoins, mais aussi de former un système de signes, lié aux désirs alimentés par le système économique et la publicité, dit Jean Baudrillard. En réalité, la notion de satisfaction est modifiée par le système économique qui développe le désir de produits nouveaux de façon insatiable. Enfin, le postulat d'indépendance des besoins s'appuie sur le postulat (très idéologique !) de l'échange libre entre acteurs de force égale. Le chômeur ouvrier est-il un acteur libre de force égale au DRH d'une multinationale ? La rationalité du consommateur maximisant ses utilités sous contrainte de budget, a été transposée à partir du comportement rationnel de l'entrepreneur maximisant son profit. Ainsi on suppose que les préférences relatives entre les biens consommés sont cohérentes et stables, et représentées par les *courbes d'indifférence* (Jacques Attali). Cependant, les études empiriques montrent que le consommateur poursuit souvent des objectifs irrationnels et qu'il ne collecte pas toujours les informations nécessaires à l'achat. Thorstein Veblen mit en évidence l'aspect social de la possession de biens durables et l'effet de contagion de snobisme. C'est-à-dire des attitudes non rationnelles du comportement économique. À l'opposé du postulat de rationalité économique, il ne faut pas poser l'irrationalité, mais il faut opposer la rationalité à la réalité des comportements, dit Guy Palmade.

D'autre part, la théorie de la maximisation de l'utilité sociale confond l'aptitude à payer et le consentement à payer. En effet, les personnes pauvres apprécient le pain, qu'ils ne peuvent se payer, bien que bon marché. Pour Michael Sandel, « parce que les prix du marché reflètent l'aptitude aussi bien que le consentement à payer, ce ne sont pas de parfaits indicateurs de qui apprécie le plus un bien particulier ». Le postulat de la rationalité de prise de décision des entrepreneurs ne résiste pas davantage à l'empirisme*. En effet, le manager aspire à la rationalité, mais son comportement réaliste (et réel) présente une *rationalité limitée*. À cause de la complexité des facteurs dont il doit tenir compte et de l'influence de facteurs psychologiques, comme l'ego ou le pouvoir. Herbert Simon a montré que la plupart des objectifs dans une entreprise sont fixés par niveau d'aspiration et pas par optimum.

Le marché ou la concurrence sont présentés comme des concepts (naturels) évidents décrivant l'échange, en ignorant le contexte culturel et juridique d'une situation d'échange. Or chaque société légifère ce qui peut être échangé ou pas. Le marché n'est pas autorégulé de façon spontanée, mais est culturellement régulé. La théorie de la concurrence et de l'entreprise néglige la taille financière des grosses entreprises, qui leur permet d'acquérir un pouvoir de marché, ce qui pour Joan Robinson constitue un problème théorique majeur. L'existence d'asymétrie d'informations lors d'un échange, perturbe le concept de concurrence pure. En effet le comportement d'un des partenaires agit alors contre l'intérêt collectif, ce qu'on appelle l'aléa moral*. L'acheteur d'une voiture d'occasion face au vendeur, qui sait que la voiture qu'il vend a une courroie de transmission cassée, est un exemple de l'avantage de posséder une information asymétrique dans une transaction ! Par conséquent la théorie de l'équilibre général, étant construite sur les postulats de la concurrence pure et parfaite, est cohérente mais pas réaliste. En effet, les imperfections des marchés et les déviations du comportement rationnel des agents sont nombreuses, selon Étienne Wasmer.

L'ENL refuse l'interdisciplinarité avec la sociologie (problème 7). L'économique entend dominer les autres sciences sociales et étend même la théorie néolibérale à la sphère non marchande, avec Gary Becker. L'impérialisme scientifique de l'économique s'est construit sur le prestige de la mathématisation de la branche et sur la reconnaissance publique, qui stimulèrent le financement élevé des facultés d'économie par les secteurs privés et publics, selon Pierre-Noël Giraud. Le refus d'interdisciplinarité de l'ENL se manifeste avec la clause *toutes choses égales par ailleurs* de certaines théories. Elle choisit alors l'internalisation des phénomènes non économiques dans un modèle via des variables (sociologiques, technologiques ou démographiques) endogènes et stables. La problématique sociale de la répartition des richesses d'une société est considérée par l'ENL comme étrangère à son objet d'étude. Elle refuse l'interdisciplinarité avec la sociologie, en prétextant que l'efficacité économique et non la justice sociale est son objet d'étude. Cette répartition des richesses a cependant été analysée par la sociologie et par l'économique marxiste du XIXe, comme un phénomène social global. L'existence d'une théorie économique autonome, séparée des autres sciences sociales, est une aberration pour André Orléan. Et Paul Jorion qualifie même l'économique orthodoxe d'antisociologie, parce qu'elle refuse une méthodologie par approche de structure collective et adopte seulement une approche individualiste. Thomas Piketty invoqua la nécessité de prendre en compte, de façon pluridisciplinaire, les dimensions, historique, sociale et démographique, dans l'analyse économique. « Les phénomènes sociaux sont liés les uns aux autres dans une totalité de telle sorte que toute tentative pour les isoler les uns des autres consiste nécessairement en une mutilation », dit Jean Baechler.

L'ENL refuse l'interdisciplinarité avec l'écologie (problème 8). L'économique se considère comme adjacente de l'écologie* et refuse d'intégrer l'activité économique dans l'écosystème. Face aux pollutions environnementales, il s'agit de choisir, non plus entre l'idéal de la concurrence parfaite et la contrainte étatiste, mais entre le laisser-faire imparfait et la coordination publique imparfaite, dit Paul Samuelson. Pour imputer les charges de la pollution, l'ENL propose de les décentraliser par un marché, plutôt que de les centraliser par la taxe. L'État émettrait des droits à polluer, sorte de droits de propriété des pollueurs. Et ce, en quantité conforme à la norme de pollution décidée par le politique et échangés sur une bourse (Ronald Coase). Cette internalisation des pollutions ne supprime évidemment pas les causes des nuisances. De même Gregory Mankiw conseilla, pour la sauvegarde des éléphants sauvages, de transformer les éléphants en biens privés, au lieu d'interdire la chasse à l'éléphant et la vente de l'ivoire. Comme il le dit : « La propriété privée et la recherche du profit jouant pour lui, l'éléphant africain devrait un jour être aussi protégé que la vache de l'extinction de l'espèce ». La vision de notre économiste est très simpliste, il confond l'élevage en fermes d'éléphants à ivoire (bien privé) et la sauvegarde de l'animal sauvage (bien commun) dans son écosystème ! De plus l'État reste indispensable pour contrôler les normes de cette gestion du monde sauvage. Et il y a une différence fondamentale entre l'égalité du vote démocratique et l'inégalité du vote d'argent de ceux qui auraient les moyens d'acquérir ces animaux. Le cloisonnement entre l'économique et l'écologie aboutit à gérer la biodiversité, en créant des réserves naturelles, adjacentes au reste du territoire géographique soumis à l'activité économique. Vision simpliste qui oublie que la création de réserves naturelles n'a aucune action sur la préservation des habitats naturels, nécessaire à la biodiversité !

Le marché est un mécanisme d'évaluation imparfait, car les externalités* écologiques ne sont pas évaluées sur le marché. Autrement dit, l'environnement naturel n'a pas de valeur d'échange. Il y a une différence fondamentale entre la machine écologique et la machine économique, dit Joël de Rosnay. La première est un flux irréversible d'énergie solaire en quantité illimitée et un recyclage permanent des matériaux. La seconde est un flux irréversible d'énergie fossile, provenant d'une source limitée, et un écoulement irréversible de matériaux, provenant d'un réservoir de ressources non renouvelables. L'économique croit à une réversibilité de la croissance. Mais les destructions de ressources productives se heurtent à l'irréversibilité* écologique. Ces destructions à leur tour affectent d'ailleurs l'économie. La perte d'un capital économique peut être reconstruite, mais la perte du capital naturel de la biodiversité est une perte génétique irréversible.

L'économique réduit le comportement économique de l'homme à la sphère de l'utilité et de la satisfaction des biens. Et elle isole l'homme du monde naturel, lui donnant l'illusion d'échapper à la nature. Au bilan l'ENL résiste à intégrer les contraintes Population-Nature-Technique dans son objet d'étude et préfère parler de déséconomies externes ou de facteurs exogènes que de pratiquer une interdisciplinarité avec la sociologie, avec la démographie et avec l'écologie.

L'ENL performe et justifie une vision sociale de type capitaliste (problème 9). L'économisme* est une vision sociale capitaliste qui performe le succès individuel et la compétition, plutôt que la coopération et le don. L'ENL génère des comportements à la façon d'une autoprophétie, qui justifient la théorie. Elle affirme une hégémonie sur la politique et fait une apologie du marché pour tout (le problème 9 a pour cause le problème 2 de dogmatisme et pour conséquence, le problème 19 de déficit démocratique). Mais elle ignore d'autres visions de société, ce qui fait que le capitalisme est destructeur de l'identité culturelle des peuples indigènes. Il s'est enraciné dans l'histoire socio-économique occidentale, depuis la Révolution industrielle. Alors que dans une société préindustrielle, l'économie était encastrée dans les relations sociales. Par contre dans la société industrielle, les relations sociales sont encastrées dans l'économie, sous le joug du marché généralisé, d'après Karl Polanyi. De cette façon, l'économie industrielle domine les sociétés, en transformant les relations sociales en relations d'argent.

L'ENL considère les lois économiques sous le double sens flou de lois du capitalisme, c'est-à-dire de normes législatives portant sur le marché et la concurrence, et de lois de l'économique, c'est-à-dire de connaissances qui porteraient sur la réalité économique. Cependant, une analyse empirique montre que le marché peut contribuer à améliorer des échanges socialement bénéfiques. Mais qu'il peut aussi renforcer des pratiques néfastes. Debra Satz montra que certains facteurs rendent le marché nuisible, comme l'extrême dommage causé à l'individu ou à la société. Certains biens peuvent être achetés mais avec un problème moral (un poumon) et d'autres biens ne peuvent pas être achetés (un prix Nobel). Michael Sandel souligna l'importance de fixer la place du marché dans une société démocratique juste. Parce que la marchandisation de tout donne une importance déterminante à l'argent. Ce qui est d'autant plus pénalisant que l'on est pauvre. Le marché est un mécanisme d'exclusion, car qui ne paie pas ne consomme pas. Et au plus l'argent permet d'acheter, au plus l'aisance ou l'absence matérielle importe socialement. Par conséquent la marchandisation étendue a rendu l'inégalité entre riches et pauvres plus douloureuse. Et l'omniprésence de la référence à la concurrence conduit à une société à mentalité agressive.

Le cadre théorique de la PAC (Politique agricole commune) de l'UE illustre bien l'économisme. Ainsi l'UE souscrivant à l'OMC (Organisation mondiale du commerce) privilégie la libre circulation des semences améliorées par les multinationales semencières au détriment de la libre circulation des semences paysannes. La réglementation de l'UE prohibe ces dernières, alors qu'elles sont bénéfiques à la biodiversité. Le droit de la propriété intellectuelle protège les multinationales, en interdisant aux paysans de ressemer les graines issues de plantes améliorées. Le résultat est une augmentation du pouvoir des multinationales (considérées comme le fer de lance de la croissance) et une perte d'autonomie des petits paysans, dit Inès Trépant. Les biotechnologies des multinationales installent une privatisation du vivant et contrecarrent une série de droits démocratiques du citoyen. En effet, la majorité des citoyens européens ont exprimé le refus d'une alimentation transgénique.

Dans la section 2, nous traitons des problèmes épistémologiques de l'ENL liés à l'objet d'étude et à la gestion de l'économie.

En bref 13.1…

L'ENL est depuis sa naissance, une science appliquée, une prescription et pas une description. Elle dit ce qui devrait être, pas ce qui est. La méthode du type idéel de Weber (basée sur des cas réels) fut détournée en type idéal dont doit se rapprocher toute économie réelle.

Elle manifeste une mentalité dogmatique et intolérante vis-à-vis de certaines vérités considérées comme définitivement établies. C'est un discours axiologique avec jugement de valeur.

Le naturalisme de l'ENL affirme l'existence de lois économiques naturelles et spontanées (comme les lois naturelles de la physique et de la biologie). En appliquant la méthodologie mathématique, hypothético-déductive (de la physique classique), elle lui donne une rigueur formelle qui donne faussement à penser qu'elle est exacte. De plus elle utilise des mathématiques simplistes. Elle utilise des postulats peu empiriques pour remplacer les nombreuses conditions initiales, ce qui permet d'ignorer la diversité géo-historique des situations économiques.

L'ENL refuse l'interdisciplinarité avec la sociologie et avec l'écologie sur leurs champs d'étude communs, la société et la biosphère. Le marché est un mécanisme d'évaluation imparfait, car les externalités écologiques ne sont pas évaluées sur le marché. Le marché peut aussi renforcer des pratiques néfastes pour l'individu ou la société. C'est enfin un mécanisme d'exclusion des pauvres.

§2. Les problèmes de validité de l'économique orthodoxe liés à son objet d'étude et à la gestion de l'économie réelle

L'ENL s'oppose à l'économique institutionnaliste (problème 10). Les institutionnalistes adoptent une méthode d'analyse sociologique (liée au problème 7 de refus d'interdisciplinarité avec la sociologie). C'est pourquoi les économistes orthodoxes considèrent Thorstein Veblen (économiste et sociologue) comme hétérodoxe. Il décrivit l'instinct d'appropriation des riches, une symbolique sociale derrière la possession de l'argent, qui s'oppose au calcul des satisfactions de l'économique orthodoxe. L'approche d'étude empirique des comportements psychologiques, des relations entre pouvoirs et des institutions économiques de cette école est opposée à celle de l'ENL.

L'ENL s'oppose aux autres économiques idéologiques (marxisme, socialisme, keynésianisme et écosocialisme et keynésianisme) (problème 11).
Le néolibéralisme s'oppose aux quatre autres idéologies sur la base de postulats : non-intervention de l'État, comportement rationnel de l'*Homo Economicus*, harmonie sociale par laisser-faire, propriété privée des moyens de production et main invisible du marché. Les économiques offrent des images du monde spécifiques, d'après Paul Samuelson. La perspective selon laquelle on photographie la réalité objective est de nature subjective et difficile à détacher d'une idéologie. Norwood R. Hanson montra que l'on peut regarder une même réalité objective selon des points de vue différents (en considérant, par exemple, un détail ou l'ensemble). Ainsi le discours scientifique de l'analyse des richesses est différent, lorsque les physiocrates l'étudient à partir de l'image du monde des propriétaires terriens et quand elle est analysée à partir de celle des libéraux du point de vue de la bourgeoisie industrielle. Même entre le néolibéralisme et le keynésianisme, a priori assez proches, l'opposition porte sur la méthode et l'idéologie. L'ENL a une vision idéale et microéconomique* de l'économie, l'économique keynésienne a une approche réelle et macroéconomique* ; l'ENL a une méthode hypothético-déductive réduisant la macro- à la microéconomique sans interventionnisme, l'économique keynésienne a une approche causale empirique avec un rôle économique de l'État (Jesper Jespersen).

L'ENL fait un déni idéologique mais s'oppose aux autres idéologies économiques ! En fait, aucune économique n'échappe à un rapport aux valeurs, parce que les comportements économiques et les politiques économiques s'appuient sur des valeurs. Michel Foucault fit remarquer que même si la rigueur scientifique d'une science sociale augmente, le rôle de l'idéologie ne diminue pas de ce fait. Les paradigmes de l'économique occidentale au XXIe sont étroitement liés aux valeurs des partis politiques respectifs et occupent une échelle allant de la droite extrême (néolibéralisme monétariste) à la gauche extrême (marxisme).

L'ENL freine l'unité de la branche économique (problème 12). L'économique est une branche fractionnée en économiques concurrentes, sans être le résultat de l'étude de la diversité des économies réelles, mais le résultat de la diversité des représentations (idéologiques) économiques. L'ENL bloque toute tentative de saut épistémologique vers une unité de la branche économique. Comme le dit Clive L. Spash : « Les concepts néoclassiques sont nuisibles au développement d'une vision économique alternative et sont en conflit avec un progrès épistémologique ». Thomas Kuhn considérait l'existence de plusieurs paradigmes (simultanément dans une branche) comme un critère permettant d'affirmer que cette discipline n'est pas encore une science. Avec au moins six paradigmes concurrents, entre lesquels les économistes se déchirent, s'excommunient comme entre des religieux orthodoxes et hérétiques, il n'est pas exagéré de parler de l'ENL comme d'une pseudoscience !

L'ENL est légitimée par une technostructure (problème 13). L'ENL est légitimée par ses pairs dans une *technostructure**, alliant l'économique académique, les pouvoirs politiques et le pouvoir des entreprises. Et lorsqu'elle conseille, elle entoure la décision de politique économique, du mythe de la scientificité, en communiquant via les médias un message commun à l'économique, au politique et aux grandes entreprises (lié au problème 1 de prescription).

L'ENL réduit son objet d'étude à une théorie des conditions de l'optimum de production capitaliste (problème 14). L'objet d'étude de l'ENL (d'après Daniel Hausman) : 1) est défini par des causes ; 2) elle définit un champ d'étude dans lequel ces causes dominent ; 3) des *lois* portant sur ces causes sont connues sous la forme de postulats (notamment l'*Homo Economicus*) ; 4) elle fournit une théorie unifiée de ces lois, conduisant à l'optimum* de production. La définition très opportuniste de son objet d'étude exclut de nombreux phénomènes économiques. D'où évidemment les nombreuses définitions de l'objet d'étude de l'économique, entrant en conflit avec celle de l'ENL (ce problème est lié avec le problème 6 de postulats et les problèmes 7 et 8 d'interdisciplinarité). Gregory Mankiw justifie cet objet d'étude, en disant qu'en améliorant l'efficacité par l'optimum de Pareto, on accroît la taille du gâteau ; en raisonnant en termes de justice, on le partage de manière équitable. Mais étudier l'équité des résultats de l'activité implique un jugement de valeur, qui sortirait du domaine de l'économique !

L'**ENL exclut l'économie sociale et solidaire de son objet d'étude** (problème 15). L'économie sociale concerne des associations de solidarité, des coopératives et des mutuelles d'entraide sociale. Et dont l'activité est intermédiaire entre l'échange marchand et le don. Et elles n'ont pas le profit comme objectif central (Marie J. Bouchard). L'économie sociale, l'économie familiale et de vastes secteurs de l'économie traditionnelle des pays du tiers-monde produisent des richesses qui ne passent pas par le marché et ne sont donc pas comptabilisées dans le PIB. Par conséquent l'ENL décide de façon arbitraire que certains phénomènes économiques ne font pas partie de sa théorisation.

L'**ENL exclut l'économie durable de son objet d'étude** (problème 16). Le développement durable ou soutenable est un modèle de développement assurant la réponse aux besoins d'aujourd'hui, sans compromettre ceux du futur. Il intègre trois objectifs : économique (production efficace des biens), social (respect des droits de l'homme) et environnemental (protection de la nature). Par définition de son objet d'étude, la théorie de l'ENL n'a pas de réponse satisfaisante, ni à la redistribution des revenus, ni à la prise en charge par l'État de fonctions d'intérêt général et de protection environnementale.

L'ENL présente une faible fiabilité face aux problèmes de l'économie réelle (problème 17). John K. Galbraith a montré que les théories économiques répondent mal aux préoccupations majeures de leur époque. Pour Joseph Stiglitz, l'ENL a expliqué quand et pourquoi les marchés fonctionnent bien et quand ils ne le font pas. Néanmoins les crises périodiques et le sous-développement ternissent le blason du capitalisme depuis deux cents ans. Tibor Mende décrivit le problème du développement économique inégal Nord-Sud de façon imaginée, comme celle « d'un vaste immeuble où une minorité vivant dans quelques appartements spacieux et confortables cohabite avec une foule qui se multiplie rapidement, parqués dans des pièces beaucoup plus nombreuses mais bien moins confortables…Il faut bien mettre au point des arrangements pour maintenir une situation acceptable ». D'autre part les grandes multinationales utilisent des stratégies défensives ou offensives, en matière de production et de finances, à l'encontre d'autres entreprises et de l'État, en contradiction avec la théorie néolibérale. Le déni de l'économie réelle fit dire à René Gendarme : « sous un vocable pseudo-scientifique en fait, se cache une volonté de ne rien changer à nos habitudes de pensée pour continuer à accepter le modèle périmé classique du marché ». Assaf Razin (entreprenant une analyse macroéconomique de la crise de 2008) conclut que les modèles dynamiques d'équilibre général ne peuvent pas encore résoudre certains problèmes importants liés aux institutions financières, comme la stabilité financière ou la gestion du risque de contagion par faillite de grosses banques.

Enfin l'ENL critique l'intervention de l'État et la dette publique. Mais dans la réalité pratique, on voit qu'en période d'économie prospère, les entreprises et les banques s'opposent à l'intervention de l'État (et à la dette publique), alors qu'en période de crise, elles réclament que l'État leur vienne en aide (ce qui augmente la dette publique). Résumant avec humour la faiblesse pratique de l'ENL, John Kay dit que « l'économie n'est pas une technique pour résoudre des problèmes mais un ensemble de problèmes ayant besoin d'une solution » !

L'ENL est anhistorique et présente une faiblesse empirique géo-historique (problème 18). Le manque de données statistiques, géographiques, fiables et sur de longues périodes, fragilise l'ENL (ce problème est lié avec le problème 4 de naturalisme et le problème 5 de mathématique). Milton Friedman affirma que la validité de l'ENL porte sur le degré de simplicité et d'efficacité avec lequel la théorie produit des prédictions. C'est pourquoi il bannit l'empirisme qui impliquerait un accroissement de complexité ! Cependant les économies réelles présentent une forte diversité spatio-temporelle. Qui d'ailleurs n'empêche pas la recherche de régularités partielles, limitées à une société géo-historique déterminée sur le court terme.

Joseph Stiglitz et Amartya Sen (notamment) proposèrent de combler la faiblesse de données empiriques par des indicateurs via la Commission pour la mesure des performances économiques et du progrès social, lancée en 2009. Simon Kuznets produisit une courbe d'inégalité, montrant une phase croissante puis décroissante (en recourant à peu de données empiriques). Thomas Piketty a pu montrer (sur base de séries historiques longues et variées) que la courbe d'inégalité n'est pas celle qu'imaginait Kuznets. En effet la courbe en réalité montre une inégalité du capital privé croissante. Parce que le rendement du capital privé est durablement supérieur au taux de croissance du revenu et de la production. Derrière le problème méthodologique de Kuznets se cachait un but idéologique. Celui de montrer que la croissance économique capitaliste réduirait *naturellement* l'inégalité.

L'ENL performe un déficit de gouvernance démocratique (problème 19). L'ENL (science appliquée) affaiblit les démocraties traditionnelles et provoque une profonde crise de légitimité de l'État (ce problème est lié au problème 1 de prescription, au problème 9 d'économisme, au problème 4 de naturalisme, au problème 13 de technostructure et au problème 14 d'optimum de production). L'État est affaibli par les pouvoirs économiques mondiaux, fondés sur la privatisation, la libéralisation et la déréglementation. Le marketing irrationnel de l'obsolescence programmée que pratiquent certaines multinationales produit une technologie rationnelle. Mais une rationalité du profit sans éthique, au détriment de la satisfaction du consommateur et de la préservation des ressources naturelles. Ces pratiques sévissent grâce au mythe du marché et à la carence du pouvoir de régulation de l'État. En mettant les valeurs de l'entreprise (compétitivité, productivité, rentabilité) au cœur de la société, elle permet aux hommes d'affaires de gagner en influence dans la sphère politique (Guy Palmade). Et la mondialisation* de l'économie permet aux sociétés financières et industrielles de détenir un pouvoir de décision sans précédent sur les destinées des sociétés humaines, montra Ricardo Petrella. En niant l'importance du pouvoir financier des entreprises dans la pratique du lobbying politique, on se refuse à reconnaître le déficit démocratique du système capitaliste. Et en négligeant de réglementer l'éthique et la transparence du lobbying, on en consolide l'image négative, dit Alberto Bitonti. La référence à une ENL scientifique devient une pratique politique, qui érige un mur entre les intérêts des masses et le pouvoir. Ces intérêts sont retraduits en tant que revendications subjectives face aux décisions scientifiques du pouvoir, qualifiées de réalités objectives, dit Hilary Rose. Le lien étroit qui relie la politique néolibérale et la croyance dans la scientificité de l'ENL permet de dépasser une légitimité démocratique. En effet cette politique serait *technique*, face à toute autre politique inspirée par une économique hétérodoxe qui serait non-scientifique *politique*, dit Paul Jorion. Le système néolibéral installe une démocratie de l'argent et une dictature du marché ! Comme l'argent y est inégalement réparti, c'est une démocratie de type censitaire et à vote plural. Affirmer que le libéralisme économique garantit la démocratie parce qu'il soutient les libertés individuelles, est surtout une justification de la libre propriété. Parce qu'il n'existe aucune tendance *naturelle* dans le capitalisme à édicter des normes d'augmentation de la démocratie ou de diminution de l'inégalité. Et surtout ce n'est pas en diminuant la démocratie que l'on va augmenter la justice sociale solidariste, dit Philippe Van Parijs. Le promoteur du libéralisme Friedrich Hayek affirma même que l'interventionnisme à des fins de justice sociale conduit au totalitarisme ! L'ENL conseille au politique de se soumettre au marché libre, sans intervention de l'État, ce qui entraîne un déficit *naturel* de la démocratie politique, économique et sociale dans le pays (John E. Roemer). Friedrich Hayek, Gary Becker, Robert Barro ou Milton Friedman défendent une théorie de priorité du fonctionnement efficace du marché, par rapport à la défense des droits de l'homme.

La section 3 aboutit à la conclusion que l'ENL est une pseudoscience.

En bref 13.2…

L'ENL est opposée aux six autres paradigmes économiques.
L'économique est une branche fractionnée en économiques concurrentes. Sans être le résultat de l'étude de la diversité des économies réelles, mais bien le résultat de la diversité des représentations (idéologiques) économiques. La technostructure propage le mythe de l'ENL scientifique. L'ENL définit son champ d'étude par les conditions de fonctionnement de l'optimum de production de Pareto. Elle exclut de son objet d'étude l'économie sociale et l'économie durable (objectifs combinant la production des biens, la réduction des inégalités et la protection environnementale). Elle présente une faible fiabilité face aux problèmes de l'économie réelle : les crises périodiques et le développement inégal Nord-Sud ternissent le capitalisme.
Elle recourt peu à des données empiriques. La mondialisation capitaliste a accentué le pouvoir des multinationales sur l'État par la libéralisation des échanges et a affaibli la légitimité démocratique. L'ENL se prétend une orthodoxie scientifique inspirant une politique technique, face à des économiques hétérodoxes inspirant une logique politique de revendications qu'elle qualifie de subjectives.

§3. L'ENL, pseudoscience ethnographique du capitalisme

Chacun des problèmes épistémologiques de l'ENL importe, mais aucun n'est décisif à lui seul. On peut en effet admettre qu'en science sociale, il est impossible d'atteindre une scientificité parfaite (Marcel Boumans). Mais la combinaison des dix-neuf problèmes provoque le diagnostic de *pseudoscience*. L'ENL se déclare une théorie scientifique, universelle et anhistorique, mais c'est une pseudoscience ethnographique, idéalisée et idéologique du capitalisme.

L'ethnologie* montre qu'il existe d'autres systèmes économiques que le système capitaliste occidental et que les catégories de l'ENL ne sont pas universelles. L'économique occidentale devrait se poser des questions d'histoire économique, à propos des notions de marchandise, de monnaie, de propriété, de contrat de vente, qui présentent une grande variété spatio-temporelle, même au sein des pays capitalistes. L'ENL est une théorie qui justifie et qui performe un système économique particulier, adossée à une idéologie cohérente et efficace. La diffusion étendue du modèle capitaliste occidental lui permet de voir le reste du monde à partir de sa propre perspective culturelle. Et de contrôler les ressources économiques des peuples dominés (Asafa Jalata). L'*Homo Economicus** performe des comportements individuels égoïstes et compétitifs. Par conséquent la théorie de l'optimum de Pareto semble être (à partir d'une image du monde non décentrée) une description cohérente d'une large partie de la société capitaliste. Ce qui lui permet de faire un déni d'idéologie. Mais alors qu'elle fixe à l'économie un but idéologique d'efficacité maximale de production, on doit questionner son rejet d'autres objectifs politiques, comme l'optimum de plein emploi ou l'économie durable.

Décrire la société capitaliste comme une société reposant sur un système idéal relève d'une utopie*, symétrique à l'utopie marxiste. Le postulat du choix rationnel écarte tout autre choix éthique possible, comme le respect de ses obligations et la mise en œuvre de principes de justice (Joan Robinson). Le capitalisme possède une logique d'économie de croissance infinie parce que l'« american way of life » des années 1950 s'est diffusé en Occident. C'est une société de la croissance à l'infini, comme le dit Serge Latouche, grâce à la publicité, à l'obsolescence programmée et au crédit. Pour certains objets (vêtements, bijoux, cosmétiques, voitures), la mode permet de précipiter le renouvellement de l'objet, en stimulant un rythme d'achat dépassant largement l'usure de l'objet (Roland Barthes). Cette société de consommation ne comptabilise pas les coûts environnementaux dans le produit vendu, ce qui en fait un modèle économique nuisible à la durabilité de la nature. C'est pour défendre le système capitaliste que l'économique orthodoxe rejette l'étude sociologique des rapports de forces et des conflits entre les acteurs économiques de son champ d'étude. Qu'elle réduit le comportement économique de l'homme à la sphère de l'utilité et de la satisfaction des biens. Qu'elle néglige les comportements d'échange non marchand et les questions de partage équitable des revenus. Et qu'elle néglige les interactions de matière avec la nature, isole l'homme du monde naturel, lui donnant l'illusion d'échapper à la nature (François Perroux). Le postulat de l'équilibre optimal de marché ignore que ce caractère n'est pas optimal pour une grande partie des consommateurs. Comme le montra Paul De Grauwe, en prenant le marché du pain pour exemple. En effet, les consommateurs qui n'ont pas les moyens financiers de se payer un pain, espèrent que la population aisée va, soit spontanément par rationalité de charité ou soit via la redistribution de l'État, compenser le marché. La théorie du marché confond l'aptitude à payer avec le consentement à payer. Ce qui est donc optimal n'est pas le marché, mais un mélange de marché et de pouvoirs publics.

Enfin l'ENL est une théorie idéologique : de grands économistes prix Nobel occupent le terrain de l'orthodoxie, dans les médias comme dans l'enseignement, pour faire des relations publiques en faveur de leur paradigme idéologique. Ce mélange de discours scientifique et de propagande entraîne la confusion chez les citoyens (qui comme pour les campagnes électorales n'en retiennent que des slogans). Ainsi le lien entre le chômage et l'extrême pauvreté est présenté par une loi qui impose un choix. Edmund S. Phelps (prix Nobel) l'exprima en disant qu'en Europe, on favorise le niveau de salaire au détriment du chômage et qu'aux États-Unis, c'est l'inverse. Cette « loi » plaide pour la flexibilisation du travail et la réduction de l'aide sociale. Peut-on pousser la flexibilisation plus loin que le « zero hour contract » ? L'employeur appelle le travailleur quand il en a besoin, dans l'intervalle, il doit rester disponible et non payé ! Faut-il être économiste pour voir que cette « liberté du travail » précarise une majorité de travailleurs, favorise toutes les entreprises et accentue ainsi l'inégalité sociale ? Les forces politiques déployées par l'ENL sont mal contrebalancées par celles de l'économique orthodoxe.

L'obstacle *sociologique* est le frein principal à la percée d'une autre économique (technostructure). Ainsi Pierre Cahuc, André Zylberberg, Jean Tirole justifient une intransigeante orthodoxie, en affirmant que les querelles idéologiques seraient arbitrées par les protocoles et par le crible des pairs compétents, comme dans toutes les sciences. Le « peer review system » de l'édition scientifique, soumettant tout article à des lecteurs pairs compétents, fonctionne bien à 90 %, évitant le gaspillage de publication et de lecture d'articles de faible qualité. Mais ce système de filtrage n'évite pas les erreurs de jugement. Ainsi l'ENL mettrait en évidence des relations de cause à effet, sans adopter de préférence idéologique, mais en réfléchissant objectivement aux mécanismes de production et de distribution. Et en affirmant que l'ENL est devenue une science expérimentale comme les sciences naturelles, n'est-on pas dans l'imposture ? Sachant que l'économique expérimentale et comportementale (Esther Duflo, Vernon Smith, Richard Thaler…) représente un courant novateur mais marginal, parce qu'elle s'appuie sur une méthode empirique tributaire de conditions très restrictives. Cahuc considéra même qu'un livre qui s'oppose au « consensus de l'idéologie dominante a toutes les chances d'être une imposture scientifique » ! La validation des résultats d'une théorie des sciences sociales ne repose pas sur la démocratie, mais l'application politique d'une théorie repose sur la démocratie. La politique n'est donc pas la soumission aux règles de la pensée unique dogmatique d'une pseudoscience (sauf en dictature). L'orthodoxie économique (comme l'orthodoxie religieuse) est la soumission aux dogmes décrétés par une autorité. Il ne suffit pas de renverser le rapport de forces politiques entre les partisans du néolibéralisme et ceux du développement durable, parce que le déficit scientifique de l'économique académique est tel, que même si un gouvernement disposant d'une majorité écosocialiste (avec un programme d'économie durable), l'incompétence de l'économique actuelle constituerait un frein majeur à la mise en œuvre d'un développement durable.

En bref 13.3…

L'ENL se déclare scientifique, universelle et anhistorique alors qu'elle performe un système économique particulier. La diffusion du capitalisme occidental lui permet de voir le reste du monde à partir de sa propre perspective culturelle. L'ENL est une pseudoscience ethnographique, idéalisée et idéologique du capitalisme.

L'ethnologie montre qu'il existe d'autres systèmes économiques que le système capitaliste occidental et que les catégories de l'ENL ne sont pas universelles.

Décrire le système capitaliste comme un système idéal relève d'une utopie, symétrique à l'utopie marxiste.

L'ENL est une théorie idéologique, dont l'orthodoxie est déclarée par de grands économistes prix Nobel, dans les médias et dans l'enseignement. Ceux-ci déclarent que (comme dans toutes les sciences) les querelles idéologiques seraient arbitrées par les protocoles et par le crible des pairs.

Le rapport de forces politiques est favorable à l'ENL (technostructure). Et même si on renversait ce rapport de forces en faveur d'un programme d'économie durable, l'incompétence de l'économique académique est tel, que l'on ne pourrait pas mettre ce programme durable en œuvre.

Elle ne répond pas aux défis de l'économie réelle et auto-affirme sa scientificité via un consensus de pairs académiques au sein d'une technostructure.

Chapitre 14

UNE NOUVELLE ÉCONOMIQUE POUR LE XXIe SIÈCLE EN OCCIDENT

> Un autre monde ne sera possible que si une autre économique l'est également. Elle en est la condition à coup sûr non suffisante, mais absolument nécessaire.
>
> Alain Caillé

> L'économique n'est pas une technique pour résoudre des problèmes mais un ensemble de problèmes ayant besoin d'une solution.
>
> John Kay

L'ENL modélise l'économie* de la société occidentale du XXIe, selon les valeurs de l'idéologie capitaliste. Hannah Arendt fit remarquer que toute idéologie* distille des éléments totalitaires, à travers le dogme de la pensée unique, le déni de la réalité, la subordination de la science et l'aveuglement du citoyen. Le combat de l'hétérodoxie économique contre l'orthodoxie néolibérale tourne aujourd'hui nettement à l'avantage de la seconde. Néanmoins actuellement de nombreux mouvements de professeurs et d'étudiants d'économie dénoncent cette économique orthodoxe dominante. Une nouvelle économique doit proposer une alternative crédible, sinon, comme le dit Pascal Combemale, elle sera condamnée « à mener une guérilla sans espoir sur les marges de l'empire orthodoxe ».

Et comme le dit Alain Caillé, une nouvelle économique est une condition nécessaire, mais pas suffisante, à une autre économie. Elle doit étudier notamment l'économie durable dans le contexte des démocraties occidentales. Cette économie durable doit arbitrer l'équilibre entre le marché, l'État, la société civile et la nature.

Nous présentons un plan général du programme de recherche et de curriculum* d'enseignement d'un nouveau paradigme économique, la Nouvelle économique, tant pour l'enseignement en faculté d'économie que pour l'enseignement secondaire de formation des jeunes à la citoyenneté.

	Curriculum de la Nouvelle économique	L'économique orthodoxe
A	Introduction. Objet d'étude large de l'économique : les relations entre les hommes et les relations des hommes avec l'écosystème, dans les mécanismes de maximisation de leur bien-être matériel	Objet d'étude étroit de l'économique : la production, l'échange, la consommation (et la répartition) des biens, d'une économie de marché
B	Introduction. Méthodes de recherche en sciences sociales : approche unifiée, pluridisciplinaire, pluraliste et méta-idéologique ; étude de l'épistémologie et de la sociologie des sciences	Introduction documentaire à l'épistémologie, auto-affirmation de la scientificité de l'ENL
1	Modèle de simulation du système général, commun à toute société : les liens entre les axes sociaux, économiques, démographiques, géographiques et écologiques (prospective à durée limitée)	Économique comme branche dominante, spécialisée et adjacente des autres sciences sociales et de l'écologie
2	Étude des mécanismes et des théories économiques portant sur tous les « types » d'économie (économies traditionnelles, économies de marché, économie durable…)	Étude limitée à l'ENL et jugement de valeur négatif sur toute économique autre que néolibérale
3	Étude empirique de la diversité géo-historique des économies réelles ; étude des problèmes économiques réels	Théorisation abstraite, anhistorique, mécanismes théoriques universels ; faible intérêt pour l'histoire économique
4	Etude des rapports aux valeurs comparés des paradigmes idéologiques économiques (néolibéral, keynésien, marxiste, socialiste, écosocialiste) ; justice sociale et droits de l'homme	Approche fermée et dogmatique sur le modèle unique de type idéal et les valeurs de l'ENL ; déni idéologique
5	Étude des liens entre l'économique appliquée (base scientifique) et la politique économique (basée sur des valeurs idéologiques)	Dogmatisme du non interventionnisme de l'État, théorie justificative des problèmes socio-économiques, rejet d'approche écosystémique

Dans la section 1, nous traitons de l'objet d'étude et de la méthode générale de recherche de la Nouvelle économique.

La section 2 étudie les facettes de la NE portant sur les modèles systémiques et les mécanismes économiques de tous les types d'économie.

La section 3 traite des facettes de la NE portant sur la diversité géo-historique, la pluralité des rapports aux valeurs et le lien entre la politique et l'économie.

§1. Nouvelle économique, objet d'étude et attitude critique de recherche

Nous proposons un objet d'étude de la Nouvelle économique pluridisciplinaire et pluraliste. Je définis la NE (au sens strict) comme une économique durable (qui exige une recherche considérable) et au sens large, comme la branche économique pluraliste (pour faciliter la recherche vers la transition durable et renforcer la neutralité).

L'objet d'étude de la Nouvelle économique...
porte sur les mécanismes par lesquels les sociétés choisissent d'allouer les ressources économiques rares,
pour maximiser un bien-être matériel,
via les fonctions de production, d'échange, de consommation et de répartition des biens et services,
ainsi que les rapports entre les hommes à l'occasion de ces mécanismes économiques, et les relations de l'économie avec l'écosystème
dans la diversité géo-historique des structures sociales, des institutions et des valeurs politiques.

Dans la société occidentale du XXIe, maximiser le bien-être matériel passe par un développement durable, parce que le capitalisme est proche du dépassement des limites écologiques de la planète. Hans Jonas introduisit le concept de responsabilité des générations actuelles vis-à-vis des générations futures, base du développement durable. Le développement durable combine des objectifs économiques, sociaux et écologiques (Gro Harlem Brundtland). Ces objectifs ne sont pas mutuellement exclusifs, mais malheureusement pas nécessairement complémentaires (Michel Loriaux). Dans la société traditionnelle, la sphère économique interfère positivement avec la biosphère. Contrairement à celle-ci, la société développée de l'Anthropocène* présente une sphère économique divergente de la logique écologique. Le développement durable n'est donc pas un choix idéologique, mais une contrainte de gestion d'une économie.

La méthode de recherche de la NE doit rejeter le fractionnement de la branche économique que provoque le jugement de valeurs partisanes. Elle doit stimuler l'interdisciplinarité (avec la sociologie, la psychologie, l'ethnologie, la démographie et l'écologie) et expliciter le rapport aux valeurs de ses théories.

La **méthode de recherche de la Nouvelle économique** doit être : 1 unifiée, 2 pluridisciplinaire, 3 pluraliste, 4 méta-idéologique.

1. L'unité de la branche économique. La NE recherche l'unité de l'économique par une méthodologie qui conçoit les cinq facettes de la NE, comme des facettes d'un même prisme. Et non des phénomènes étudiés par des sciences séparées. Autrement dit les cinq facettes ne sont pas des domaines d'étude *adjacents* et qui seraient en marge de l'économique pure (ce qui est le cas avec l'ENL). Par conséquent elle conçoit dans l'enseignement universitaire, une maîtrise en économique incluant le développement durable. Car nous plaidons pour l'unité de l'économique à travers l'étude à la fois de la diversité des faits économiques et de celle des types de systèmes économiques, sous contrainte de respecter des indicateurs sociaux de droits de l'homme et des indicateurs environnementaux (comme le propose Kate Raworth). L'économie capitaliste qu'étudie l'ENL ne constitue donc qu'une partie de la NE.

2. L'approche pluridisciplinaire s'impose pour l'étude de la diversité culturelle et matérielle des types de sociétés. Leurs fonctionnements systémiques impliquent l'apport de l'économique, de l'ethnologie, de l'histoire, de la sociologie, de la psychologie, de la politologie, de la démographie, de la géographie et de l'écologie. On peut admettre que l'objet d'étude commun des sciences sociales est la société, dont chaque science sociale étudie l'une des facettes différentes. Or chaque science individuelle développe une approche impérialiste, elle « tend à présenter ses conclusions comme une vision globale de l'homme », disait Fernand Braudel. L'ambition de la NE est d'aborder de façon cohérente et interdisciplinaire l'ensemble des facettes de l'économie (dans la société globale et dans l'écosystème). Un enseignement pluridisciplinaire, comme le dit Edgar Morin, doit inviter à dépasser le réductionnisme (n'étudier qu'une partie) et l'holisme (n'étudier que le tout). Pour affronter la complexité du global (la relation du tout aux parties) et la diversité sociale (les spécificités géo-historiques), il faut éviter de compartimenter l'économique. Une étude pluridisciplinaire du monde social réel implique d'interdire aux sciences de former des territoires propres et de casser les cloisons qui séparent les scientifiques et les facultés. Sachant que chaque science sociale porte sur des faits spécialisés, qu'elle juxtapose, puis qu'elle essaie d'intégrer dans un tout cohérent. Mais la société étudiée est forcément instrumentalisée par les spécialistes qui transforment (involontairement) les faits. La NE doit étudier le réel social en commun avec les diverses spécialités des sciences sociales. Elle doit refuser une hiérarchisation a priori rigide, dans l'analyse systémique des tendances et des liaisons causales générales, complexes et ouvertes sur l'environnement. La NE prône l'étude du contexte institutionnel parce qu'aucune économie ne fonctionne hors de lui. Comme le dit Michel Aglietta, « le capitalisme est un système de relations de pouvoir, dont la régulation exige des institutions sociales non soumises au marché ». Il n'existe pas de solution universelle, optimale et unique à toute économie. Mais des solutions historiques, à travers des institutions adaptées à des évolutions de contextes économiques.

L'organisation des connaissances par branches spécialisées (à l'université comme dans les athénées) produit des esprits spécialisés, parfois brillants et profonds dans leur branche. Mais des esprits généralement aveugles à la pluridisciplinarité parce qu'enfermés dans leurs centres d'intérêt de recherche. Et aveugles aux dimensions d'un réel, entrant parfois mal dans le découpage des sciences sociales constituées. La NE implique une révolution scientifique : l'économie durable est typiquement un objet étranger aux économistes orthodoxes, parce qu'ils sont adeptes du découpage du réel social le long de la sociologie, de l'économique et de l'écologie. L'économique durable reste aujourd'hui en marge de l'ENL, confinée dans les facultés à des maîtrises en économiques spécialisées et à quelques scientifiques hétérodoxes.

3. Une NE pluraliste exige d'expliciter le rapport aux valeurs de ses théories. Également d'exprimer les jugements de valeur de ses applications politiques (économie politique). Les théories économiques traitent d'une réalité liée aux valeurs, parce que les comportements économiques sont soumis à des valeurs (parfois non-conscientes pour les acteurs) et les décisions politiques sont soumis à des valeurs (explicites par les programmes des partis). C'est ainsi que Max Weber (sans juger du contenu de la théologie) montra comment les valeurs de l'éthique protestante influencèrent le développement économique. La NE conçoit l'économie comme un champ subordonné aux gouvernances politiques (régionales, nationales, mondiales) dans la gestion d'objectifs démographiques, écologiques, économiques et sociaux, sans donner la priorité à l'objectif d'efficacité économique. L'approche pluraliste doit habiter le chercheur. Sinon il risquerait de manquer de neutralité idéologique et il ne prendrait pas conscience des valeurs propres à sa classe, à son école ou à sa culture. Jacques Généreux faisait remarquer que la destinée des sociétés dépend des choix politiques et pas des soi-disant lois économiques. Il n'existe pas de loi universelle en économique, mais uniquement des lois votées par le Parlement !

4. L'approche méta-idéologique de la NE. Parce que les acteurs économiques sont mus par des valeurs, nous proposons une approche basée sur un rapport à des valeurs, légitimement validées par le patrimoine culturel occidental. Les valeurs ont changé à travers l'histoire et on peut parler de progrès dans les valeurs comme on parle de progrès dans les sciences. Les valeurs des Droits de l'Homme sont à considérer en Occident au XXIe, comme un patrimoine historique, un acquis démocratique irréversible et non négociable. Par conséquent, toute théorie économique faisant référence à ces valeurs peut être considérée idéologiquement neutre. Par contre l'ENL réduit la diversité des valeurs de choix politiques à celles du capitalisme. Parce qu'elle performe une société impérialiste, qui exporte ses valeurs à travers le marché mondialisé, justifiant scientifiquement son développement économique par la richesse des biens disponibles. Le modèle de consommation assujettit le citoyen au système, alors que la théorie fait croire à la liberté du choix du consommateur. La sphère économique de la société capitaliste du XXIe réduit l'univers des valeurs citoyennes à celui du propriétaire individualiste, méritant sa position sociale grâce au travail ou au capital.

Les paradigmes économiques recourent quasi tous à des valeurs d'une idéologie économique partisane. Nous avons décidé d'appeler approche méta-idéologique* celle qui consiste à scinder le problème de la validité d'une théorie (présentant un rapport aux valeurs explicite), du problème de la légitimité historique du système de valeurs (droits de l'homme) choisi par cette théorie. L'épistémologie du *valide* est ainsi renforcée par la *légitimité* d'une éthique du juste. Autrement dit toute théorie fondée sur ces valeurs universelles peut être considérée idéologiquement neutre, décentrée par rapport à toute théorie basée sur des valeurs idéologiques partisanes. Concrétisons l'approche méta-idéologique par l'étude d'une institution comme l'esclavage.

Idéologie « esclavagiste libérale »	L'homme est un objet de propriété, un outil de travail, soumis au maître qui le soigne et le nourrit, en retour de son travail. Supprimer l'esclavage c'est perdre un patrimoine et perdre en efficacité économique
Idéologie « abolitionniste libérale »	L'homme est un travailleur « libre », soumis au maître qui le rétribue au coût minimal, en retour de son travail
Méta-idéologie et rapport aux droits de l'homme	« L'esclavage et la traite des esclaves sont interdits sous toutes leurs formes » (art. 4 : Déclaration universelle des droits de l'homme, ONU, 1948)

L'esclavage ne heurta la conscience qu'après 1760, puisqu'encore au début du XIXe, il était défendu par les esclavagistes. Au nom de la domination naturelle des riches sur les pauvres et de l'effet pervers, d'accorder le statut de travailleur libre à l'esclave. À partir de la moitié du XIXe, les mentalités évoluèrent et les abolitionnistes permirent la conquête de droits. Mais il ne cessa d'exister au XXe dans des pays industrialisés au détriment des enfants (Christian Delacampagne). Qui proposerait en Occident, au XXIe, le rétablissement de l'esclavage ? La validité supérieure d'un texte économique à point de vue abolitionniste, sur une version esclavagiste de ce texte, peut être légitimée par une analyse méta-idéologique, établissant que l'esclavage est interdit par les Droits de l'homme.

L'étude historique de la sécurité sociale, une institution luttant contre la pauvreté, révèle également des valeurs idéologiques opposées.

Idéologie « socialiste face à la pauvreté »	La pauvreté est causée par l'inégalité de la répartition qu'il faut corriger par la sécurité sociale, les services publics et une politique de réduction du chômage
Idéologie « néolibérale face à la pauvreté »	Le marché n'est pas la cause de la pauvreté, car un marché libre du travail maximalise la richesse sociale et élimine le chômage
Méta-idéologie et rapport aux droits de l'homme	« Toute personne a droit à la sécurité sociale : elle est fondée à obtenir la satisfaction des droits économiques, sociaux et culturels indispensables à sa dignité » (art. 22 : Déclaration universelle des droits de l'homme, ONU, 1948)

La validité supérieure d'un texte économique, prônant l'intervention publique en faveur des pauvres, sur celui prônant le laisser-faire, peut être légitimée par une analyse méta-idéologique, établissant que la sécurité sociale est un Droit de l'homme. L'Occident au XXIe peut-il concevoir d'exclure une personne du droit à la dignité ?

Nous proposons également une formation approfondie des chercheurs en histoire des sciences, en sociologie des sciences et en épistémologie. Et nous prônons un enseignement de la NE par une approche active, empirique et par une résolution de problèmes réels. Comme l'approche pédagogique de Michel Wieviorka en sciences sociales, ouverte sur des cas réels, avec une approche pluraliste pour que chacun trouve sa voie. Ce qu'il appela un processus de subjectivation, qu'il définit comme le processus de construction de soi d'un individu. Un tel programme d'enseignement produit des chercheurs qui sont capables d'esprit d'indépendance, dans la recherche et dans la résolution de problèmes pratiques. Ils peuvent résister aux logiques dominantes. Et ils conçoivent la démocratie comme une pratique citoyenne. Également comme l'enseignement de Nicolas Eber avec une approche pluraliste et empirique introduisant un regard critique sur le lien entre étude comportementale et modèle théorique. Il fait réfléchir à des problèmes de justice sociale et d'économie du bonheur, aux liens entre idéologie et théorie. Ou comme l'enseignement de Jonathan Leape, avec une approche empirique, inductive, pluridisciplinaire, la résolution active de problèmes actuels et l'analyse des comportements d'agents et d'institutions. Dernier exemple, la formation citoyenne à la diversité des courants (orthodoxe et hétérodoxe) de l'économique face aux problèmes réels, proposée par Géraldine Thiry.

En conclusion, l'économiste du XXIe confronté à des défis sociaux, écologiques et économiques inédits, sera certainement un chercheur davantage compétent, plus modeste et moins arrogant, s'il se base sur une NE avec une méthode de recherche pluridisciplinaire, pluraliste et méta-idéologique.

Dans la section 2, nous étudions les deux facettes de la NE traitant d'un modèle systémique d'une société et des mécanismes économiques de tous les types d'économie.

> ***En bref 14.1…***
> *L'objet d'étude de la NE porte sur les mécanismes par lesquels les sociétés choisissent de maximiser le bien-être matériel, ainsi que les rapports entre les hommes à l'occasion de ces mécanismes économiques, et les relations de l'économie avec l'écosystème dans la diversité géo-historique des structures sociales, des institutions et des valeurs politiques. La NE promeut une approche de recherche unifiée, pluridisciplinaire, pluraliste et méta-idéologique. L'approche méta-idéologique scinde le problème de la validité scientifique d'une théorie et le problème de la légitimité de valeurs. L'épistémologie du valide est ainsi renforcée par une éthique du juste. Pour se décentrer des valeurs partisanes, la NE se réfère aux valeurs universelles des droits de l'homme, qui ont une légitimité historique en Occident.*
> *Nous proposons également une recherche économique enrichie par l'apport de l'histoire des sciences, de la sociologie des sciences et de l'épistémologie.*

§2. Nouvelle économique, modèle systémique d'une société et mécanismes économiques de tous les types d'économies

La première facette de la NE propose l'étude d'un modèle systémique général, portant sur les dimensions économique, géographique, démographique, sociale et écologique communes à toute société. La géographie, selon Mireille Delvaux, étudie des lieux, caractérisés par l'interaction des milieux naturels et la répartition des ressources naturelles (évoluant plutôt sur le long terme), avec des groupes humains répartis par population, par activité économique et par espace politique (évoluant plutôt sur le court terme). Pour Joël de Rosnay, l'étude systémique concerne des structures dynamiques, complexes et ouvertes sur leur environnement, contrairement à l'approche analytique statique. Elle fait appel à des concepts de structure (éléments du système, organisation des éléments, limite du système, réseau de communication et réservoirs) et de fonctionnement (processus du système, flux, délais, vannes réglant les flux sur base d'informations, boucles de rétroaction positive et négative) :

Analytique	Systémique
surtout statique étude des éléments en causalité linéaire cause-effet concentré sur les éléments considère des phénomènes réversibles spécialisation disciplinaire	surtout dynamique étude des interactions entre éléments avec boucles concentré sur le global considère des phénomènes en durée et irréversibles empirisme pluridisciplinaire

Ce modèle systémique permet la simulation d'une société particulière, en se basant sur des causes connues et des données empiriques (indicateurs et comptabilité nationale). La simulation doit porter sur un horizon de temps et une zone géographique limités. Rein Taagepera suggéra une prospective* de durée limitée, une contextualisation géo-historique portant sur un territoire limité, à l'aide de modèles explicatifs, prédictifs et quantitatifs pour pouvoir comprendre les facteurs agissant sur le monde réaliste*, au lieu de modèles prédictifs économétriques*. Ce modèle systémique permet de montrer qu'appliquer une croissance infinie à une Terre finie, c'est négliger la rétroaction négative des écosystèmes pour une rétroaction positive du système économique. L'économie durable* exige une approche systémique. En effet, elle demande une approche de gestion, à la fois économique (allocation efficace des ressources), sociale (distribution éthique des biens, respect des droits de l'homme) et environnementale (respect des écosystèmes). Cette facette doit faire appel aux apports de l'économique écologique ou bioéconomique*. La voie vers la transition durable, dit Tim Jackson, ne peut se faire que par un choix de croissance durable ou mieux, de stabilisation durable. Le développement durable demande une gouvernance adaptative, basée sur une modélisation cybernétique des systèmes, avec des informations venant de banques de données économiques, sociales et écologiques. La NE doit entreprendre une recherche bioéconomique pour comprendre les mécanismes de stabilisation d'une économie durable. C'est l'option raisonnable remplaçant la croissance infinie de la consommation de l'ENL. La stabilisation doit accroître la résilience* de l'économie, sa capacité de résistance à des chocs exogènes et aux contradictions provoqués par la stabilisation. La résilience concerne la diversité et la modularité. La diversité porte sur le nombre d'éléments ou de fonctions du système. Ainsi par exemple, la dépendance de l'emploi à un seul secteur économique, fragilise une économie ou la monoculture fragilise un écosystème. La modularité porte sur la façon dont les éléments d'un système sont liés. Ainsi par exemple, un système bancaire mondialement interconnecté transmet une crise de proche en proche. Mais une économie locale permet une gestion plus rapide et plus efficace des crises. De plus l'approche de simulation du développement durable est soumise à trois contraintes économiques : les investissements à très long terme ne peuvent pas être évalués par le marché, le système économique est ouvert sur le système naturel et les biens naturels sont publics, donc gratuits.

En synthèse, la simulation pluridisciplinaire est nécessaire pour dépasser les nombreux problèmes d'un capitalisme de la croissance infinie dans un monde fini, ainsi que pour évaluer des actions vers la transition durable. Ainsi le réchauffement climatique, la hausse des cours des matières premières, la hausse des énergies renouvelables, l'évolution démographique, etc. doivent être simulés au niveau des régions, des États et du monde.

La seconde facette de la NE porte sur l'étude pluraliste et pluridisciplinaire de tous les « types » d'économies (respectant ainsi l'unité de la branche économique). Elle fait donc appel à l'histoire sociale, à l'histoire économique, à la psychologie économique, aux économiques orthodoxe et hétérodoxes, à la politologie, à l'écologie, à l'écologie économique, à la sociologie générale, à la sociologie économique, à l'anthropologie économique et à l'ethnologie. La NE étudie les économies portant sur des États, comme notamment l'économie de marché mixte, l'économie capitaliste néolibérale, l'économie planifiée socialiste, l'économie durable et les économies traditionnelles. Ou celles portant sur des secteurs de la société, comme notamment l'économie sociale, les associations citoyennes écologistes ou les multinationales. P.ex., l'étude du secteur des multinationales montre qu'elles organisent leurs mécanismes de domination, traitant de puissance à puissance avec les États, dans des relations conflictuelles ou coopératives (René Gendarme). La grande entreprise a intérêt à ne pas enfreindre la loi, mais elle a un plus grand intérêt à influencer la loi selon ses intérêts, comme dans les traités internationaux (Susan George). Stefania Vitali a mis en évidence le réseau de pouvoir d'un cœur de multinationales à 75 % financières, exerçant un pouvoir effectif au détriment du pouvoir politique des États souverains. Elles sont de moins en moins dépendantes d'une allégeance au pouvoir politique. Au contraire, les États sont dépendants vis-à-vis de la finance internationale, avec un risque de déstabilisation financière internationale, ainsi qu'un manque de libre concurrence économique (Jacques Attali). La NE étudie aussi p.ex., les économies des sociétés traditionnelles et le rôle de leurs institutions, avec Karl Polanyi. La circulation des moyens de subsistance peut se faire selon trois modalités : la réciprocité, la redistribution ou l'échange. La réciprocité n'est possible que s'il existe un principe de symétrie. Comme dans la kula mélanésienne ou le don (décrit par Marcel Mauss). Ces échanges étaient soumis à l'obligation de la réciprocité de type don/contre-don, les obligations de recevoir et de rendre. La redistribution consiste à instaurer un regroupement des richesses, dans un lieu commun en vertu de la coutume, suivi d'une redistribution. Réciprocité et redistribution sont caractéristiques des économies traditionnelles, pour qui le système économique est une simple fonction de l'organisation sociale. La troisième forme est l'échange qui ne commence qu'au XIXe et nécessite le support d'un marché créateur de prix. Dans les sociétés traditionnelles, les systèmes économiques sont encastrés dans les relations sociales, la distribution des biens marchands est assurée par des mobiles non marchands. C'est parce que les grandes entreprises à partir du XIXe ont besoin d'un flux croissant de travail, de terrain et de capital, que se développa la marchandisation des sociétés, rendant l'économie dominante et désencastrée du reste de la société. La marchandisation au XIXe des biens travail, capital et terre (les facteurs de production) a marqué le triomphe de la valeur d'échange face à la valeur subjective ou d'usage. L'affirmation par l'ENL du caractère naturel et universel du marché autorégulateur, basé sur un mobile de gain individuel, est donc démentie par l'anthropologie économique.

Actuellement, l'économie durable est avant tout un secteur économique animé par de nombreuses associations citoyennes (comme celles présentées par Cyril Dion). Diana Leafe Christian classa ces communautés intentionnelles en écovillages, en coopératives d'habitation et en associations de militants environnementalistes. Rob Hopkins souligna le rôle essentiel de ces associations de démocratie locale, de production alimentaire locale, de permaculture* et d'énergie fournie localement comme moyens de transition durable. Les associations citoyennes sont un facteur nécessaire de la transition durable, parce qu'une société civile dynamique peut influencer les autres citoyens à se conscientiser politiquement. Le développement durable exige trois interventions macroéconomiques, selon Tim Jackson : 1 une transition vers les services ; 2 un investissement public dans les actifs écologiques ; et 3 une politique de répartition du travail. Et selon Éloi Laurent, l'économie durable doit porter sur trois points : la croissance d'emplois dans des secteurs à impact environnemental limité, la transition vers des modes de production et de consommation respectueux de l'écologie (recyclage de déchets, énergies renouvelables) et un développement ouvert à l'égalité, à la santé et à l'éducation. La recherche en NE durable doit porter sur un modèle macroéconomique, intégrant des mécanismes d'évaluation du capital naturel, des flux de ressources naturelles et d'énergie, d'investissements et de création d'emploi dans des infrastructures sociales, des technologies durables et l'entretien des écosystèmes.

Cette facette étudie donc les mécanismes propres à différents types d'économie, dont l'économie capitaliste n'est qu'un type spécifique. En effet, le capitalisme n'est pas un système économique universel, comme le montra Fernand Braudel. L'Europe du XVe au XVIIIe fut marquée par un énorme secteur économique d'autoconsommation, étranger à une économie d'échange autre que le troc. On peut, d'après lui, parler historiquement de trois types d'économie : l'autosubsistance matérielle, ensuite l'économie de marché locale entre producteurs et consommateurs, et enfin le capitalisme de marché. Ce dernier est une forme d'échange qui permet aux capitaux du marchand et de l'entrepreneur, d'assurer un rôle d'intermédiaire entre le producteur et le consommateur. Au XVIIIe, le capitalisme resta encore une forme minoritaire d'économie, propre aux grandes entreprises. Le capitalisme à partir du XIXe s'étendit et introduisit sur le marché des échanges dominés par le capitaliste.

Dans la section 3, nous étudions les trois facettes de la NE traitant de la diversité géo-historique, de la diversité des rapports aux valeurs et de l'économique appliquée.

En bref 14.2…
La première facette de la NE propose une étude systémique par simulation. Portant sur des dimensions économique, géographique, démographique, sociale et écologique d'une société. L'économie durable est une approche de gestion, à la fois économique, sociale et environnementale qui demande une gouvernance adaptative, basée sur une modélisation cybernétique des systèmes de la société.
La seconde facette de la NE étudie les mécanismes propres aux divers types d'économie, dont l'économie capitaliste n'est qu'un type spécifique. Qu'ils portent sur des États, comme l'économie de marché mixte, l'économie néolibérale, l'économie planifiée socialiste, l'économie durable ou les économies traditionnelles. Ou qu'ils portent sur des secteurs de la société, comme l'économie sociale ou les multinationales.

§3. Nouvelle économique, diversité géo-historique, pluralité des rapports aux valeurs et lien entre politique et économique

La troisième facette de la NE porte sur l'étude empirique de la diversité géo-historique des économies. Elle étudie les indicateurs économiques, sociaux et écologiques et les données standardisées, pour permettre une approche comparative entre États. L'objectif est également d'atteindre une compréhension de l'épaisseur historique des économies réelles, par l'étude de l'histoire économique des États et de leurs institutions. Pour combler la faiblesse de données empiriques, une Commission pour la mesure des performances économiques et du progrès social fut mise sur pied en 2009 par quelques économistes, comme Joseph Stiglitz et Amartya Sen. Le but était de construire des mesures fiables de faits empiriques, à l'aide d'indicateurs économiques-sociaux-écologiques, pour capter les déterminants matériels de bien-être, de la répartition des revenus, de la qualité de vie et de la durabilité des évolutions en cours. Une telle initiative statistique enrichit la NE de données empiriques et l'ouvre à la gestion potentielle d'une économie durable régionale, nationale et mondiale. Cette facette fait appel une approche pluridisciplinaire, comme celle de Thomas Piketty pour l'étude internationale de l'inégalité des revenus et du capital (approche démographique, sociologique, économique, politique). Basée sur des banques de données historiques, provenant de la comptabilité nationale, d'agences nationales et internationales. Elle s'écarte du modèle abstrait de l'*agent représentatif* et recherche des données empiriques détaillées pour comprendre les faits réels. Elle montra qu'il faut se méfier du déterminisme* économique. En effet, l'histoire de la répartition des richesses est profondément politique et ne saurait se résumer à des mécanismes économiques. Ainsi le total du patrimoine privé valait environ six années de revenu national, en Europe de 1870 à 1910. Pour descendre ensuite en 1950, à deux années, et enfin remonter en 2010, à cinq années. Et on trouve la même tendance pour les inégalités de revenus constatées aux États-Unis, de 1900 à 1980. Les réductions d'inégalité de 1900 à 1960 furent avant tout le fait des guerres et des politiques d'après-guerre. Et la remontée des inégalités depuis 1970 doit beaucoup aux changements de politiques fiscales et financières. Sans qu'aucun mécanisme économique spontané ne puisse éviter le caractère durable de ces tendances inégalitaires au XXIe. Un modèle de développement durable (comme celui du Bhoutan) exige des indicateurs de mesure du « bonheur national brut » (comme ceux proposés par Jigmi Y Thinley, différents de ceux du « world happiness report » de Jeffrey Sachs). Les données de comptabilité nationale actuelles sont insuffisantes pour l'étude de l'économie durable, qui devrait intégrer dans le concept d'épargne celui de destruction de ressources non renouvelables et de pollutions (Jean-Paul Fitoussi). Il en est de même pour l'étude du travail. À côté du marché du travail réglementé, il existe un marché secondaire souterrain : travail au noir, autoproduction agricole, troc, bénévolat, activités illicites, pour lesquelles des données empiriques manquent (Pierre Van Der Vorst).

La quatrième facette de la NE propose une étude des rapports aux valeurs comparés des paradigmes idéologiques économiques (avec une approche méta-idéologique). Elle se base sur l'étude de la nature des différents droits de l'homme politiques, socio-économiques et environnementaux. Ainsi que de leur degré de mise en application juridique. Les liens divers que les paradigmes entretiennent avec ces droits expliquent la genèse de la variété des types d'économies. Dans cette facette du curriculum, nous proposons un enseignement de la philosophie politique afin de se former à l'analyse des problèmes moraux, de justice sociale, d'égalité, d'équité et de liberté dans une société. L'étude des principales théories de philosophie politique traitant de ces sujets, comme celles de Jeremy Bentham, Karl Marx, John Rawls, Amartya Sen, Michael Sandel et Philippe Van Parijs. Cette mise en perspective des rapports aux valeurs idéologiques des problèmes moraux fondamentaux de l'économie permet de comprendre les bases philosophiques du noyau dur des économiques et de comprendre, de façon axiologiquement neutre, le lien entre l'économique appliquée et le jugement de valeur des politiques économiques. La neutralité idéologique demande une distinction radicale entre le discours prescriptif du désirable (comme en philosophie politique) et le discours explicatif du faisable (comme en économique pure). C'est pourquoi l'enseignement de l'économique doit former à ces deux aspects, pour comprendre le rapport aux valeurs des théories étudiées et développer un esprit critique scientifique. Nous traitons enfin dans cette facette des utopies*, dont l'étude oblige le chercheur à une exigeante cohérence entre l'économique et la philosophie politique, parce qu'elles expriment des visions de société basées sur des systèmes de valeurs.

La cinquième facette de la NE traite du lien entre la démocratie, la politique économique (gestion des objectifs) et l'économique appliquée (gestion des moyens). L'Occident est convaincu que la démocratie occidentale est une institution politique universelle et l'associe au développement d'une modernité néolibérale. Ainsi les valeurs démocratiques occidentales sont souvent présentées (de façon simpliste) comme la cause du développement des arts, de la science et de l'économie. Même si en Occident, le lien causal entre la démocratie, le développement économique et la performance écologique paraît positif (Jean-Paul Fitoussi). Il faut ici questionner la raison de l'imposer dans les traités, hors de notre bloc. Car dans un monde globalisé, les États s'inspirent les uns des autres mais les réalités politiques sont diverses (Florent Guénard). Jack Goody dénonça la position des États-Unis sur ce point : « poser comme condition sine qua non de la négociation le remplacement démocratique d'hommes politiques n'est nullement de la démocratie, mais l'expression dictatoriale d'une hégémonie ». Et même si en Occident au XXIe, les droits de l'homme (politiques, socio-économiques et environnementaux) ont acquis une légitimité. L'Occident a tort d'être donneur de leçons, car il est loin d'appliquer ces droits au XXIe, dans ses institutions. Et n'oublions pas que la disparition des cultures ethniques indigènes, qui avait ému Edward S. Curtis au début du XXe pour les Indiens des États-Unis, se poursuit en Amazonie au XXIe, sous la pression de la croissance capitaliste. La NE doit étudier les conditions d'une gestion économique respectant les droits des peuples indigènes. Parce que la mondialisation achève ce que la colonisation commença, la disparition massive des ethnies indigènes par spoliation territoriale, ethnocide et une forme de culture moderne mettant leur existence même en péril. On estime leur quasi-disparition vers 2030 (Patrick Bernard).

D'autre part, affirmer que la mondialisation* de l'économie réduit l'utilité des politiques nationales est une position idéologique qui permet d'occulter le besoin de régulation économique et de gestion démocratique des domaines culturels, sociaux et environnementaux de nos sociétés. La NE dénonce le slogan manié à l'excès de l'absence d'alternative en politique économique (l'ENL confondant les finalités avec les moyens des politiques économiques). Et souligne le besoin de débat démocratique face à ce que Bernard Maris dénonçait dans la politique néolibérale comme : « la rhétorique de la statistique et du chiffre, celle de la neutralité et de l'objectivité, de la non-émotion, de l'impartialité ». Et l'ENL appliquée entraîne des tensions démocratiques, entre la politique sociale et la politique économique, qui minent la justice sociale, dans l'UE. Alors qu'on peut montrer que sans fraude ou sans évasion fiscale, il n'y aurait plus de dette publique, dans des pays comme la France ou la Belgique (Monique Pinçon). La dégradation environnementale et la baisse des services publics sont liées à ce refus de solidarité fiscale. Naomi Klein a pu montrer les contradictions de la politique néolibérale face à la gestion du réchauffement climatique. Ainsi les accords de l'OMC créent un vaste espace de droit commercial qui interdit toute aide locale à l'industrie, comme discrimination faussant le marché libre. De cette façon, le libre-échange est opposé à une politique efficace de protection environnementale, parce qu'une entreprise locale de production est typiquement adaptée à la production de l'énergie durable. De plus, à partir des années 1990, les négociations internationales sur le climat et le commerce se déroulent de façon indépendante l'une de l'autre, freinant une politique efficace. Ainsi, le libre-échange et les délocalisations en pays asiatiques ont multiplié l'émission de gaz à effet de serre, ainsi que le travail bon marché sans droits sociaux. Le lien entre les pollutions et l'exploitation de la main-d'œuvre est, bien sûr, lié à la recherche de bas coûts de production du modèle capitaliste.

La NE étudie le renouveau démocratique (facteur de réussite du développement durable) via la société civile et via la participation citoyenne active, que peuvent contrecarrer le pouvoir des multinationales (Colin Crouch). L'économie durable exige une stratégie d'adaptation consciente que n'apporte pas le marché (Jean-Paul Carrière). Alors que le néolibéralisme exalte la responsabilité individuelle de l'entrepreneur, vidant le politique de sa responsabilité économique, à travers le dogme de l'autorégulation du marché. Et la domination de la grande entreprise sur la politique et sur l'économie, encastre la politique dans l'économie capitaliste. Alors que la grande entreprise forme un pouvoir politique non démocratique et non élu, d'un État de droit. Ce qui peut avoir des conséquences déséquilibrantes sur la démocratie et sur la conservation de notre prospérité économique actuelle. D'autant plus que la démocratie européenne présente des pathologies. Comme la dépolitisation du citoyen, l'individualisme, le communautarisme, l'incivisme et l'assistanat (Cynthia Fleury). La passivité, l'indifférence envers la politique, est ainsi ce qui prive l'individu de sa responsabilité et de sa citoyenneté, selon Alain Etchegoyen. La démocratie doit réformer la responsabilité morale du politique vis-à-vis de la politique sociale, écologique et économique. Herbert Marcuse et Jürgen Habermas dénoncèrent la théorie selon laquelle dans la société moderne, chacun serait un consommateur « libre » participant à la destruction du milieu naturel, et ce mythe* transforme (faussement) cette masse de consommateurs en majorité politique. L'outil technologique accroît l'uniformisation, la dépendance, la dégradation de l'environnement et l'impuissance du citoyen. « Nous ressemblons à des hamsters dans leur roue : ils ont beau courir, ils ne vont nulle part. Et finalement, au lieu que les machines travaillent pour nous, on dirait que c'est nous qui travaillons pour les entretenir », dit Yanis Varoufakis. De nombreux électeurs atomisés, gardiens de la croissance industrielle, forment en réalité une majorité silencieuse et indifférente. L'indifférence citoyenne est un phénomène politique central des démocraties occidentales au XXIe. Et elle est fortement liée à la compétence politique. En effet le niveau de politisation est d'autant plus élevé que la catégorie socioprofessionnelle est élevée. Et la non-compétence politique engendre l'indifférence politique (Jean-Yves Dormagen).

En conclusion, la NE représente une révolution scientifique de l'économique. Mais elle représente également une révolution politique : stimuler le citoyen et la société civile, à choisir un futur durable, pour sauver la prospérité apportée par le capitalisme. Alain Caillé a proposé des règles de bien-être social et de bien-vivre avec la nature, inspirant une approche politique cohérente avec l'économie durable. Elle s'écarte de l'idéologie du capitalisme rentier et spéculatif contemporain.

> ***En bref 14.3…***
>
> *La troisième facette de la NE étudie empiriquement la diversité géo-historique des économies et des institutions. L'histoire économique permet d'atteindre une compréhension de l'épaisseur historique des économies réelles. Elle exige la récolte de données par des indicateurs économiques-sociaux-écologiques, par des banques de données de séries historiques (revenus, prix…) et par la comptabilité nationale.*
>
> *La quatrième facette propose une étude des rapports aux valeurs comparés des paradigmes idéologiques économiques (avec une approche méta-idéologique). Elle étudie la philosophie politique (équité, égalité, justice sociale, liberté) et l'histoire des droits de l'homme.*
>
> *La cinquième facette de la NE traite du lien entre la démocratie, la politique économique et l'économique appliquée. La mondialisation de l'économie ne réduit pas l'utilité des politiques nationales, car il faut une régulation économique et une gestion démocratique des domaines culturels, sociaux et environnementaux de nos sociétés. Elle s'intéresse aux conditions d'un renouveau démocratique et d'une participation citoyenne active pour la réussite du développement durable.*
>
> *La NE représente une révolution scientifique, mais elle peut également stimuler une révolution politique : stimuler le citoyen et la société civile, à choisir un futur durable, pour sauver la prospérité apportée par le capitalisme.*

CONCLUSION GÉNÉRALE

> L'économie concurrentielle est semblable à un véhicule doté d'un moteur, mais non d'un conducteur. Plus le moteur est puissant, plus le véhicule est dangereux.
>
> Albert Jacquard

> À l'école, on apprend aux enfants le passé simple, ils feraient mieux de leur faire apprendre le futur compliqué !
>
> Anne Roumanoff

Le capitalisme occidental est aujourd'hui soumis à des menaces graves, qui rendent impératif un développement durable. Ces menaces sont : la faiblesse des démocraties nationales devant les multinationales, les crises économiques et financières récurrentes, l'accroissement excessif de l'inégalité des richesses, une démographie mondiale élevée avec des besoins de rattrapage économique des pays pauvres, la baisse de résilience du système par la mondialisation, l'extinction des cultures ethniques indigènes, le réchauffement climatique et la surexploitation de l'environnement naturel. Le développement durable passe notamment par deux conditions nécessaires. D'une part, la prise de conscience citoyenne, des freins que l'économique néolibérale du XXIe lui oppose. D'autre part, une Économique nouvelle, basée sur une approche scientifique solide, qui remplace l'ENL pseudoscientifique et idéologique.

Nous vous proposons de répondre à nouveau au questionnaire de l'Introduction :

- ✓ A1. D'après vous, un capitalisme sans changement en Occident, peut-il assurer le bien-être au XXIe ?
- ✓ A2. Quels sont les défis du XXIe que le capitalisme actuel occidental ne peut pas résoudre ?
- ✓ B1. Vous sentez-vous responsable, face à ces défis du capitalisme, individuellement par vos comportements de consommation et de production, ou collectivement par votre comportement de vote ?
- ✓ B2. Quels comportements vous semblent-ils être nuisibles au bien-être économique durable en Occident au XXIe ?
- ✓ C1. Conseilleriez-vous certains points pour maintenir un bien-être durable en Occident au XXIe ?

- ✓ C2. Lesquels ? Quels conseils appliquez-vous personnellement ?
- ✓ D1. Avez-vous un plan de changement du capitalisme en Occident au XXIe ?
- ✓ D2. Décrivez votre plan de changement (qui ?, quoi ?...)

Que pensez-vous de ces affirmations concernant l'économique ? Juste/Faux

- ✓ E1. L'économique enseignée est une science, parce qu'elle repose largement sur les travaux de prix Nobel d'économie
- ✓ E2. La validité de la loi d'efficacité du marché est comparable à celle de la loi de gravitation de la physique
- ✓ E3. Une politique économique basée sur la science économique orthodoxe est la seule politique efficace possible
- ✓ E4. L'économique orthodoxe étudie la façon optimale de produire et de répartir les biens dans une société
- ✓ E5. L'économique orthodoxe est la seule économique scientifique qui puisse faire face aux défis du capitalisme
- ✓ E6. Changer la science économique ne suffit pas à s'engager dans une économie durable
- ✓ E7. Une économique pseudoscientifique n'est pas un guide pertinent d'une politique économique durable
- ✓ E8. La politique économique dans une démocratie est l'affaire des citoyens et des économistes

Nous conseillons de relire l'introduction générale et de consulter vos réponses. Elles ont certainement changé après la lecture du livre !

L'histoire des sciences naturelles à partir du XVIe, puis celle des sciences sociales à partir du XVIIIe permettent de comprendre la façon dont elles ont géré leurs problèmes épistémologiques.

L'Histoire des sciences naturelles et des sciences sociales

La science possède une dimension historique, puisque les sciences naturelles naissent au XVIe, en Occident. La science présente un discours rationnel et vérifiable, alors que la philosophie formule des théories rationnelles mais invérifiables, et que la théologie énonce des certitudes invérifiables et révélées. Les sciences se développèrent grâce à l'observation, à l'instrumentation, à l'expérimentation et à la mathématisation. L'expérimentation consiste à fermer une structure à l'aide de conditions initiales, pour pouvoir isoler des causes hypothétiques, expliquant la régularité observée.

Le dogme religieux s'exerça de façon d'autant plus virulente contre les sciences naturelles que l'objet d'étude scientifique était proche du champ couvert par le dogme. La classification des sciences distingue les sciences mathématiques, les sciences naturelles et les sciences sociales. Les mathématiques n'étudient pas le réel, elles produisent des vérités absolues formelles à partir d'axiomes. Par contre les sciences empiriques aboutissent à une validité relative, par l'observation empirique du réel. La physique développa un modèle méthodologique mathématisé, avec la production de lois spécialisées par familles de phénomènes et la recherche de lois générales unificatrices. La biologie étudia des objets ayant une grande complexité d'organisation et pour la biologie de l'évolution une histoire. Ce qui la différencia de la physique classique et limita la recherche de lois générales de cohérence.

Les sciences sociales ne se développèrent qu'à partir de la fin du XVIIIe. Et elles ne furent clairement délimitées en sciences spécialisées que depuis le XXe. L'idéologie pénétra d'autant plus intensément les sciences sociales que l'objet d'étude était sensible aux valeurs idéologiques. La sociologie au départ se concevait comme une science déterministe et prédictive, avec une conception positiviste de l'histoire. Elle évolua vers la recherche de lois, qui subordonnent l'histoire à la sociologie. Enfin elle limita son ambition à des études empiriques sans ambition prédictive. Elle recourut également à des typologies sociales permettant des comparaisons plutôt que des lois.

Le développement des sciences naturelles et les conflits avec les dogmes religieux suscitèrent un besoin de différencier les théories scientifiquement valides et celles pseudoscientifiques. Les sciences sociales éprouvent les mêmes besoins épistémologiques, face aux conflits avec les idéologies.

L'épistémologie des sciences naturelles et des sciences sociales

Les principaux critères de démarcation d'une théorie entre science et pseudoscience sont : l'objectivité (Emmanuel Kant), la proposition sensée (Ludwig Wittgenstein), la reproductibilité des faits (Robert Boyle), la vérifiabilité de la théorie (Rudolf Carnap), la réfutabilité de la théorie (Karl Popper), l'approche hypothético-déductive (Carl Hempel), la réfutabilité combinée avec des propositions irréfutables (Imre Lakatos) et le « tout est bon » méthodologique (Paul Feyerabend).

Les principaux critères de validation d'une théorie scientifique sont : le cautionnement des savants (Thomas Kuhn), la vérification (Rudolf Carnap), la corroboration d'un énoncé prédictif réfutable (Karl Popper) et la corroboration partielle avec noyau dur irréfutable (Imre Lakatos).

Les paradigmes scientifiques forment des représentations du monde, qui ont l'avantage de concentrer la recherche pour un temps dans un domaine déterminé. Mais ils ont l'inconvénient de pouvoir figer la recherche quasi dans un dogme de vérité absolue, en faisant temporairement obstacle à de nouvelles hypothèses.

L'épistémologie des sciences sociales emprunta largement ses concepts à celle des sciences naturelles. Les sciences sociales portent cependant sur un objet d'étude de nature différente de celui des sciences naturelles. En effet cet objet présente des structures sociales à caractère global, des comportements réels soumis à des valeurs, une instabilité des variables et un devenir historique. Ce qui engendre les principales spécificités suivantes des sciences sociales : objectivité/subjectivité (rapport aux valeurs du sujet chercheur), explication/compréhension (causalité face à la signification), causalité/diversité géo-historique (causalité non prédictive des modèles et aspect historique du phénomène social), mathématisation des variables (variables à relations complexes), pluridisciplinarité (sciences autonomes face au réel global) et performativité de la théorie sur le réel (formater le réel au lieu de l'observer).

Les noyaux durs des théories des sciences sociales se basent sur des postulats philosophiques ou idéologiques, portant sur l'homme ou la société. Les sciences sociales adoptent généralement une approche holistique du « tout supérieur aux parties » avec une organisation hiérarchique par niveau. Mais l'ENL s'appuie sur une approche atomistique, le tout n'est que « la somme des parties ». Le critère de démarcation des sciences sociales ne peut pas être le caractère prédictif, car la plupart des phénomènes sociaux ont une dimension historique. Les faits sociaux sont soumis, d'une part, à une causalité historique, des circonstances uniques pouvant provoquer un évènement. D'autre part, à une causalité sociologique, une relation régulière entre des faits, causalité non nécessaire. Le nombre élevé de conditions initiales à fixer et le degré de liberté de choix de bifurcations historiques sont des obstacles à l'utilisation de modèles mathématiques et prédictifs.

La science est une institution sociale. Et si son développement est certes basé sur un processus rationnel, elle subit également des influences sociales.

La sociologie des sciences

La régulation des pratiques scientifiques est assurée à partir du XIXe, par les relations entre les professeurs et les étudiants. Elle se fait dans des institutions, les facultés via les liens entre la recherche et l'enseignement. La validation des théories scientifiques aux XVIIe et XVIIIe, passait par le consensus d'un groupe de témoins des expériences publiques. Les savants soulignaient, dans les preuves expérimentales, la curiosité pour la noblesse, l'exactitude pour le savant et l'utilité pour le technicien.

Les scientifiques entretiennent des liens avec divers pouvoirs, académiques, politiques et économiques. Par conséquent des facteurs sociaux peuvent influencer le contexte de la recherche, c'est-à-dire le processus et le contenu de la recherche. Dans les sciences naturelles, le résultat scientifique final n'est pas influencé par ces facteurs sociaux. Mais ces facteurs sociaux influencent tant la recherche que le résultat final dans les sciences sociales. Ainsi les lois du marché comme soi-disant résultat scientifique sont souvent utilisées comme une imposture intellectuelle, pour imposer une mesure au nom de la science, par des économistes abusant de leur autorité d'expert.

La technologie occidentale a modelé les sociétés industrielles, grâce à la conjonction du développement des applications scientifiques et de la gestion économique. Le système économique capitaliste offre une vie plus aisée à un nombre élevé de personnes. Mais il génère également des crises économiques, des guerres, de la pauvreté et des dégradations environnementales.

La continuité de l'idéologie néolibérale s'explique parce que le groupe social dominant transmet aux autres groupes des croyances idéologiques conformes à ses intérêts. L'ENL dispose d'un plus grand nombre d'occasions d'être écoutée via les médias et d'une autorité plus grande des messages transmis. La technostructure, c'est-à-dire le lien entre le pouvoir politique, l'intérêt des entreprises et les spécialistes économiques, lie fortement le secteur privé et le secteur public.

L'idéologie de l'ENL est remarquablement performante, mais cette idéologie nuit gravement à sa légitimité scientifique.

L'épistémologie de l'économique orthodoxe

Nous avons identifié dix-neuf problèmes épistémologiques de l'ENL. L'effet épistémologique séparé de chaque problème n'est pas décisif. Mais le maillage de ces effets provoque un diagnostic de pseudoscience.

Les problèmes liés à la méthodologie de l'économique orthodoxe sont : 1. un discours de prescription de conseils, 2. une affirmation dogmatique de vérités immuables ; 3. un discours axiologique avec jugement de valeur idéologique ; 4. une affirmation de lois économiques naturelles et spontanées ; 5. une utilisation excessive de mathématiques simplistes, dans une axiomatique hypothético-déductive ; 6. des postulats peu empiriques, remplaçant les conditions initiales. Les problèmes liés à la pluridisciplinarité sont : 7. le refus d'interdisciplinarité avec la sociologie ; 8. le refus d'interdisciplinarité avec l'écologie ; 9. le caractère performatif d'une vision sociale de type capitaliste. Les problèmes liés à l'unité de l'économique sont : 10. une opposition à l'institutionnalisme ; 11. une opposition aux autres idéologies économiques (marxisme, socialisme, écosocialisme et keynésianisme) ; 12. un frein à l'unité de la branche économique ; 13. la légitimation de l'ENL par une technostructure. Les problèmes liés à l'objet d'étude sont : 14. la réduction à une théorie des conditions de l'optimum de production ; 15. l'exclusion de l'étude de l'économie sociale ; 16. l'exclusion de l'étude de l'économie durable. Les problèmes liés à l'économie réelle sont : 17. la faible fiabilité pratique ; 18. le modèle anhistorique et la faiblesse empirique géo-historique et 19. le caractère performatif d'un déficit de démocratie.

La sociologie développa une théorie du type idéel, pour construire des comparaisons entre les sociétés. L'ENL au contraire, adopta un discours scientifique décrivant un modèle idéal. L'ENL se déclare une théorie scientifique, en se prétendant universelle, neutre de jugement de valeur et anhistorique. Mais c'est une pseudoscience, une ethnographie* abstraite, normative et idéologique du capitalisme occidental. Partir d'une théorie scientifique du comportement microéconomique des acteurs, pour justifier l'efficacité macroéconomique absolue du modèle néolibéral, c'est vouloir justifier la foi dans une idéologie par un argument scientifique. Quelle diversité des contextes économiques, des situations géographiques et des destinées historiques des économies ! Cette diversité en Occident contredit toute théorie affirmant l'universalité d'un modèle capitaliste unique. C'est pourquoi les carences de l'ENL l'empêchent de relever les défis du capitalisme du XXIe que celui-ci largement performe.

Et pour réussir une transition durable, il faut une Nouvelle économique. Les carences scientifiques de l'économique académique d'aujourd'hui constituent un frein majeur à l'émergence d'une économie durable et sont très loin de s'expliquer par le seul rapport de forces sociologique, favorable à l'orthodoxie.

Une Nouvelle économique pour le XXIe

L'objet d'étude de la NE porte sur les mécanismes de maximisation du bien-être matériel, ainsi que les rapports entre les hommes à l'occasion de ces mécanismes économiques, et les relations de l'économie avec l'écosystème, dans la diversité géo-historique des structures sociales, des institutions et des valeurs politiques. Les cinq facettes de la NE sont comme les facettes d'un même prisme, intégrant dans une branche unifiée interdisciplinaire des phénomènes, par ailleurs étudiés par des sciences séparées. L'unité de la branche réside dans l'étude à la fois de la diversité des faits socio-économiques et des types de systèmes économiques. L'économie capitaliste n'en constitue qu'un système particulier. Je définis donc la NE (au sens strict) comme une économique durable et (au sens large) comme la branche pluraliste comprenant l'étude de tous les types d'économie.

Le paradigme de la NE prône une approche de recherche pluraliste, pluridisciplinaire et méta-idéologique. L'approche méta-idéologique scinde le problème de la validité d'une théorie et le problème de la légitimité historique d'un système de valeurs (les droits de l'homme civils, socio-économiques et environnementaux). L'épistémologie du valide est ainsi renforcée par une éthique du juste. De plus nous prônons l'enseignement de la NE dans un programme d'éducation à la citoyenneté solidaire des jeunes.

La facette 1 propose une étude systémique par simulation d'une société, sur les dimensions économique, géographique, démographique, sociale et écologique. La facette 2 étudie les mécanismes économiques de tous les types d'économies, avec le respect de principes de neutralité idéologique. Elle couvre l'économie de marché néolibérale, les économies traditionnelles, l'économie durable, le secteur des multinationales, le secteur de l'économie sociale, etc. La facette 3 fait appel à une approche géo-historique pluridisciplinaire, pour atteindre une compréhension de l'épaisseur historique de la diversité des institutions des économies réelles. La facette 4 étudie les rapports aux valeurs idéologiques des théories économiques. La plupart des théories économiques présentent un rapport aux valeurs, parce que les comportements des acteurs sont soumis à des valeurs et que les décisions politiques présentent un rapport aux valeurs. La facette 5 traite du lien entre la démocratie, la politique économique et l'économique appliquée. Elle étudie les conditions d'un renouveau démocratique et de la réussite du développement durable, portant sur les défis culturels, sociaux et environnementaux.

La postface soutient une citoyenneté rebelle, pour modifier par la démocratie un rapport de forces en faveur d'une politique économique durable. Pour sauver notre bien-être économique au XXIe, que le capitalisme menace aujourd'hui. Mettre la pertinence de la NE au service d'un État démocratique, porté par une société civile dynamique et des citoyens responsables, n'est-ce pas un objectif politique prométhéen ?

Au bilan l'économique orthodoxe n'est pas un guide pertinent pour le XXIe, parce que c'est une pseudoscience et parce que c'est une théorie hostile à l'économie durable.

Postface

UNE ÉCONOMIE NÉOCAPITALISTE, DURABLE ET ÉQUITABLE POUR LE XXIe SIÈCLE, EN OCCIDENT

La décroissance ne propose pas de vivre moins bien, mais mieux, avec moins de biens et plus de liens.
Kenneth Boulding

Les utopies sont comme des enveloppes de brume sous lesquelles s'avancent des idées neuves et réalisables.
Raymond Ruyer

Stopper la violence du capitalisme de la pensée unique

L'économique orthodoxe est un discours de violence dogmatique de la pensée unique. En effet elle affirme avec arrogance le caractère d'inévitabilité naturelle des crises et recourt à l'imposture de l'argument scientifique. Un voile de respectabilité universitaire permet à cette économique de dominer les mentalités sociales. Mais un manteau d'arrogance couvre en réalité ce qui n'est qu'une pseudoscience, incapable de gérer une économie durable. Parce que les sociétés capitalistes surexploitent l'espace naturel et sous-estiment l'impact des variables démographiques.

La disparition massive des ethnies indigènes, commencée par la colonisation, s'achève par la mondialisation. Que ce soit par la spoliation territoriale, par l'ethnocide ou par une forme de culture moderne, mettant leur existence même en péril. Les guerres et la militarisation des États montrent l'ampleur des ressources gaspillées à la violence.

Et l'inégalité s'autoalimente parce que l'idéologie de celui qui domine justifie qu'il le mérite. Le mythe de la liberté permet d'oublier qu'il est facile de gagner un million d'euros quand on en a déjà plusieurs. « Quand on n'a rien, même la somme de 1 000 euros peut s'avérer un rêve inaccessible », fit remarquer Yanis Varoufakis.

L'ENL entretient le mythe d'un autopilotage de la société par la dynamique du marché. Elle a des conséquences déséquilibrantes sur la démocratie, sur la concentration des richesses et sur la dégradation de l'environnement. Les mesures prises par l'Occident, sur des problèmes économiques récents, comme la crise financière mondiale et la crise de la dette grecque de 2008, montrent à l'évidence que les économistes sont incompétents d'assumer une réelle maîtrise de la situation. Et les dérives violentes de mainmise du secteur privé sur l'autorité publique sont nombreuses en Occident. Monsanto, Coca-Cola, McDonald's, Nestlé, Microsoft…ces noms résonnent comme des symboles de la mondialisation violente…

Monsanto, un cas concret et exemplaire de dérive violente du néolibéralisme du XXIe…
Une multinationale de biotechnologie agricole (OGM, Roundup^{r}), leader des semences transgéniques et du pesticide glyphosate. Usant de son poids financier infiltrer les gouvernements et les agences de santé publique, nationales et internationales et falsifier des études scientifiques ou refuser de les rendre publiques (d'après Marie-Monique Robin). C'est un exemple de violence capitaliste face à la faiblesse démocratique des États. Et d'application de la théorie du marché concurrentiel de l'ENL, de la liberté des acteurs sur un marché, niant le pouvoir de marché des multinationales. S'appuyant sur l'OMC, elle performe une agriculture industrielle, destructrice de l'écosystème et nuisible à la santé publique. Le Tribunal international de La Haye (2016), représentant la société civile et des victimes des produits de Monsanto, jugea le non-respect des droits de l'homme de la multinationale et une pratique écocidaire. Et ce à la suite des nombreux témoignages d'impacts sur la santé humaine (malformations congénitales, lymphomes, problèmes rénaux), d'impacts sur le sol et les plantes (proliférations fongiques résistantes au glyphosate, déficience du sol en minéraux) et sur l'élevage (malformations animales liées à la consommation d'aliments transgéniques traités au glyphosate). Selon Bruno Schiffers, la décision politique d'interdiction des pesticides est nécessaire et faisable. En effet leur utilisation conduit à une impasse agronomique (apparition de résistances) et écologique (réduction de la biodiversité et pollutions). Ainsi que sanitaire (maladies induites par les pesticides) et économique (coûts importants). Une agriculture biologique peut remplacer une agriculture industrielle avec des rendements supérieurs et une qualité plus élevée. Monsanto est devenue le symbole « de toutes les dérives scientifiques, sociales et politiques d'un capitalisme sûr de lui et dominateur », dit Jean-Marie Pelt.

Coca-Cola illustre également la violence des effets de la mondialisation, sur les habitudes alimentaires et la santé publique.

Coca-Cola, un autre cas concret de dérive violente de la mondialisation néolibérale…
En 1994, Coca-Cola installa sa plus grande usine d'Amérique latine au Chiapas, une région pauvre du Mexique. L'usine de San Cristóbal de Las Casas utilise une vaste nappe phréatique qui assèche les villages des alentours, obligés désormais d'acheter l'eau, ce qui représente une fraction élevée de leur salaire. Selon l'hydrologue Antonino Garcia, la Commission nationale de

l'eau leur accorda le permis de prélever 500 millions de litres d'eau/an. Le Mexique à partir des années 1990, paria sur la privatisation néolibérale de toute l'économie (pétrole, gaz, forêts, eau...) par le libre-échange et supprima l'État-providence. Coca-Cola s'installa dans une région pauvre octroyant des salaires mensuels de 220 €, très élevés pour la région. « Pour soutenir son image dans la région, la firme offrit des fontaines d'eau dans les écoles, comme pour compenser le mal causé », dit un directeur d'école. Et Coca-Cola transforma les habitudes alimentaires du pays. Désormais 70 % de la population est en surpoids, ce qui est devenu un problème de santé publique. Pour atteindre les petits villages, le prix du coca est la moitié de son prix en ville, installant partout une « culture Coca ». Grâce à une publicité omniprésente dans le paysage, Coca-Cola remplace partout la consommation d'eau et de boissons traditionnelles par du coca (d'après Julie Delettre).

Une société animée de valeurs de dignité dans les relations sociales ne peut pas accepter que la violence de l'esclavage des enfants continue encore à sévir dans des pays industrialisés (Christian Delacampagne). Une inégalité abyssale entre riches et pauvres a certes permis une réduction de la pauvreté absolue, mais en augmentant la pauvreté relative. Pour Olivier De Schutter, les pouvoirs publics devraient encourager les standards de commerce équitable, pour une gestion plus démocratique des relations entre les acteurs puissants (multinationales) et faibles (petits paysans) de la chaîne alimentaire mondiale.

En Occident, la chute du bloc soviétique élimina toute concurrence idéologique solide à l'ENL. Ce qui enlève toute possibilité de réforme autonome du capitalisme. Mais au contraire, cela renforce un retour à ses sources, sous la forme d'un néolibéralisme dur. C'est pourquoi, la mise en œuvre d'une NE au service du développement durable représente une révolution à la fois scientifique et politique.

Faire face aux défis du capitalisme au XXIe grâce à une révolution scientifique et politique

La révolution scientifique et politique vers la transition durable porte sur quatre facteurs : le pouvoir politique, la société civile, la science économique et le citoyen. Les économies capitalistes du XXIe, confrontées à des menaces, réduisent le secteur public. Le secteur privé y domine le secteur public. Alors qu'on a besoin d'un État fort pour la production d'énergie durable, d'investissements publics locaux en énergie carboneutre, d'urbanisme durable et de transport public. La crise de la démocratie au XXIe, éclaboussée par de nombreux scandales et par des conflits d'intérêts entre secteurs privé et public, est également une menace. La hiérarchie figée et la distribution douteuse des mandats dans les partis politiques sclérosent la démocratie. Ces scandales montrent le mépris du mandat public, le mélange des logiques du profit, privée et publique, qui envahit tant les secteurs privé que public. L'ENL enseignée est défendue par une technostructure qui augmente le pouvoir économique des entreprises sur le pouvoir politique (John-Kenneth Galbraith).

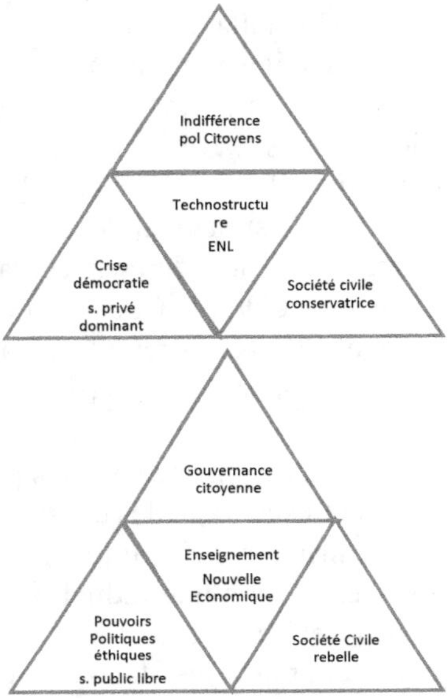

L'enseignement du paradigme de la NE (aux niveaux des facultés et des athénées) peut soutenir un programme politique éthique d'économie durable, porté par une société civile rebelle, formée d'experts et de mouvements de l'économie durable et par une gouvernance démocratique citoyenne. Des partis politiques, soutenant les valeurs de l'économie durable, d'absence de conflits d'intérêts entre les secteurs public et privé ainsi que d'éthique, peuvent par la voie démocratique renverser le rapport de forces actuel et assurer des majorités écosocialistes au lieu de néolibérales. La NE soutient la reconquête du pouvoir politique sur l'économie, en équilibrant le pouvoir du marché, le pouvoir de l'État et le pouvoir des associations de la société civile (Anthony Giddens). Des mouvements citoyens reconnus et des nouveaux organes judiciaires sont nécessaires pour développer une gouvernance, casser la dictature des partis et assainir leurs pratiques.

Développer une NE intégrant les mécanismes d'autorégulation écologique, avec les mécanismes de régulation socio-économique, est une *révolution scientifique*. Mais elle doit s'accompagner d'une *révolution politique* vers un néocapitalisme durable :

Capitalisme néolibéral	Révolution néocapitalisme durable
Biotechnologies *privatisées* pour résoudre les problèmes environnementaux	Stimulation de l'autorégulation *naturelle* des écosystèmes
Agriculture *industrialisée* (semences privatisées, engrais, pesticides)	Agriculture *agroécologique*
Création de *réserves naturelles* de biodiversité	Protection des *habitats* des espèces vivantes pour sauver la biodiversité
Laisser-faire *naturel* des mécanismes de marché sans interférence politique	Régulation *politique* démocratique publique des objectifs sociaux, écologiques et économiques
Dictature des partis politiques et *technostructure* face à l'*indifférence politique* du citoyen	*Gouvernance éthique* citoyenne et séparation entre le secteur privé et le secteur public
Priorité aux droits *politiques*	Respect des droits *socio-économiques, environnementaux, politiques et des peuples indigènes*
Obsolescence planifiée des produits commercialisés	*Recyclage* et écobilan des produits commercialisés

Le « greenwashing » c'est-à-dire la récupération par le système capitaliste (entreprises, partis politiques) du mouvement citoyen rebelle et écologiste pour se donner une image écologique responsable est l'un des pires dangers pour cette révolution politique. C'est le fait d'un pouvoir politique qui sous la forme de communications creuses ou d'un soutien politique à des associations citoyennes fait croire qu'il tient compte de la transition durable. Il n'est pas nécessaire d'entreprendre de longues recherches bibliographiques pour illustrer l'imposture de cette récupération. Il suffit de prendre un magazine communal (de préférence du parti libéral) pour le constater. Ainsi à Wavre, l'échevinat libéral de Charles Michel (par ailleurs Premier ministre d'un gouvernement conservateur, allié aux nationalistes flamands, avec qui avant les élections, il avait promis ne jamais s'associer) récupère toute initiative écologiste sous son site *wavreentransition.* Faisant ainsi croire que la commune s'investit dans le développement durable et faisant croire au citoyen qu'il suffit de s'inscrire dans l'une des activités pour être engagés avec la commune vers la transition durable. On peut lire dans la charte *Notre initiative de transition* qu'en « suivant le mouvement des transitions de Rob Hopkins, il ne faut pas attendre que l'initiative vienne d'en haut » ! Par contre l'échevinat de Wavre sait bien comment récupérer ces actions venant d'en bas ! Et les *Agenda 21* dans les politiques communales et fédérales, dans la foulée du Sommet de Rio, ne sont souvent malheureusement que des appendices vertueux qui font l'imposture d'être la preuve de poursuivre l'objectif d'économie durable. Trop de responsabilités y sont déléguées au citoyen individuel, à une société civile engagée, au détriment d'une politique de changement massif d'orientation des comportements durables de production et de consommation. On se contente de sensibiliser le citoyen à adopter un comportement de consommation durable, pour ne pas intervenir dans les mécanismes du marché. On se contente de quelques lignes dans un magazine local sur l'achat de vêtements éthiques, pendant que le paysage urbain est envahi de publicité pour les vêtements de mode. Le grand défi de la transition durable est l'émergence d'une mentalité citoyenne consciente des enjeux d'un bien-être durable, en soutien démocratique d'un parti politique guidé par l'écosocialisme*.

Développer une mentalité citoyenne écosocialiste de bien-être durable

Pour Joseph Stiglitz, une société juste est une société de gens utiles, pour eux-mêmes et les autres. La mondialisation encourage la délocalisation des emplois, au détriment de la dignité des travailleurs. Pour être compétitifs, les travailleurs nationaux doivent abandonner la sécurité, la durée d'emploi, le niveau des salaires et les droits sociaux. Le défi sociologique du développement durable est de développer des valeurs de bien-être durable, de solidarité et de respect de la nature, qui puissent donner du sens citoyen à tous. Rob Hopkins proposa de stimuler la transition vers le durable, en développant des milliers d'associations locales investies du sens du bien vivre-ensemble. Engagées dans des actions locales de permaculture*, d'agroécologie*, de traitement des déchets, de production énergétique, etc., elles peuvent faire pression sur le pouvoir politique, pour construire des sociétés davantage durables et résilientes. L'agroécologie est basée sur la gestion naturelle des sols, la biodiversité et le recyclage des nutriments. Elle forme une alternative agricole durable à l'agriculture industrielle. Parce que la nature est un modèle de résilience et de recyclage intégral des ressources (Inès Trépant). Le progrès durable passe par de nouvelles normes, opposées à celles pratiquées par le marketing capitaliste. Comme le propose Nicolas Hulot, des normes pour « jouer sur la fiabilité et la durée des biens consommables », au lieu de jouer sur leur séduction apparente et leur obsolescence planifiée. Selon Tim Jackson, une transition vers l'économie durable exige trois mesures : 1. établir des limites écologiques à l'activité économique et taxer la consommation sur des critères de durabilité, 2. changer de logique sociale par le partage du temps de travail, la réduction des inégalités, l'investissement dans le lien social et la diminution de la croissance consumériste, et 3. rechercher une nouvelle économique. Selon Philippe Defeyt, le mot d'ordre général est de « mettre l'économie au service de l'homme, ce qui implique de mieux redistribuer les revenus, soutenir les services publics (logement, enseignement, formation continue, santé, transports en commun…), mieux encadrer les pratiques des entreprises (en particulier de réguler sévèrement la finance) et d'améliorer la démocratie au sein des entreprises ». Pour Alain Etchegoyen, la responsabilité morale de chaque citoyen ne repose pas sur l'exigence d'une connaissance ni d'un pouvoir. Elle porte sur la préoccupation de l'autre, au-delà de toute sanction. La démocratie nécessite un espace d'expression de tous les citoyens, contre les privilèges des académiques dominant les ignorants et contre la dictature du débat public par les politiques professionnels. Une concitoyenneté horizontale doit tempérer le lien vertical de représentation par les gouvernants (Diane Lamoureux). Et l'effort individuel du citoyen est un facteur de changement social, tout comme les mouvements sociaux (Gemma Edwards).

L'écosocialisme* est un modèle politique pertinent d'économie durable, parce qu'il est compatible avec une économie mixte de marché et une démocratie occidentale. Avec une intégration au même niveau, des objectifs d'efficacité économique, de respect des droits de l'homme et de protection environnementale. Et Il porte l'espoir de remplacer une humanité du naturellement égoïste par une humanité inspirée par la convivialité, la solidarité, la responsabilité de l'autre et de la biosphère. Il prône une gouvernance citoyenne, revitalisant l'État pour défendre le bien public de la nature et le bien public des droits de l'Homme. Et on peut même avec Éloi Laurent, entrevoir l'émergence d'un État-providence étendant les risques sociaux aux risques écologiques.

Une politique responsable doit promouvoir un bien-être durable collectif, ce qui implique de risquer de mécontenter toutes les classes sociales. Car elle doit équilibrer la taxation du capital et la taxation du travail, attaquer la fraude fiscale et la fraude sociale. Elle doit lutter contre l'assistanat, par l'augmentation de l'emploi dans des secteurs de bien public. Emplois délaissés par le marché, comme la gestion écologique et les services sociaux pour des groupes fragilisés. Autrement dit, donner de la dignité au citoyen chômeur à travers le travail, plutôt que d'en faire un assisté inutile. En pratiquant une politique de plein-emploi (par exemple, à l'aide de titres-service) en réponse aux besoins publics que le marché est incapable de gérer. Rééquilibrer le secteur privé et le secteur public passerait par la taxation de la consommation de produits polluants, le financement d'équipements publics de transport et d'énergie durable et par l'obligation de rédiger un écobilan pour tout nouveau produit lancé sur le marché.

En synthèse, la révolution du développement durable demande davantage de MIEL que de DUEL, dans notre vivre-ensemble en société.

MIEL contre DUEL, des valeurs pour le XXIe

La société capitaliste du XXIe ne se décrit ni totalement en noir, ni totalement en blanc. Mais sans révolution scientifique et politique pour une transition durable, notre société de bien-être ne peut survivre. L'homme cherche depuis la préhistoire, à améliorer son niveau de vie par la technique, comme la transformation des métaux ou de l'atome, et par des procédés intellectuels, comme l'écriture ou la politique. Depuis toujours il cherche à réduire sa faim, sa souffrance et l'imminence de la mort. Les deux principaux obstacles dans ces efforts sont la Nature et l'Homme lui-même, dit Jean C. Baudet. Et chaque innovation technique de l'histoire fut porteuse de bienfaits et d'inconvénients, pour la nature et pour l'homme. Le premier silex taillé pouvait trancher la viande mais aussi couper la main, l'avion peut transporter les hommes mais aussi les bombes ! Le développement durable exige que chaque citoyen conscientise ces défis et les traduise dans ses choix politiques et son comportement individuel. Selon Robert Heilbroner, le capitalisme pour survivre doit se présenter non seulement comme un système de production efficace, mais également socialement responsable, apportant l'espoir et la liberté au citoyen. La responsabilité sociale c'est définir un avenir, en se prononçant sur les niveaux d'inégalité, de monopolisation des entreprises, de liberté des syndicats, de protection des ethnies indigènes et de l'environnement. Le libéralisme fait sens individuellement, en tant que tendance naturelle de l'individu de se préférer toujours à autrui, dit Cynthia Fleury. Mais il ne fait pas sens politiquement, parce que le travail du politique consiste justement à rééquilibrer les tendances naturelles. « Faire de la politique, c'est lutter contre l'entropie* naturelle et non la renforcer », dit-elle. Une conception de l'humanité matériellement égoïste, individualiste et de court terme doit céder sa place à une humanité du bien vivre-ensemble, à long terme et du bien cohabiter avec la nature.

Pour cela, il faut **davantage de *MIEL*** et **moins de *DUEL*** dans nos sociétés.

Davantage de MIEL… :
*davantage de **M**utualité*, de partage des risques et de solidarité entre les membres de la société ;
*davantage d'**I**ntervention de l'État* pour réguler les désordres sociaux et environnementaux, que provoque le marché aveugle ;
*davantage d'**É**quité d'application de droits* politiques, socio-économiques et environnementaux pour tous ;
*davantage de **L**égitimité démocratique du pouvoir* politique à travers une gouvernance citoyenne avec la société civile, dans un État laïc
… et moins de DUEL… :
*moins de **D**arwinisme social*, de lutte pour l'argent, pour le profit, installant des rapports sociaux compétitifs et agressifs ;
*moins d'**U**surpation du pouvoir* démocratique politique par les multinationales et par la technostructure néolibérale ;
*moins d'**É**conomie du profit* privilégiant la violence de la finance internationale et des multinationales sur l'humain et sur l'écosystème ;
*moins de **L**aisser-faire du marché,* générateur d'exclusion sociale, de dégradation environnementale, de désordre économique et de carences du bien public

Au final, les forces réactionnaires qui animent le néolibéralisme, malgré la crise de 2008, triomphent grâce à la chute du communisme, au déclin du socialisme et à l'indifférence du repli citoyen égoïste sur soi. La conscience politique citoyenne et la fondation académique d'une économique nouvelle sont des forces révolutionnaires nécessaires, pour construire un nouveau monde démocratique, durable et équitable. La démocratie n'est-ce pas finalement cette liberté de chaque citoyen d'être rebelle, pour dénoncer la dictature des valeurs d'égoïsme et de l'imposture de l'économique néolibérale ?

BIBLIOGRAPHIE SÉLECTIVE

Jean-Marie Albertini, Ahmed Silem, *Comprendre les théories économiques*, nouvelle édition, Éditions du Seuil, Paris, 2001.
Claude Allègre, *L'écume de la Terre*, Librairie Arthème Fayard, Collection Le temps des sciences, Paris, 1983.
Ian Angus, Simon Butler, *Une planète trop peuplée ? Le mythe populationniste, l'immigration et la crise écologique*, traduction Marianne Champagne, Éditions Ecosociété, Montréal, 2014.
Raymond Aron, *Introduction à la philosophie de l'histoire. Essai sur les limites de l'objectivité historique*, Éditions Gallimard, Collection TEL58, Paris, 1981.
Jacques Attali, Marc Guillaume, *L'anti-économique*, 3e édition revue, Éditions Presses universitaires de France, Collection Économie en liberté, Paris, 1975.
Jacques Attali, *La crise, et après ?*, Éditions Librairie Arthème Fayard, Paris, 2008.
Gaston Bachelard, *La Formation de l'esprit scientifique*, 5e édition, Librairie philosophique J. Vrin, Paris, 1967.
Jean Baechler, *Qu'est-ce que l'idéologie ?*, Éditions Gallimard nrf, Collection Idées 345, Paris, 1976.
Michel Beaud, *Histoire du capitalisme de 1500 à 2000*, 5e édition, Éditions du Seuil, Collection Points Économie, Paris, 2000.
Claude Bernard, *Introduction à l'étude de la médecine expérimentale*, 1865, réédition Garnier Flammarion, Paris, 1966.
Patrick Bernard *et al, Tribus en sursis*, Éditions Anako/Pages du Monde, Fontenay-sous-Bois, 2005.
Alain Caillé *et al, Vers une autre science économique ? (et donc un autre monde) ?*, Éditions La Découverte, Collection Revue du Mauss, n° 30, Paris, Second semestre 2007.
Claude Cardot, *Georges Cuvier, la révélation des mondes perdus*, Éditions du Sekoya, Besançon, 2009.
Alan F. Chalmers, *Qu'est-ce que la science ? Récents développements en philosophie des sciences : Popper, Kuhn, Lakatos, Feyerabend*, traduction Michel Biezunski, Éditions La Découverte, Paris, 1987.
Diana Leafe Christian, *Vivre autrement. Écovillages, communautés et cohabitats*, nouvelle édition, traduction Sylvie Fortier, Éditions Écosociété, Montréal, 2015.
Diane Coyle. John Kay *et al.*, *What's the use of economics? Teaching the dismal science after the crisis*, Editions London Publishing Partnership, 2012.

Edward S. Curtis, *Les Indiens d'Amérique du Nord*, Les portfolios complets, Éditions originales, de 1907 à 1930, traduction Patrick Javault, Éditions Benedikt Taschen, Cologne, 1997.
Pierre Dardot, Christian Laval, *Ce cauchemar qui n'en finit pas. Comment le néolibéralisme défait la démocratie*, Éditions La Découverte, Paris, 2016.
Angus Deaton, *The great escape. Health, wealth and the origins of inequality*, Éditions Princeton University Press, 6th printing, 2015.
Paul De Grauwe, *Les limites du marché. L'oscillation entre l'État et le capitalisme*, traduction Emmanuel Brutsaert, Éditions De Boeck Supérieur, Louvain-la-Neuve, 2015.
Joël de Rosnay, *Le macroscope. Vers une vision globale*, Éditions du Seuil, Paris, 1975.
Olivier De Schutter, *Competing fot standards in global food supply chains*, CRIDHO Working Paper 2012/02, Université Catholique Louvain, Faculté de droit.
Jean-Michel De Waele, Paul Magnette *et al*, *Les démocraties européennes. Approche comparée des systèmes politiques nationaux*, 2e édition, Éditions Armand Colin, Collection U Science politique, Paris, 2010.
Cyril Dion, *Demain. Un nouveau monde en marche. Partout dans le monde, des solutions existent*, Éditions Actes Sud/Colibris, Collection Domaine du possible, Paris, 2015.
Jean-François Dortier *et al*, *Une histoire des sciences humaines*, Éditions Sciences Humaines, Auxerre, 2005.
François Dragonnet, *Pasteur sans la légende*, Éditions Synthélabo, Collection Les empêcheurs de penser en rond, Le Plessis-Robinson, 1994.
Paul Feyerabend, *Contre la méthode. Esquisse d'une théorie anarchiste de la connaissance*, Éditions du Seuil, Paris, 1979.
Cynthia Fleury, *Les pathologies de la démocratie*, Éditions Fayard, Biblio essais Le Livre de Poche 31544, Paris, 2005.
Jean Fourastié, *Les conditions de l'esprit scientifique*, Éditions Gallimard, Collection Idées 96, Paris, 1966.
Roger French, *William Harvey's natural philosophy*, Cambridge University Press, 1994.
John Kenneth Galbraith, *L'économie en perspective. Une histoire critique*, traduction Yves Coleman, Éditions du Seuil, Paris, 1989.
John Kenneth Galbraith, *La crise économique de 1929. Anatomie d'une catastrophe financière*, traduction Henri Le Gallo, Éditions Payot, Collection PBP168, Paris, 1961.
John Kenneth Galbraith, *The New Industrial State*, 2nd edition, Editions Penguin Books, Harmondsworth, 1977.
Jacques B. Gélinas, *Le Néolibre-échange. L'hypercollusion business-politique*, Éditions Écosociété, Montréal, 2015.
René Gendarme, *Des sorcières dans l'économie : les multinationales*, Éditions Cujas, Paris, 1981.

Jack Goody, *Le vol de l'histoire. Comment l'Europe a imposé le récit de son passé au reste du monde*, traduction Fabienne Durand-Bogaert, Éditions Gallimard, Collection Folio histoire, Paris, 2010.
Andrew Goudie, *The Human Impact on Natural Environment*, 4e édition, Editions Blackwell, Oxford, 1995.
William L. Harper, *Isaac Newton's scientific method. Turning data into evidence about gravity & cosmology*, Editions Oxford University Press, 2011.
Daniel M. Hausman, *The inexact and separate science of economics*, Editions Cambridge University Press, 1992.
Eugène Hecht, *Physique*, traduction Joël Martin, Éditions De Boeck, Collection Université, Bruxelles, 2000.
Johan Heilbron, Remi Lenoir, Alain Blum *et al*, *Pour une histoire des sciences sociales. Hommage à Pierre Bourdieu*, Éditions Fayard, Paris, 2004.
Robert L. Heilbroner, *Les grands économistes*, traduction Pierre Antonmattei, Éditions du Seuil, Paris, 1971.
Carl Hempel, *Éléments d'épistémologie*, 2e édition, traduction Bertrand Saint-Sernin, Éditions Armand Colin, Paris, 1996.
Rob Hopkins, *Manuel de transition de la dépendance au pétrole à la résilience locale*, traduction Bernard Lebleu, Éditions Écosociété, Collection Guides pratiques, Montréal, 2010.
Tim Jackson, *Prospérité sans croissance. La transition vers une économie durable*, traduction André Verkaeren, Éditions Groupe De Boeck/Etopia, Collection Planète en jeu, Bruxelles, 2010.
Asafa Jalata, *Phases of terrorism in the age of globalization. From Christopher Columbus to Osama bin Laden*, Editions Palgrave Macmillan, London, 2016.
Hans Jonas, *Le principe responsabilité. Une éthique pour la civilisation technologique*, traduction Jean Greisch, Éditions du Cerf, Collection Passages, Paris, 1990.
Naomi Klein, *Tout peut changer. Capitalisme & changement climatique*, traduction Geneviève Boulanger, Éditions Actes Sud/Lux, New York, 2015.
Paul Krugman, Robin Wells, *Economics*, 4e édition, Editions Worth Publishers, New York, 2015.
Thomas S. Kuhn, *La structure des révolutions scientifiques*, 1962, Éditions Flammarion Champs, Paris, réédition 1983.
Imre Lakatos, *Histoire et méthodologie des sciences : programmes de recherche et reconstruction rationnelle*, traduction Catherine Malamoud, Éditions Presses universitaires de France, Collection Bibliothèque d'histoire des sciences, Paris, 1994.
Jean-Jacques Lambin, Chantal de Moerloose, *Marketing stratégique et opérationnel. La démarche marketing dans l'économie numérique*, 9e édition, Éditions Dunod, Paris, 2016.
Bruno Latour, *Petites leçons de sociologie des sciences*, Éditions La Découverte, Collection Sciences 114, Paris, 1993.

Éloi Laurent, *Le bel avenir de l'État-providence*, Éditions Les Liens qui libèrent, Paris, 2015.
Tony Lawson, *Reorienting economics*, Éditions Routledge, Collection Economics as social theory, London, 2003.
Christian Licoppe, *La formation de la pratique scientifique. Le discours de l'expérience en France et en Angleterre (1630-1820)*, Éditions La Découverte, Paris, 1996.
Konrad Lorenz, *Les fondements de l'éthologie*, Éditions Flammarion, Collection Champs 370, Paris, 1984.
N. Gregory Mankiw, *Principes d'économie*, traduction Éric Bertrand, Éditions Economica, Paris, 1998.
Herbert Marcuse, *L'homme unidimensionnel. Essai sur l'idéologie de la société industrielle avancée*, traduction Monique Wittig, Éditions de Minuit, Collection Points 4, Paris, 1968.
Rhonda Martens, *Kepler's philosophy and the astronomy*, Princeton University Press, New Jersey, 2000.
Benjamin Matalon, *La construction de la science. De l'épistémologie à la sociologie de la connaissance scientifique*, Éditions Delachaux et Niestlé, Lausanne, 1996.
Ernst Mayr, *Histoire de la biologie. Diversité, évolution et hérédité*, Librairie Arthème Fayard, Paris, 1989.
Mariana Mazzucato, *The Entrepreneurial State. Debunking public vs private sector myths*, Edition revue, Editions PublicAffairs, New York, 2015.
Michel Onfray, *Traité d'athéologie. Physique de la métaphysique*, Éditions Grasset, Le Livre de Poche 30637, Paris, 2005.
Michel Onfray, *La passion de la liberté. Tocqueville contre le despotisme démocratique*, Éditions Autrement, Paris, 2017.
André Orléan *et al*, *À quoi servent les économistes s'ils disent tous la même chose. Manifeste pour une économie pluraliste*, Éditions Les Liens qui libèrent, Paris, 2015.
Guy Palmade et al, *L'économique et les sciences humaines*, 2 tomes, Éditions Dunod, Collection Finance et Économie appliquée, Vol. 24, Paris, 1967.
René Passet, *L'illusion néolibérale*, Éditions Fayard, Paris, 2000.
Ricardo Petrella, *Le bien commun. Éloge de la solidarité*, Éditions Labor, Collection Quartier Libre, Bruxelles, 1996.
Jean Piaget, Gilles-Gaston Granger, *Logique et connaissance scientifique*, Éditions Gallimard, Collection encyclopédie La Pléiade 22, Paris, 1967.
Jean Piaget, *Épistémologie des sciences de l'homme*, Éditions Gallimard, Collection Idées 260, Paris, 1970.
Thomas Piketty, *Le capital au XXI*e *siècle*, Éditions du Seuil, Collection Les Livres du Nouveau Monde, Paris, 2013.
Karl Polanyi, *La grande transformation. Aux origines politiques et économiques de notre temps*, 1944, traduction Catherine Mahamoud, Éditions Gallimard nrf, Collection Bibliothèque des sciences humaines, Paris, 1983.

Karl R. Popper, *La logique de la découverte scientifique*, traduction Nicole Thyssen-Rutten, Éditions Payot, Paris, 1978.
Kate Raworth, *Doughnut economics. Seven ways to think like a 21st-century economist,* Editions Random House Business Books Penguin, UK, 2018.
Bertrand Russell, *Science et religion*, traduction Philippe-Roger Mantoux, Éditions Gallimard, Collection Idées nrf 248, Paris, 1971.
Paul A. Samuelson, *L'économique. Introduction à l'analyse économique*, 2 tomes, traduction Gaël Fain, 8e édition, Éditions Armand Colin, Paris, 1975.
Michael J. Sandel, *Ce que l'argent ne saurait acheter*, traduction Christian Cler, Éditions du Seuil, Paris, 2014.
Debra Satz, *Why some things should not be for sale. The moral limits of markets*, Editions Oxford University Press, 2010.
Amartya Sen, *Rationalité et liberté économique*, traduction Marie-Pascale d'Iribane-Jaawane, Éditions Odile Jacob, Collection Économie, Paris, 2005.
(Direction de) Michel Serres, *Éléments d'histoire des sciences*, Éditions Bordas, Collection Cultures, Paris, 1989.
Alan Sokal, Jean Bricmont, *Impostures intellectuelles*, Éditions Odile Jacob, Paris, 1997.
Isabelle Stengers, *Sciences et pouvoirs. Faut-il en avoir peur ?*, Éditions Labor, Collection Quartier Libre, Bruxelles, 1997.
Joseph E. Stiglitz, *La grande désillusion*, traduction Paul Chemla, Éditions Fayard, Collection Livre de Poche 15538, Paris, 2002.
Rein Taagepera, *Making social sciences more scientific. The need for predictive models*, Editions Oxford University Press, 2008.
(Direction de) René Taton, *Histoire générale des sciences*, 5 volumes, Presses universitaires de France, Paris, 1958.
Inès Trépant, *Biodiversité, quand les politiques européennes menacent le Vivant. Connaître la nature pour mieux légiférer*, Éditions Yves Michel, Collection Société civile, Gap, 2017.
Philippe Van Parijs, *Qu'est-ce qu'une société juste ? Introduction à la philosophie politique*, Éditions du Seuil, Collection La couleur des idées, Paris, 1991.
Guy Vanthemsche et al, *Les classes sociales en Belgique : deux siècles d'histoire*, Éditions CRISP, Bruxelles, 2016.
Max Weber, *Essais sur la théorie de la science*, 1951, traduction Julien Freund, Éditions Plon, Paris, 1965.
Jean Ziegler, *L'empire de la honte*, Editions Fayard, Paris, 2005.

LEXIQUE SIMPLIFIÉ DES CONCEPTS

Abduction : raisonnement scientifique, inférant que si l'on connaît une ou plusieurs causes du phénomène étudié, le phénomène est probablement dû à l'effet de ces causes mises en structure ou en système (Charles S. Peirce).
Agroécologie : science, mouvement social et pratique agricole, visant à réconcilier l'agriculture avec une utilisation respectueuse des ressources locales et de la biodiversité (Pierre Rahbi) (voir permaculture).
Aléa moral : forme d'asymétrie d'information entre les partenaires d'un échange avec comportement opportuniste de l'un d'eux. Par exemple, l'assuré auto-relâchant sa vigilance au volant.
Anthropocène : période géologique (à partir du début du XIXe), à partir de laquelle l'homme a un impact significatif sur l'écosystème mondial (Paul J. Crutzen).
Axiologie : philosophie des valeurs, affirmant une hiérarchie de valeurs, aboutissant à des normes et jugeant sur la base de valeurs idéologiques.
Axiomatique : théorie mathématique construite sur des propositions (axiomes, postulats) indémontrables et évidentes.
Bioéconomique ou écologie économique : approche interdisciplinaire de l'interdépendance entre l'économie et l'écosystème.
Capitalisme : système économique basé sur le (néo)libéralisme.
Causalisme : doctrine philosophique, qui place l'analyse de cause à effet comme centrale dans l'analyse des phénomènes. Proche de déterminisme (s'oppose à finalisme).
Créationnisme : doctrine philosophique, affirmant que le monde a été créé par Dieu, selon la Bible. Souvent associé avec le fixisme (s'oppose à la théorie biologique de l'évolution).
Curriculum : programme ou parcours formatif proposé aux étudiants, notamment à l'université (synonyme de cursus).
Déduction : raisonnement scientifique, qui dégage des résultats particuliers d'une théorie scientifique ou mathématique.
Déterminisme : doctrine philosophique, affirmant que quand on connaît la relation cause-effet entre variables, on peut prévoir les faits (voir causalisme).
Diachronique : qui concerne l'évolution d'un phénomène dans le temps historique (contrairement à synchronique).
Dogmatisme : courant philosophique supposant la connaissance appuyée sur un ensemble de vérités immuables et incontestables.
Durable (économie) : modèle de développement, assurant la réponse aux besoins d'aujourd'hui sans compromettre ceux du futur. Il intègre trois objectifs : économique, social et environnemental (Gro Harlem Brundtland) (synonyme de soutenable ou de vert).

Écologie-écologisme : science des écosystèmes, des interactions entre les êtres vivants et leur environnement (voir bioéconomique). Ecologisme : mouvement ou philosophie politique faisant de la protection de l'environnement une priorité (James Lovelock).
Économétrie : méthode combinant la théorie économique avec les mathématiques et les statistiques appliquées.
Économie : l'état économique concret d'un État, d'une région. Confusion possible avec l'économique.
Économie-monde : espace géo-historique, dont la taille dépend du réseau de communication disponible et constituée d'espaces politiques et culturels différents, que l'économie englobe de façon autonome (Fernand Braudel).
Économique (science économique) : la science étudiant les faits économiques et les économies.
Économisme : doctrine considérant que la société est fondée sur les mécanismes économiques de l'ENL.
Écosocialisme : paradigme d'économique et courant politique apparut vers 1990, associant les principes de l'écologisme avec ceux du socialisme, pour prôner une économie mixte et durable (synonyme de socialisme vert).
Égalité-équité : l'équité est une situation où chacun dispose de capacités égales d'obtenir des biens ; l'égalité est la situation où chacun reçoit les mêmes biens ou les mêmes droits.
Empirisme : doctrine philosophique, considérant que la connaissance se base sur des données concrètes du réel (voir réalisme).
Entropie : grandeur physico-chimique, mesurant l'énergie dégradée en chaleur, le désordre d'un système. Un système réversible n'a pas d'entropie (voir irréversibilité).
Épigénisme : doctrine philosophique en biologie, affirmant que l'individu se forme graduellement dans l'embryon (s'oppose au préformisme).
Épistémologie : (philosophie), théorie et science de la connaissance scientifique.
Ethnologie-ethnographie : science étudiant, de façon comparative, les sociétés humaines traditionnelles, sur les institutions, l'économie, les structures familiales, les croyances et la technologie. L'ethnographie décrit une société traditionnelle particulière.
Éthologie : science de l'étude du comportement animal (chez l'animal et l'homme).
Évolutionnisme : doctrine philosophique en anthropologie, qui conçoit une histoire fondée sur des lois immanentes diachroniques qui tracent son évolution par stades, depuis l'état primitif jusqu'à celui de la société occidentale.
Externalité : effet positif ou négatif du comportement d'un producteur ou d'un consommateur sur un autre agent, et qui n'est pas répercuté dans le prix du marché.

Finalisme : doctrine théologique, croyant dans le Dessin cosmique divin du monde (s'oppose à causalisme et à déterminisme).
Fixisme : doctrine philosophique en biologie, selon laquelle chaque espèce vivante est une entité immuable, n'évoluant pas (contraire de transformisme).
Fonctionnalisme : doctrine philosophique de la société, qui affirme que chaque fonction sociale répond, en tant que partie du tout, à des besoins qui déterminent synchroniquement les faits sociaux.
Historiographie : étude des façons d'écrire l'Histoire.
Homo Economicus : postulat économique de la théorie (néo)libérale. Comportement rationnel de l'acteur économique, capable de maximiser son utilité.
Idéologie : discours politique, utilisant des valeurs et déformant la réalité, pour affirmer la supériorité d'un type de société et chercher à atteindre ses buts à travers le pouvoir politique (Jean Baechler).
Induction : raisonnement scientifique, partant d'observations particulières, pour en extraire des lois générales.
Institutionnalisme : paradigme de l'économique qui théorise le comportement économique à partir du rôle des institutions.
Irréversibilité : impossibilité d'un système de retourner à son point de départ par inversion de l'action. Aucun système thermodynamique ne retrouve spontanément et exactement son état initial (voir entropie).
Keynésianisme : paradigme économique, partisan d'une économie de marché mixte, l'initiative de l'économie appartenant au secteur privé et au secteur public, pour soutenir l'emploi et assurer l'État-providence.
Laisser-faire : élément fondamental de la doctrine économique libérale, signifiant qu'il faut laisser le marché fonctionner sans intervention de l'État dans l'économie (Adam Smith).
Linguistique : science du langage verbal. Se distingue de la sémiologie, la science des signes verbaux et non verbaux.
Lobby : groupe de pression, défendant les intérêts particuliers de certains organismes auprès de décideurs politiques.
Macroéconomique : partie de l'économique, étudiant les relations entre les grands agrégats économiques (revenu, emploi, taux de chômage…) au niveau des États et des blocs internationaux (différent de microéconomique).
Mafia : société secrète à caractère criminel, permanente et hiérarchisée, fondée sur l'obéissance, contrôlant un territoire, sur le principe de la protection contre rémunération. Sa stratégie est d'être invisible pour construire un empire durable.
Marketing : branche d'économique appliquée d'entreprise, étudiant l'analyse, la planification, la mise en œuvre et le contrôle de programmes de commercialisation et de communication de biens, de services et d'idées.
Marxisme : désigne à la fois : 1) une critique épistémologique et scientifique de l'économique libérale, 2) une doctrine idéologique, 3) un paradigme d'économique plaçant la propriété publique des moyens de production et le

plan au centre de l'économie (synonyme de communisme ou, dans un certain sens, de socialisme).
Matérialisme : doctrine philosophique, qui affirme que tout phénomène est le résultat d'interactions au sein de la matière. Le matérialisme historique est une méthode marxiste de lecture de l'histoire, basée sur l'état du stade technique de la production et des rapports sociaux qui le déterminent.
Méta-idéologique : approche épistémologique des sciences sociales, consistant à scinder le problème de la validité d'une théorie, du problème de la légitimité du système de valeurs (des droits de l'homme) de cette théorie (Jean Cornelis).
Microéconomique : partie de l'économique, concernant les comportements économiques des agents individuels (individus, ménages et entreprises) (différent de macroéconomique).
Mondialisation : processus d'ouverture des marchés aux multinationales, d'interdépendance des marchés financiers, d'extension des télécommunications, de dérégulation, de privatisations, de délocalisations du capital et des emplois et de perte d'autorité des pouvoirs publics nationaux.
Mythe : c'est une histoire imaginaire qui fonde une autre histoire ; un récit explicatif, idéologique et fondateur d'une société (Roland Barthes). Porté par la tradition orale, le récit mythique forme la base de la culture intellectuelle des sociétés traditionnelles.
Naturalisme : doctrine considérant que l'économique repose sur des lois naturelles, mathématiques et universelles (comme les sciences naturelles).
(Néo)libéralisme : paradigme d'économique, plaçant la propriété privée des moyens de production, le marché et l'autorégulation spontanée au centre de l'économie. Porte aussi sur un système politique démocratique d'élections libres (synonyme de système capitaliste).
Ontogenèse : en biologie, étude de l'histoire du développement d'un être vivant particulier (voir téléonomie).
Optimum de production (de Pareto) : concept de l'ENL, décrivant un état de la société tel qu'on ne peut pas améliorer le bien-être d'un individu sans détériorer celui d'un autre individu.
Paléomagnétisme : champ magnétique « fossile » des roches, mesuré par un magnétomètre (P.M.S Blackett).
Paléontologie : science des restes fossiles des êtres vivants du passé.
Paradigme (scientifique) : ensemble de théories et de méthodes scientifiques, formant une théorie globale et cohérente de faits avérés, accepté par un groupe scientifique. Genèse d'une communauté de savants autour de revues et conférences (Thomas Kuhn).
Performativité : la propriété d'une théorie économique de réaliser ce qu'elle énonce. Les économistes par leurs théories peuvent être des acteurs de l'activité économique et participer à la forme des marchés.
Permaculture : pratique agricole, d'approche agroécologique. Elle recherche la durabilité, la permanence de l'agriculture en tenant compte de la

biodiversité et en laissant dans la culture de l'espace à la nature sauvage (Masanobu Fukuoka).
Philosophie : discours de savoirs, issus de la réflexion rationnelle et de la critique personnelle, sur la conduite humaine et sur le monde, mais sans recourir à la méthode expérimentale.
Phylogenèse : en biologie, étude de l'histoire de l'évolution et des relations de parenté entre les espèces vivantes.
Pluralisme : système politique ou approche scientifique, reconnaissant la diversité des opinions politiques et idéologiques.
Pluridisciplinarité : étude d'un même domaine du monde réel, par des sciences différentes (Guy Palmade).
Positivisme : doctrine philosophique de la science, répudiant tout rapport de la connaissance avec la métaphysique, l'éthique et la philosophie. Mais au contraire, se basant sur l'observation et l'expérimentation pour trouver des lois causales. Foi dans la science comme source de progrès de l'humanité et philosophie de l'histoire (Auguste Comte).
Prospective : démarche de prévision, d'élaboration de scénarios probables (en démographie, en économie) sur la base de données disponibles, comme aide à la gestion stratégique.
Préformisme : doctrine philosophique en biologie, affirmant que l'individu préexiste dans un germe (s'oppose à l'épigénisme).
Réalisme : doctrine philosophique de la science, considérant que les données empiriques du réel donnent une image du monde proche de la réalité (voir Empirisme).
Réfutabilité : critère épistémologique de démarcation entre science et pseudoscience et de validité d'une théorie par corroboration : une proposition est réfutable si une observation ou expérience peut la contredire (Karl Popper) (synonyme : Falsifiabilité).
Résilience : capacité d'un système à maintenir son intégrité sous l'impact de changements extérieurs au système.
Sens commun : forme de connaissance, socialement transmise par des règles tacites traditionnelles.
Simulation : méthode d'analyse d'un système à l'aide d'un programme informatique, reproduisant la structure et les paramètres de la réalité.
Socialisme : paradigme d'économique, partisan d'une économie mixte et de l'État-providence basé sur des droits socio-économiques (le socialisme réformateur est opposé au socialisme-communisme de propriété centralisée des moyens de production).
Sociologie : science ayant pour objet, l'étude comparative dans divers milieux sociaux, des actions sociales et de leurs causes, dans leurs dimensions synchronique et diachronique.
Spontanisme : doctrine philosophique en biologie, affirmant que des êtres vivants inférieurs peuvent surgir de déchets organiques.

Structuralisme : doctrine philosophique, selon laquelle certains objets d'étude des sciences humaines présentent des structures formelles, des propriétés d'organisation autorégulée des éléments en un tout.
Synchronique : qui étudie des phénomènes à un moment précis de l'histoire (contrairement à diachronique).
Technostructure : dans la société globale, pouvoir issu du lien entre des politiciens, des entreprises et des économistes, qui soutiennent une théorie commune et influencent la décision finale (John K. Galbraith).
Tectonique : branche de la géologie étudiant les chaînes de montagnes. La tectonique des plaques étudie les mouvements des plaques du globe (Alfred Wegener, Xavier Le Pinchon).
Téléonomie : concept scientifique portant sur une caractéristique du vivant : être formé d'organismes ayant un plan interne, un développement programmé de l'individu (Jacques Monod).
Terrorisme : pratique de violence physique, par des groupes ou par l'État (acteurs anonymes ou pas), contre des personnes civiles, contre un type de pouvoir (d'opposition ou de domination) (Asafa Jalata).
Transformisme : doctrine philosophique en biologie, considérant que les espèces ont évolué et se sont transformées (contraire de fixisme).
TTIP (traité) : Traité transatlantique de libre-échange, un projet d'accord commercial entre l'UE et les États-Unis.
Utopie : représentation d'une société idéale, en rupture radicale avec le monde réel. Utopique désigne, de façon contradictoire, une proposition irrationnelle ou irréalisable, ou idéale ou réaliste, alternative à l'existant.
Vitalisme : doctrine philosophique en biologie, considérant que la vie est le résultat d'une force vitale spécifique, qui s'ajoute aux mécanismes physico-chimiques.

PÉTITION

Nous ne sommes pas propriétaires de la terre, nous n'en avons que la jouissance et devons la léguer aux générations futures après l'avoir améliorée.

Karl Marx

Nous invitons les lecteurs à entrer en contact avec nous (cornelisjean@yahoo.fr) et à partager ses suggestions personnelles sur le développement durable, notamment en signant la pétition ci-dessous.

Pétition aux Pouvoirs régionaux et communaux, aux Pouvoirs nationaux et supranationaux : plus de MIEL moins de DUEL Nom :……………………… Prénom :………… Adresse :…………………………………………………………….. Signature :……………………………… …@...
C'est en unissant des centaines de voix citoyennes rebelles à la pensée unique que l'on a des chances de créer un autre monde ! Je demande :
Une politique économique durable respectant les droits de l'Homme et luttant contre la dégradation de l'environnement
Un enseignement de la nouvelle économique en remplacement de l'économique unique néolibérale
Une éthique politique interdisant le cumul des mandats et les conflits d'intérêts entre le secteur privé et le secteur public
Davantage de MIEL : davantage de Mutualité, davantage d'Intervention publique, davantage d'Équité, davantage de Légitimité démocratique Moins de DUEL : moins de Darwinisme social, moins d'Usurpation du pouvoir démocratique, moins d'Économie du profit, moins de Laisser-faire

TABLE DES MATIÈRES

SCIENCES ÉCONOMIQUES,

ÉCONOMIE DE L'ENVIRONNEMENT ET DES RESSOURCES NATURELLES

AUX ÉDITIONS L'HARMATTAN

Dernières parutions

BOMBE "N" : RICHESSES, MYSTÈRES ET OPPORTUNITÉS DU BASSIN DU CONGO
Plaidoyer de Denis Sassou N'Guesso pour la protection de la planète
La vision verte revue et approfondie
Michel Innocent Peya
Cet ouvrage se consacre au bassin du Congo : ses richesses naturelles, ses mystères, les cadres juridiques et institutionnels nationaux, sous-régionaux et internationaux qui le protègent. Sa préservation et sa protection sur la durée sont une action de conscience, de volonté, d'engagement, de détermination, et des sacrifices pour l'intérêt de l'humanité. La nature ne peut se défendre seule, le bassin du Congo trouve parmi ses fils amoureux de la nature un porte-parole dans la personne du président de la République du Congo, Denis Sassou N'Guesso.
(280 p., 28 euros)
ISBN : 978-2-343-15369-8, EAN EBOOK : 9782140095634

ENVIRONNEMENT ET QUARTIERS POPULAIRES
Paroles, pratiques, initiatives d'habitants
Denis Blot, Johanna Descoings et Christian Fabry
La question de l'environnement s'arrête-t-elle aux frontières des quartiers d'habitat social ? Que disent les occupants de la façon dont ils investissent leur espace ? Ces paroles et ces expériences révèlent que, dans les quartiers populaires, des habitants exercent un « pouvoir d'agir » actionnant en même temps les ressorts de l'environnement et de la solidarité. Il y a là des chemins d'innovation sociale d'un grand intérêt.
(240 p., 17 euros)
ISBN : 978-2-296-12098-3, EAN EBOOK : 9782140088964

THE BLUE FUND
Mechanism of financing and management of the Congo Basin for the protection of the global environment
Michel Innocent Peya
This book is about the Blue Fund Program, created at the initive of the African head of States, with the purpose of protecting the Congo Basin against climate warming. It explains the opportunities initiated and the challenges this project will face. The book constitutes a true advocacy for the preservation of the Congo Basin, that needs the support of world leaders and influencers.
(236 p., 25 euros)
ISBN : 978-2-343-14443-6, EAN EBOOK : 9782140078576

LE FONDS BLEU
Mécanisme de financement et de gestion du Bassin du Congo pour la protection de l'environnement mondial
Michel Innocent Peya
Le programme du Fonds bleu, créé à l'initiative des chefs d'État d'Afrique a pour objectif de

protéger le Bassin du Congo contre le réchauffement climatique. Paraphrasant Denis Sassou N'Guesson, l'auteur dénonce le poids des dégâts de l'exploitation irrationnelle et abusive de la planète et plaide pour que ce 2ème poumon mondial de réserve d'eau et de forêt fasse partie du patrimoine écologique de l'humanité - pour un avenir prometteur.

(260 p., 26 euros)

ISBN : 978-2-343-14178-7, EAN EBOOK : 9782140065019

EXPLOITATION PÉTROLIÈRE ET MUTATIONS SPATIO-ÉCONOMIQUES DANS LE LOGONE ORIENTAL (TCHAD)

Vincent Moutedé-Madji

Préface de Géraud Magrin

Le Logone oriental à 80% agricole subit depuis 2000 les mutations spatiales liées aux infrastructures du projet pétrolier de Doba. Il en résulte des conflits fonciers entre les différents acteurs et avec la population de la zone productrice qui n'a pas pu profiter de la manne pétrolière. Ce livre analyse le contact entre un système pétrolier on-shore et son espace dans le contexte tchadien. Un nouveau plan de gestion de l'environnement et l'actualisation du plan de développement local de la région productrice est nécessaire pour être viable à l'avenir.

(Coll. Études africaines, 420 p., 39 euros)

ISBN : 978-2-343-08658-3, EAN EBOOK : 9782140057953

VOUS AVEZ DIT LIBRE ÉCHANGE ?

L'Accord de "Partenariat" économique Union européenne - Afrique de l'Ouest

Jacques Berthelot

Préfaces de Mamadou Cissokho et Ken Ukaoha

La fuite en avant de l'Union européenne (UE) dans des Accords de libre-échange atteint le summum de l'absurdité en les imposant à l'Afrique de l'Ouest dont le PIB par tête est vingt-et-une fois inférieur au sien. Cet accord de "Partenariat" Economique (APE) lui ferait perdre 76% de ses recettes douanières sur ses importations de l'UE et entraînerait une forte montée du chômage par la perte de compétitivité de ses entreprises. Dans ce contexte il est très utile d'analyser les multiples manoeuvres et contre-vérités utilisées par la Commission européenne pour imposer l'APE de l'AO et les APEi de Côte d'Ivoire et du Ghana.

(160 p., 17,5 euros)

ISBN : 978-2-343-15043-7, EAN EBOOK : 9782140092794

LA FISCALITÉ DE DÉVELOPPEMENT EN AFRIQUE DE L'OUEST FRANCOPHONE

Nicaise Médé, Errol Toni

Cet ouvrage examine comment l'impôt fait un bon arrimage avec les plans de développement accéléré des Etats. Il fait ressortir comment l'articulation entre les systèmes de taxation et les mécanismes productifs est réalisée. Comment l'impôt n'est pas un frein mais un adjuvant pour l'investissement, le travail productif et l'emploi sans oublier la protection de l'environnement dans une perspective de développement durable.

(Coll. Harmattan Sénégal, 108 p., 12,5 euros)

ISBN : 978-2-343-14871-7, EAN EBOOK : 9782140090899

SURVIVRE À LA GLOBALISATION

Les stratégies incertaines des petits États

Mourad Chabbi

Dans l'étude des Relations internationales, la définition de l'expression « petits États » ne fait pas l'objet d'un consensus car les États désignés par ce « qualificatif » ne forment pas une catégorie homogène. Cependant, ces acteurs internationaux ont une caractéristique commune : un monopole normatif et militaire leur permettant une domination financière, diplomatique, idéelle et militaire au sein du système international. Cet ouvrage ambitionne de porter un regard critique sur leurs stratégies. (Guinée Équatoriale, Israël, Suisse, Lituanie, Monarchies du Golfe, Liban).

(208 p., 21,5 euros)

ISBN : 978-2-343-14897-7, EAN EBOOK : 9782140090288

LA DIPLOMATIE ÉCONOMIQUE DE LA CORÉE DU SUD

Quelles leçons pour l'Afrique ?

JOACHIM TEDIE

Préface de Jean Emmanuel Pondi

Lors des indépendances (1960), la Corée du Sud et le Cameroun avaient pratiquement le même niveau de développement. Près d'un demi-siècle plus tard, la Corée du Sud a su s'imposer au point d'être un exemple de diplomatie économique. Comment un peuple est capable, dans une relative confiance en sa culture, de se hisser dans les hautes sphères de l'économie mondiale ? L'Afrique fait-elle des mauvais choix de coopération économique ?

(Coll. Harmattan Cameroun, 146 p., 17 euros)

ISBN : 978-2-343-14784-0, EAN EBOOK : 9782140089299

LES CHEMINS DE LA MODERNITÉ EN AFRIQUE

Pour changer l'Afrique, changeons de paradigme

José Do Nascimento

Comment comprendre et expliquer la trajectoire post-coloniale des sociétés africaines ? Au-delà des explications doctrinales, idéologiques et surnaturelles, l'observation des faits montre que partout où l'Afrique post-coloniale trébuche, elle trébuche par défaut de modernité. Il faut entendre l'absence d'une organisation sociale basée sur les principes d'anticipation, d'efficience, d'émancipation et de rationalité. Voici un corpus intellectuel nouveau, des grilles de lecture nouvelles permettant de penser d'une manière émancipatrice le continent.

(616 p., 45 euros)

ISBN : 978-2-343-13563-2, EAN EBOOK : 9782140052712

LA DÉCOLONISATION ÉCONOMIQUE DE L'AFRIQUE NOIRE FRANÇAISE

Par l'émergence des entreprises nationales et compétitives

Joubert Nouafo

Plus d'un demi-siècle après avoir conquis leurs indépendances, les habitants des Etats de l'Afrique noire française croupissent toujours dans la pauvreté et la misère. Cette situation résulte du fait que l'ancienne métropole, en leur délaissant le champ politique, a conservé le pouvoir économique grâce à des artifices savants qu'elle a mis en place. Certains pères de l'indépendance avaient compris, avec lucidité, que sans indépendance économique, l'indépendance politique n'est qu'un vain mot.

(Coll. Études africaines, 270 p., 27 euros)

ISBN : 978-2-343-13171-9, EAN EBOOK : 9782140052064

L'EMERGENCE ÉCONOMIQUE DANS LES PAYS DE L'AFRIQUE SUBSAHARIENNE

Comment y parvenir ?

Antoine N'Gakosso

Plusieurs pays de l'Afrique subsaharienne ont décrété l'atteinte de leur émergence économique à un horizon précis. Or l'émergence ne se décrète pas - c'est un processus qui se construit. Quelle marche un pays candidat à l'émergence se doit-il de suivre ? Pour y parvenir, le pays devra d'abord être pré-émergent, statut dont le livre met en exergue les critères. Une grille d'évaluation y est également proposée.

(Coll. Études africaines, 130 p., 14,5 euros)

ISBN : 978-2-343-12737-8, EAN EBOOK : 9782140049750

ACCORD SUR LA FACILITATION DES ÉCHANGES DE L'OMC POUR LE VIETNAM

Les implications de sa mise en oeuvre

Sous la direction de Ngoc Ha Nguyen

Adopté en décembre 2013 à Bali, l'Accord sur la facilitation des échanges (AFE) est récemment entré en vigueur. Il crée à ses Membres de nouvelles obligations pour faciliter les échanges. Il prévoit également les traitements spéciaux et différenciés destinés aux Membres en développement et à ceux les moins avancés. Dès son entrée en vigueur, le Vietnam est obligé de réaliser quinze mesures prévues dans l'AFE. Voici une clarification des AFE de l'OMC, et une analyse des enjeux juridiques et pratiques auxquels le Vietnam doit faire face.

(186 p., 19,5 euros)

ISBN : 978-2-343-13003-3, EAN EBOOK : 9782140047763

ATOUTS ET PESANTEURS PSYCHOSOCIOLOGIQUES AU DÉVELOPPEMENT EN RD CONGO

Baudouin Kakura

Préface de Rémy Mbaya Mudimba

La pauvreté et le sous-développement de la RD Congo ont essentiellement des déterminants psychosociologiques et culturels. Leur réduction passe par la conscientisation des Congolais, qui vivent pourtant dans un environnement plein de ressources naturelles et potentialités économiques. Cet ouvrage analyse les pesanteurs gênant le développement ainsi que les atouts pour la prospérité de la RD Congo.

(Coll. Harmattan RDC, 208 p., 21,5 euros)

ISBN : 978-2-343-13061-3, EAN EBOOK : 9782140047183

LA FINANCE : UN PRISME FRAGILE

Christine Galavielle

Le cheminement au gré des écrits des grands auteurs permet de jeter le doute sur l'interprétation qui fait de l'équilibre toujours retrouvé la pierre angulaire du profil de la finance. Les vecteurs qui ébranlent la quiétude de l'équilibre sont multiples : à partir de biais cognitifs et motivationnels des agents économiques que nous sommes, on en vient à la mise en question de l'indépendance, de la stationnarité et de la continuité des évolutions. Les efforts entrepris depuis les crises récentes témoignent de la volonté d'une solidification du monde financier, mais il faut douter de leur succès futur.

(Coll. Logiques économiques, 290 p., 29 euros)

ISBN : 978-2-343-12572-5, EAN EBOOK : 9782140043680

LES TRIBULATIONS D'UNE GONDWANAISE

A la recherche des lois perdues

Lakhsara Mint Dié

Le Gondawana est un supercontinent qui englobe le continent africain, l'un des continents les plus riches et paradoxalement aussi le plus pauvre. Avec beaucoup d'humour, l'auteur témoigne de cette réalité qu'elle vit au travers de ses missions et partage sa perception des choses en proposant au lecteur de la suivre dans ce voyage pas comme les autres : le quotidien de ses concitoyens gondwanais qui subissent les conséquences d'une aide au développement peu logique et mal ajustée, menant à des situations truculentes, cocasses, abracadabrantes, burlesques et caricaturales.

(274 p., 27 euros)

ISBN : 978-2-343-11045-5, EAN EBOOK : 9782140045172

Structures éditoriales du groupe L'Harmattan

L'Harmattan Italie
Via degli Artisti, 15
10124 Torino
harmattan.italia@gmail.com

L'Harmattan Hongrie
Kossuth l. u. 14-16.
1053 Budapest
harmattan@harmattan.hu

L'Harmattan Sénégal
10 VDN en face Mermoz
BP 45034 Dakar-Fann
senharmattan@gmail.com

L'Harmattan Cameroun
TSINGA/FECAFOOT
BP 11486 Yaoundé
inkoukam@gmail.com

L'Harmattan Burkina Faso
Achille Somé – tengnule@hotmail.fr

L'Harmattan Guinée
Almamya, rue KA 028 OKB Agency
BP 3470 Conakry
harmattanguinee@yahoo.fr

L'Harmattan RDC
185, avenue Nyangwe
Commune de Lingwala – Kinshasa
matangilamusadila@yahoo.fr

L'Harmattan Congo
67, boulevard Denis-Sassou-N'Guesso
BP 2874 Brazzaville
harmattan.congo@yahoo.fr

L'Harmattan Mali
Sirakoro-Meguetana V31
Bamako
syllaka@yahoo.fr

L'Harmattan Togo
Djidjole – Lomé
Maison Amela
face EPP BATOME
ddamela@aol.com

L'Harmattan Côte d'Ivoire
Résidence Karl – Cité des Arts
Abidjan-Cocody
03 BP 1588 Abidjan
espace_harmattan.ci@hotmail.fr

L'Harmattan Algérie
22, rue Moulay-Mohamed
31000 Oran
info2@harmattan-algerie.com

L'Harmattan Maroc
5, rue Ferrane-Kouicha, Talaâ-Elkbira
Chrableyine, Fès-Médine
30000 Fès
harmattan.maroc@gmail.com

Nos librairies en France

Librairie internationale
16, rue des Écoles – 75005 Paris
librairie.internationale@harmattan.fr
01 40 46 79 11
www.librairieharmattan.com

Lib. sciences humaines & histoire
21, rue des Écoles – 75005 Paris
librairie.sh@harmattan.fr
01 46 34 13 71
www.librairieharmattansh.com

Librairie l'Espace Harmattan
21 bis, rue des Écoles – 75005 Paris
librairie.espace@harmattan.fr
01 43 29 49 42

Lib. Méditerranée & Moyen-Orient
7, rue des Carmes – 75005 Paris
librairie.mediterranee@harmattan.fr
01 43 29 71 15

Librairie Le Lucernaire
53, rue Notre-Dame-des-Champs – 75006 Paris
librairie@lucernaire.fr
01 42 22 67 13

www.ingramcontent.com/pod-product-compliance
Lightning Source LLC
LaVergne TN
LVHW010950061026
849535LV00006B/1657

* 9 7 8 2 3 4 3 1 5 1 4 2 7 *